Margherita Zander

Armes Kind – starkes Kind?

Meinem Sohn Jan-Oliver

Margherita Zander

Armes Kind – starkes Kind?

Die Chance der Resilienz

3. Auflage

VS VERLAG

Bibliografische Information der Deutschen Nationalbibliothek
Die Deutsche Nationalbibliothek verzeichnet diese Publikation in der
Deutschen Nationalbibliografie; detaillierte bibliografische Daten sind im Internet über
<http://dnb.d-nb.de> abrufbar.

1. Auflage 2008
2. Auflage 2009
3. Auflage 2010

Alle Rechte vorbehalten
© VS Verlag für Sozialwissenschaften | Springer Fachmedien Wiesbaden GmbH 2010

Lektorat: Frank Engelhardt

VS Verlag für Sozialwissenschaften ist eine Marke von Springer Fachmedien.
Springer Fachmedien ist Teil der Fachverlagsgruppe Springer Science+Business Media.
www.vs-verlag.de

Umschlaggestaltung: KünkelLopka Medienentwicklung, Heidelberg
Titelbild: Margherita Zander
Druck und buchbinderische Verarbeitung: Ten Brink, Meppel
Gedruckt auf säurefreiem und chlorfrei gebleichtem Papier
Printed in the Netherlands

ISBN 978-3-531-17268-2

Inhalt

Einleitung

„Wenn die Wellen über mir zusammenschlagen, tauche ich tiefer, um nach Perlen zu suchen." *(Mascha Kaleko)*[1]

Kinderarmut ist in der Bundesrepublik mittlerweile schon seit Jahren eine nicht mehr wegzudiskutierende, traurige Realität, und es ist leider nicht zu erwarten, dass dieser Missstand kurzfristig behoben wird. Ursachen, Erscheinungsformen, Auswirkungen und auch politische Lösungsmöglichkeiten sind in den letzten Jahren zur Genüge öffentlich erörtert worden. Dass Armut in ihren verschiedensten Ausprägungen in erster Linie *ein gesellschaftliches Phänomen* ist, wird niemand von der Hand weisen. Wir wissen, dass es selbst in den entwickeltsten Wohlfahrtsstaaten keine theoretischen und schon gar keine praktischen Politikkonzepte gibt, die extreme Formen von sozialer Ungleichheit, also Armut als lebensbestimmenden Zustand und überhaupt Verarmungsprozesse verhindern. Selbstverständlich sind dennoch die Politik und alle gesellschaftsgestaltenden Kräfte weiterhin in die Verantwortung zu nehmen sowie gesellschaftspolitische Maßnahmen zur Armutsverhinderung oder zumindest zur Armutsverminderung einzufordern. Aber angesichts der de facto fortwährenden, teilweise sich sogar verschärfenden Armutsproblematik – insbesondere von Kindern – steht die *Frage des individuellen und gesellschaftlichen Umgangs* mit den dadurch bedingten Auswirkungen mehr denn je auf der (politischen) Agenda.

Die vorliegende Publikation geht daher von der dringenden Notwendigkeit aus, sich mit individuellen und gesellschaftlichen Bewältigungsformen auseinanderzusetzen und rückt dabei insbesondere *(sozial-)pädagogische Handlungsmöglichkeiten* ins Zentrum der Aufmerksamkeit. Sie tut dies, indem sie mit der *Idee der „Resilienzförderung"* ein bisher im Zusammenhang mit Kinderarmut nur peripher diskutiertes Konzept aufgreift. Resilienz bedeutet „seelische Widerstandsfähigkeit" – und Resilienzförderung zielt darauf ab, die „Widerstandsfähigkeit" von Kindern (und Erwachsenen) in belasteten und risikobehafteten Lebenssituationen durch schützende Faktoren zu entwickeln, zu ermutigen und zu stärken. Das Hauptanliegen dieser Publikation ist es, die Frage zu klären:

---

1   Zitat übernommen aus einem Internet-Text von projuventute.at, Titel des Beitrages: „Von Stehaufmännchen und Glückskindern."

Lässt sich das Resilienzkonzept auch auf Kinder, die in Armutsverhältnissen aufwachsen, übertragen? Wenn ja, was müsste dabei beachtet
werden?

Das Buch bietet eine theoretische und konzeptionelle Herleitung des
Resilienzgedankens, der im weiteren Verlauf dann konkret auf das Aufwachsen in Armut als einem besonderen Entwicklungsrisiko für Kinder
bezogen wird. Damit ist die Hoffnung verbunden, dass die hier vorgestellte Thematik vom interdisziplinären Fachdiskurs, der sich mit Kinderarmut befasst, weiterführend aufgegriffen wird. Gleichzeitig richtet sich
diese Publikation jedoch auch – oder sogar insbesondere – mit ihren auf
Resilienzförderung bezogenen Schlussfolgerungen sowohl an die *Institu-*
tionen des Bildungswesens und die dort tätigen *Lehrerinnen und Lehrer, als*
auch an die Fachkräfte der Sozialen Arbeit, die kindliche Lebenswelten und
kindlichen Alltag in Kindertagesstätten, Horten, Schulen sowie in offenen
Angeboten der Kinder- und Jugendhilfe mitgestalten. Für alle, die in ihrer
beruflichen Praxis mit diesen Kindern arbeiten, dürften daher die Kapitel
4 und 5 von besonderer Relevanz sein.

Im Mittelpunkt des Interesses stehen dabei *Mädchen und Jungen im*
Grundschulalter, obwohl die Idee der Resilienzförderung in allen Lebensphasen Anwendung finden kann. Die Schwerpunktsetzung auf das
Grundschulalter resultiert aus jahrelanger eigener Forschungstätigkeit zu
Kinderarmut in dieser Altersstufe; sie lässt sich aber auch mit einer sehr
breiten institutionellen Erreichbarkeit der Kinder in dieser Entwicklungsphase (besonders etwa in der Schule) begründen. Damit soll mitnichten
in Abrede gestellt werden, dass Resilienzförderung so früh wie möglich
erfolgen sollte, ein Aspekt, der hier durchaus auch Berücksichtigung findet (vgl. Kapitel 5).

Die praktische und wissenschaftliche Auseinandersetzung mit kindlicher Bewältigung von Armut hat zu der eigentlich nicht überraschenden
Erkenntnis geführt, dass Kinder und Familien in sehr unterschiedlicher
Weise von den materiellen und immateriellen Auswirkungen betroffen
sind, die mit längeren oder auch kürzeren Armutsphasen einhergehen.
Eigene Forschungsergebnisse zeigen ebenso wie andere Studien zur Armutsbewältigung von Kindern, dass die *kindlichen und familiären Bewälti-*
gungsformen sehr vielfältig sind. Dabei gelingt es offensichtlich einem Teil
der betroffenen Mädchen und Jungen, sich – der Situation „angepasst"
– positiv zu entwickeln[2], während ein anderer Teil in vielerlei Hinsicht

---

2   In der internationalen entwicklungspsychologisch orientierten Resilienzliteratur spricht
     man von „adaptive development" oder „positive adjustment."

durch die Armutslage beeinträchtigt erscheint. Es muss also Faktoren geben, seien es Eigenschaften des Kindes oder Aspekte seines näheren oder weiteren sozialen Umfeldes, die einen Teil der Kinder dazu befähigt – trotz der widrigen Umstände und der in traditioneller Sichtweise damit verbundenen negativen Prognosen – relativ unbeschadet, wenn nicht sogar gestärkt daraus hervorzugehen.

Dies ist genau die Stelle, an der sich die Ergebnisse aus beiden Forschungsrichtungen treffen: Und gleichzeitig ist dies der Ausgangspunkt für die vorliegende Publikation, die eine Zusammenführung der Erkenntnisse von Kinderarmuts- und Resilienzforschung zum Ziel hat. Zu bedenken ist, dass damit ein vor allem im Kontext psychologischer Forschung entwickeltes Konzept auf *ein gesellschaftliches Phänomen wie „Aufwachsen in Armut"* übertragen werden soll. Es gilt also zu prüfen, ob eine solche Übertragung möglich bzw. sinnvoll ist, und was gegebenenfalls dabei beachtet werden muss. Dass *Armut ein ernsthaftes Entwicklungsrisiko* für Kinder darstellt, wird auch in der Resilienzforschung immer wieder betont. Aufgrund ihrer vorwiegend psychologischen Ausrichtung wird jedoch die Armutsproblematik von dieser Forschungsrichtung nicht in ihrer Komplexität und Vielschichtigkeit und insbesondere nicht in ihrer strukturellen und gesellschaftlichen Dimension erfasst.

Letztendlich geht es hier um die Beantwortung der entscheidenden Fragen: Welche Schlussfolgerungen sind aus den Erkenntnissen der Resilienzforschung für den gesellschaftlichen Umgang mit Kinderarmut zu ziehen? Lassen sich Konzepte zur Förderung von Resilienz in die sozialpädagogische Praxis mit dieser Zielgruppe übernehmen? Wie könnten solche Konzepte aussehen? Dabei fällt vor allem ins Gewicht, dass Resilienz *gefördert* werden kann – und zwar nicht nur beim einzelnen Kind. Vielmehr können auch auf der familiären, institutionellen und strukturell auf das Gemeinwesen bezogenen Ebene Risikofaktoren für das Kind gesenkt und Schutzfaktoren ausgebaut werden. Damit tut sich eine *erweiterte Handlungsperspektive* – gerade auch für das Bildungswesen und die Soziale Arbeit auf.

Allerdings sei bereits an dieser Stelle einem Missverständnis vorgebeugt: Das Resilienz-Konzept darf nicht im Sinne eines „blinden Entwicklungsoptimismus" missverstanden werden – und sollte in diesem Sinne auch nicht von der Politik als Freibrief missbraucht, sondern als *Orientierungshilfe für Präventionskonzepte* verstanden werden. Ebenso ist die Forschung in dieser Hinsicht zu einer kritischen Skepsis aufgefordert. So warnt z.B. Rolf Göppel (in: Opp/Fingerle/Freytag 1999, S. 272 ff.) vor einer „allzu erfolgs- und bewältigungseuphorischen Resilienzforschung", bei der etwas vom „american dream of life" mitschwinge und dieser Beiklang suggeriere, dass bei entsprechenden Anstrengungen weder Milieu noch Klasse noch Lernbehinderungen ein Hindernis für eine erfolgreiche Lebensbewältigung darstellten. Was jedoch zählt ist, dass die Resilienzperspektive den Blick neu darauf lenkt, wie Menschen in widrigen Umständen *Potenziale und Fähigkeiten entwickeln können, die ihnen sonst verschlossen blieben*, und folglich darauf, wie durch lösungsorientierte Haltungen und durch unterstützende Maßnahmen auf gesellschaftlicher Ebene entsprechende Potenziale gefördert werden könnten.

Zum Aufbau der Publikation

Im *ersten Kapitel* wird eine kurze Einführung in den aktuellen wissenschaftlichen „Diskurs über Resilienz" gegeben, wobei sowohl auf den internationalen als auch auf den deutschen Diskussionsstand Bezug genommen wird. Eine solche Einführung kann und soll hier allerdings nur sehr begrenzt mit der Zielsetzung erfolgen, „Armut als Risiko" für das „Wohlbefinden" und eine gedeihliche Entwicklung von Kindern in die laufende wissenschaftliche Debatte einzuordnen.[3]

Um diese Fragestellung zu vertiefen, liegt es nahe – wie für das *zweite Kapitel* vorgesehen –, sich zunächst ausführlicher mit Studien vertraut zu machen, welche explizit die Problematik von Kinderarmut in der Resilenzperspektive untersucht haben. Es gibt sie, auch wenn es nicht sehr viele sind, da nach wie vor das Phänomen der Resilienz vorwiegend psychologisch beforscht wird. Nun existiert – meines Wissens – kein psychologisches Armutskonzept und demzufolge auch keine psychologische Armutsforschung. In der psychologischen Disziplin wird „Armut" daher nicht in ihrer Multidimensionalität erfasst, vielmehr werden einzelne Auswirkungen von Armut wie Ausgrenzungserfahrungen, Sucht, Krankheit, Depression, dauerhafte ökonomische Deprivation oder armutsbedingende Erscheinungsformen wie Trennung und Scheidung oder Arbeitslosigkeit in den Blick genommen. Die vorgestellten Studien von Glen Elder (1974 und 1999), Ingrid Schoon (2006), Emmy Werner/Ruth Smith (1982) und Suniya Luthar (1999) bilden in dieser Hinsicht eine Ausnahme, da sie sich explizit mit Armut als Entwicklungsrisiko von Kindern und Jugendlichen befassen.

---

3   Der Begriff des „Wohlbefindens" wird hier deshalb eingeführt, weil er in der Auseinandersetzung mit Kinderrechten und der Erfassung armutsbedingter Auswirkungen auf Kinder im Fachdiskurs eine zentrale Rolle spielt.

Hier schließt unmittelbar das *dritte Kapitel* an, das sich auf die Kinderarmutsforschung in der Bundesrepublik bezieht. Zunächst werden die konzeptionellen Prämissen dieser Forschungsrichtung erläutert, die zum einen in der „neuen soziologischen Kindheitsforschung" und zum anderen in der Armutsforschung beheimatet ist. Im Weiteren erfolgt auch eine eindeutige politische Positionierung, wobei eine *doppelte Perspektive* eingenommen wird: Armut wird von mir zunächst als gesellschaftliches Problem gesehen und damit betont, dass „Armutsprävention" in erster Linie eine strukturelle gesellschaftliche Aufgabe darstellt und als solche nicht wegdefiniert werden darf. Das bedeutet auch, dass es das Resilienzkonzept in diese politische Sichtweise von Armut zu integrieren und zu „politisieren" gilt. Gleichzeitig wird Armut jedoch als individuelle Lebenslage subjektiv erlebt und dies erfordert von den betroffenen Kindern teilweise erhebliche Bewältigungsanstrengungen, wobei sie auch die Unterstützung von ihnen nahestehenden Erwachsenen brauchen.

Folgerichtig steht das Erleben der betroffenen Mädchen und Jungen, ihre Wahrnehmung, Deutung und Bewältigung der „Risikosituation" zentral im Blickfeld der Darstellung des *vierten Kapitels*. Zu diesem Zwecke werden die Ergebnisse verschiedener bundesrepublikanischer Kinderarmutsstudien vorgestellt, die sich vorwiegend mit der Frage kindlicher Bewältigung von Armutsfolgen beschäftigen. Die Auseinandersetzung mit unterschiedlichen Bewältigungsmustern führt dann unmittelbar zur Resilienz-Thematik hin und zu der Frage: Welche Faktoren sind letztlich ausschlaggebend, dass manche Kinder mit den Armutsfolgen scheinbar „unbeschadet" für ihr „Wohlbefinden" und ihre Entwicklung umzugehen vermögen, während andere offensichtlich eher problematische Bewältigungsformen an den Tag legen. Man könnte auch sagen: Dass sich ein Teil der Kinder als „resilient" erweist, während ein anderer Teil Beschädigungen unterschiedlichster Form und unterschiedlichen Ausmaßes hinnehmen muss. An genau dieser Stelle gilt es also, den Armuts- und Resilienzdiskurs zusammen zu führen!

Im *fünften Kapitel* wird vor allem Resilienzförderung in ihren praktischen Konsequenzen zum Thema gemacht.

Zum einen werden grundsätzliche Überlegungen zur Resilienzförderung mit „armen Kindern" entwickelt, wobei auch erörtert wird, wie und wo ein solches Angebot diese Kinder tatsächlich erreichen könnte. Hier spielt vor allem die sozialräumliche Verortung auf kommunaler Ebene sowie die institutionelle Verankerung (z.B.: in der Frühförderung und Familienhilfe, in Kindertagesstätten, Horten und Schulen) eine wichtige Rolle.

Zum anderen werden unterschiedliche Konzepte zur Förderung von Resilienz vorgestellt, die dann je nach Arbeitsfeld oder Praxisbereich entsprechend anzupassen wären. Tatsache ist, dass Resilienzförderung bereits in verschiedenen Bereichen und mit ausgewählten Risikogruppen („Hoch-Risiko"-Kindern) betrieben wird; daran gilt es in der Auslotung von praktischen Perspektiven anzuknüpfen. Entsprechend einem erweiterten Verständnis von Resilienzförderung wird hier dafür plädiert, nicht nur am Kind anzusetzen und seine Resilienzfähigkeit zu stärken, sondern auch verändernd auf seine äußeren Lebensbedingungen Einfluss zu nehmen, um schützende Faktoren zu stärken, zu erweitern oder – wo nötig – zu initiieren.

Dieses Buch enthält also weniger grundlegend neue Erkenntnisse zu Resilienz, sondern beinhaltet vielmehr den Versuch, das Resilienz-Konzept in einer sozialpädagogischen Sichtweise im Armutskontext zu deuten, daraus sozialpädagogisch taugliche Arbeitsformen abzuleiten, um so die kindliche Widerstandsfähigkeit praktisch „nutzbar" zu machen – also bei diesen „armen Kindern" den inneren „Reichtum" ihrer Resilienz wirklich aufzugreifen.

Die *Resilienzperspektive betont die Stärken und Potenziale der Kinder*, sie unterstreicht aber auch, dass Kinder bei der Bewältigung von Belastungen und Risiken die Unterstützung durch ihr soziales Umfeld und ihnen zugewandte Erwachsene – seien es die Eltern, andere Bezugspersonen oder pädagogische und sozialpädagogische Fachkräfte – brauchen!

Und kein Resilienzkonzept der Welt therapiert das Ursprungsproblem – nämlich die Armut von Kindern mitten unter uns.

Noch ein Wort zur dritten Auflage

Erfreulich ist, dass das Buch nun – nur zwei Jahre nach seinem Erscheinen – in der dritten Auflage gedruckt wird. Da es in seiner Aussage nach wie vor aktuell ist, wurden hierfür nur an der einen oder anderen Stelle kleinere Aktualisierungen vorgenommen.

1. Annäherung an das Resilienzkonzept

> *„... Resilience, then became the other side of the coin of personal and social problems. New research questions emerged as researchers sought to understand the causes and correlates of positive developmental outcomes." (Barton 2005, S. 136)*

1.1 Pippi Langstrumpf – ein resilientes Kind?

Warum sollte ein Buch, das sich mit dem Phänomen der Resilienz bzw. „psychischer Widerstandsfähigkeit" von Kindern auseinandersetzt nicht mit einem Beispiel zu einem „resilienten Kind"[4] beginnen? Mit einer Figur aus der Kindheit, die möglichst vielen bekannt ist und anhand derer verschiedene Aspekte zum Einstieg erörtert werden können?

Auf der Suche nach einer solchen Figur bin ich auf einen Vortrag von Manfred Burghardt (2005) zu „Ergebnisse der Resilienzforschung" gestoßen, den dieser auf einem pädagogischen Kongress in Karlsruhe gehalten hat. Burghardt schlägt darin vor, „Pippi Langstrumpf", die Mädchenfigur aus Astrid Lindgrens Kinderbuch, als Beispiel für ein „resilientes Kind" zu diskutieren:

> „Ein sehr schönes literarisches Beispiel für ein resilientes Kind ist Pippilotta Langstrumpf. Ihre Mutter starb sehr früh, ihr Vater ist viel unterwegs und kümmert sich nur sporadisch um sie. ... Bei allen Risiken, die ihre Biografie in sich birgt, verfügt sie über eine herausragende Eigenschaft: Sie hat Zugang zu ihren eigenen Stärken, sie verfügt über ein großes Repertoire an Bewältigungsstrategien." (Burghardt 2005, S. 1).

Spontan würde ich dem Vorschlag zustimmen, vor allem was die Eigenschaften des Kindes betrifft, die der Autor in seinem Vortrag hervorhebt:

> „Sie denkt ausgesprochen positiv, hat viele Ideen, wie sich Probleme lösen lassen, ist wissbegierig und fragend und zeigt viel Humor. Sie verhält sich in ihren Anliegen zielorientiert und ist unerschütterlich in ihren Selbstwirksamkeitserwartungen." (Burghardt 2005, S. 1).

Pippi könnte sich m. E. aber auch insofern als Leitfigur für ein „resilientes Kind" eignen, als dabei ein Verständnis von Resilienz unterstellt werden könnte, welches die Subjekt- und Kinderperspektive in den Mittelpunkt rückt. Das dabei zu Grunde gelegte Resilienzverständnis würde sich

---

4   Streng genommen gibt es kein „resilientes Kind" – da Resilienz nicht eine Eigenschaft ist, die man besitzt, sondern eine Fähigkeit, die man sich erwirbt und die man immer wieder neu erwerben bzw. unter Beweis stellen muss. Nur mit diesem Vorbehalt wird im Folgenden die Bezeichnung „resilientes Kind" benutzt.

nicht an gängigen Vorstellungen „guten Verhaltens" orientieren, d.h. an
Normen, die von der Erwachsenenwelt vorgegeben werden, sondern an
der persönlichen Art des Kindes selbst, an seiner Fähigkeit mit den Widrigkeiten seiner Lebensumstände klarzukommen. Dies zu akzeptieren,
dürfte pädagogischen Fachkräften sicherlich nicht leichtfallen, und vieles
wäre möglicherweise auch diskussionsbedürftig. Ein Weiteres kommt
hinzu: Ein solches Resilienzverständnis wäre auch nicht in einem engge-
fassten Sinne auf die Zukunftsperspektive des Kindes ausgerichtet, sondern vielmehr auf seine Fähigkeit, selbst für sein *aktuelles* Wohlbefinden
zu sorgen. Insofern könnte sich Pippi Langstrumpf durchaus als Leitfigur
anbieten, um einen gewissermaßen gegen den „Strich gebügelten", d.h.
sich gegen den entwicklungspsychologischen Mainstream abhebenden
Resilienzbegriff zu erörtern. Damit wird aber zugleich die Frage danach
aufgeworfen, bei wem die Definitionsmacht darüber liegt, welches Ergebnis letztlich mit der erworbenen Resilienz erzielt werden soll und diese
subjektbezogen beantwortet: die Definitionsmacht soll beim Kind selbst
liegen!

So weit, so gut und dennoch kommen Bedenken in zweierlei Hinsicht
auf, die durch den Autoren des Vorschlages selbst geweckt werden, wenn
er Pippi folgendermaßen weiter charakterisiert:

> „Ein Einzelkind, eine notorische Lügnerin, die regelmäßig die Schule schwänzt, gewalt-
> tätig gegen Jungs sein kann, morgens schläft und abends nicht ins Bett kommt. Ihre mo-
> torische Unruhe und ihr Bewegungsdrang legen eine ADHS-Diagnose nahe. Sie kann
> nicht lesen und nicht schreiben. Eine Heimeinweisung ist an ihrem Fluchtverhalten
> gescheitert."[5]

Sollte Pippi tatsächlich alle diese Merkmale aufweisen, dann müsste spätestens mit der vermuteten ADHS-Diagnose ein krankheitsbedingtes Erscheinungsbild angenommen werden, wenn man von der angeführten
Gewaltbereitschaft als deviantem Verhalten einmal absieht. Ob die angeführten Charaktermerkmale tatsächlich auf kindliches Wohlbefinden in
umfassendem Sinne hindeuten, darf zumindest bezweifelt werden. Deutlich wird hier jedoch ein grundsätzliches Dilemma: So sehr ich dafür plädieren möchte, Kinder als handelnde Subjekte ernst zu nehmen und ihre
Sichtweise in die Überlegungen – was mit Resilienz erzielt werden soll
– mit einzubeziehen, dürfen sie dabei auch nicht völlig aus dem sozialen
Kontext ausgegliedert betrachtet werden.

---

5   Das Zitat stammt aus einem Impulsreferat mit dem Titel „Benachteiligungen entgegen
    wirken: Kinder stark machen. Ergebnisse der Resilienzforschung von Manfred Burg-
    hardt, das auf dem Pädagogischen Fachkongress Karlsruhe am 17.10. 2005 gehalten
    wurde.

Vielmehr gilt es – wie generell – die Verbindung zwischen der Subjekt-perspektive und den herrschenden gesellschaftlichen Bedingungen her-zustellen. Genau hierin wäre ein Ansatzpunkt für eine *vermittelnde Funktion* zu sehen, wie sie die *pädagogische Intervention* oder die *Soziale Arbeit* zu erfüllen hätte. Eine Pippi, die, auf sich allein gestellt, zwar resiliente Fähigkeiten entwickelt, aber sich in keiner Weise an den Anforderungen ihrer gesellschaftlichen Umwelt orientiert, liefe Gefahr, letztlich an den gesellschaftlichen Gegebenheiten zu scheitern. Am Beispiel Pippis kann nachvollzogen werden, dass es eine Balance zwischen der Eigenaktivität des Kindes, seiner Orientierung an den eigenen Bedürfnissen und den eigenen Stärken, die zur Herausbildung von Resilienzfähigkeit genutzt werden können einerseits und den von außen – von der Gesellschaft – an das Kind gestellten Entwicklungsaufgaben andererseits zu erreichen gilt. Die Aufgabe, diese *Balance herzustellen, bzw. dabei behilflich zu sein, ist eine pädagogische oder im spezifischen Falle von sozialer* Benachteiligung auch eine sozialpädagogische.

Letztlich plädiert auch Burghardt in seinem Impulsreferat dafür, die „internalen" und „externalen" Gelingensfaktoren einer Biografie glei-chermaßen zu berücksichtigen und eine Vermittlung zwischen diesen beiden Ebenen anzustreben, und sieht diese Ausgleichsleistung auch als originäre pädagogische Aufgabe. In diesem Sinne vertritt er ein multi-dimensionales Resilienzkonzept, das darauf hin orientiert ist, personen- und umweltbezogene Ressourcen gleichermaßen in den Blick zu nehmen und zu fördern:

> „Es ist ein Wahrscheinlichkeitskonzept (kein Kausalkonzept), das die Bewältigungs- und Schutzmechanismen multidimensional erfasst und somit die gesamten Lebensräume eines Kindes mit ins Boot nimmt. Es zwingt Erziehende, Schule, Jugendhilfe, Gesund-heitsvorsorge, Arbeitsverwaltung, Kirchen an einen Tisch." (Burghardt 2005, S. 2).

Entscheidend ist dabei allerdings, dass das Kind als handelndes Subjekt im Mittelpunkt des Geschehens bleibt und dass es darum geht, seine Handlungs- und Resilienzfähigkeit angesichts widriger Lebensumstände zu stärken.

Wie die damit sich abzeichnende pädagogische – und in benachteilig-ten Lebenssituationen sozialpädagogische – Aufgabe gelöst werden kann, welche konkreten Möglichkeiten der Förderung von Resilienzfähigkeit bei Kindern und insbesondere bei Kindern, die in Armutslagen aufwach-sen, gegeben sind, wird im Weiteren zu erörtern sein.

1.2 Resilienz – eine begriffliche Annäherung

Resilienz wird in der Fachliteratur als (psychische) „Widerstandsfähigkeit" bezeichnet und auf das Phänomen bezogen, dass es Kinder (oder auch Erwachsene) gibt, die trotz „biologischer, psychologischer oder sozialer Entwicklungsrisiken" eine „gesunde Entwicklung" oder „gute Anpassungsfähigkeit" (positive adjustment) an widrige Lebensumstände aufweisen. Diese Kinder (oder Erwachsenen) bewältigen die sich ihnen entgegenstellenden Risiken, „ohne psychischen Schaden" zu erleiden oder in „deviantes Verhalten" abzudriften. Oder wie Emmy Werner – eine der Pionierinnen der Resilienzforschung – es beschreibt: indem sie „einen bemerkenswerten Grad von Widerstandsfähigkeit zeigen" und sich trotz der erfahrenen Risiken zu „leistungsfähigen und stabilen Persönlichkeiten" (Werner, in: Opp/Fingerle/Freytag 1999, S. 25) entwickeln.[6]

Entscheidend ist dabei jedoch nicht nur das „positive Entwicklungsergebnis"; das Phänomen der Resilienz ist vielmehr – wie Corinna Wustmann in ihrer einführenden Publikation zu der Thematik betont – an zwei wesentliche Bedingungen geknüpft:

1. Es muss „eine signifikante Bedrohung für die kindliche Entwicklung" vorliegen und
2. „eine erfolgreiche Bewältigung dieser belastenden Lebensumstände" erfolgen (Wustmann 2004, S. 18).[7]

Als Ergebnis einer breit angelegten Auswertung des aktuellen Erkenntnisstandes in der Resilienzforschung unterscheidet Wustmann des Weiteren *drei Erscheinungsformen* von Resilienz:

1. „die positive, gesunde Entwicklung trotz andauerndem, hohem Risikostatus",
    z.B. bei Aufwachsen in chronischer Armut und niedrigem ökonomischem Status,
2. „die beständige Kompetenz unter akuten Stressbedingungen",
    z.B. infolge elterlicher Trennung oder Scheidung,

---

6   Die hier aufgenommenen Begrifflichkeiten entstammen dem vorwiegend psychologisch orientierten Resilienzdiskurs und wären daher konkreter in ihrem entwicklungspsychologischen bzw. entwicklungspsychopathologischen Verständnis zu erläutern. Dies kann und soll hier nicht geleistet werden; vielmehr soll der Versuch unternommen werden, das Resilienzkonzept in eine sozialpädagogische Sichtweise zu überführen.

7   Wustmann bezieht sich vor allem auf die Ergebnisse der neueren angloamerikanischen Forschung.

3. „die positive bzw. schnelle Erholung von traumatischen Erlebnissen wie Tod eines Elternteils." (Wustmann 2004, S. 19).

Dabei geht es – nach Wustmann – zum einen um den Erhalt kindlicher „Funktionsfähigkeit" unter erschwerten Lebensbedingungen und zum anderen um die Wiederherstellung dieser Funktionsfähigkeit nach traumatischen Erlebnissen.

Resilienz – dies scheint mittlerweile in der Fachwelt weitgehend Konsens zu sein – ist nicht als eine individuelle Eigenschaft zu verstehen, sie ist vielmehr eine Fähigkeit, die sich – wie Masten und Powell betonen (vgl. Masten/Powell, in: Luthar 2003) – im Verhalten der Person und ihren Lebensmustern (life patterns) manifestiert. Resilienz stellt sich als *Ergebnis eines Prozesses* ein, der sich in der Interaktion zwischen Individuum und seiner Umwelt vollzieht (vgl. Lösel/Bender, in: Opp/Fingerle/Freytag 1999). Es handelt sich dabei um einen Interaktionsprozess, an dem das Kind, sein näheres und sein weiteres soziales Umfeld beteiligt sind, wobei das Kind immer im Kontext seiner Entwicklungsbedingungen und Lebensverhältnisse zu sehen ist.

Diese Annäherung an den Gegenstand zeigt bereits, dass uns beim Versuch, begrifflich zu fassen, was in der wissenschaftlichen, vorwiegend *psychologischen Literatur* unter Resilienz verstanden wird, eindeutig *wertende Sichtweisen* begegnen, die aus dem Bereich der Entwicklungspsychologie stammen. Erörterungsbedürftig erscheinen diese Begrifflichkeiten vor allem, wenn wir „Resilienz" nicht – oder nicht vorwiegend – mit der psychologischen Brille betrachten, sondern das *Phänomen in einer sozialpädagogischen oder gar gesellschaftspolitischen Perspektive* diskutieren wollen. Das soll nicht heißen, dass das Resilienz-Konzept in der Entwicklungspsychologie nicht auch kontrovers diskutiert wird, aber die zur Definition des Phänomens verwendeten Kategorien entstammen jeweils spezifischen Entwicklungstheorien und sollten daher dementsprechend eingeordnet und inhaltlich gefüllt werden. Werden diese Begrifflichkeiten außerhalb des psychologischen Fachdiskurses verwandt, sind sie schillernd und vieldeutig. Was heißt „gesunde Entwicklung" und was ist mit „psychischer Widerstandsfähigkeit" gemeint? Was bedeutet „Funktionsfähigkeit" und welche Kompetenzen werden hierfür unterstellt? Wer beurteilt aus welcher Perspektive das Ergebnis von „Widerstandsfähigkeit"?

Diese Beurteilung scheint bisher wohl in der Regel aus einer Erwachsenenperspektive heraus zu erfolgen – dies gilt jedenfalls für die wissenschaftlichen Diskurse und wahrscheinlich auch weitgehend für die pädagogische Alltagspraxis.

Als Bezugspunkt für eine „gesunde Entwicklung" von Kindern in unterschiedlichen Altersstufen dienen häufig das Schema der Entwicklungsphasen von Erik H. Erikson und das Konzept der Bewältigung von Entwicklungsaufgaben nach Robert J. Havighurst.[8] Teilweise mögen auch andere entwicklungspsychologische Konzepte das Referenzschema für die Bewertung von „erfolgreicher Bewältigung" oder „erfolgreicher Anpassung" hergeben. Dies muss hier nicht im Einzelnen erörtert werden. Wohl aber soll der Frage nachgegangen werden, ob sich das Resilienzkonzept auch für sozialpädagogisches Handeln – und konkreter für sozialpädagogisches Handeln im Armutskontext – nutzen lässt: Hier gilt es also, seine Übertragbarkeit auf diesen Bereich zu überprüfen.

Resilienz kann in einem weiter gefassten Sinne – so auch Wustmann – als „Bewältigungsfähigkeit" definiert werden (vgl. Wustmann 2004, S. 18). Diese Definition erweist sich als hilfreich für die hier verfolgte Zielsetzung, weil mit dem Begriff der „Bewältigung" eine Brücke zu einer sozialpädagogischen Sichtweise hergestellt wird. Soziale Arbeit kann in einer sich individualisierenden Risikogesellschaft – in Anlehnung an die Theorie der reflexiven Pädagogik – als allgemeine Hilfe zur „Lebensbewältigung" verstanden werden. Das Konzept der „Lebensbewältigung" ist bereits in den 1980er Jahren von Lothar Böhnisch und Werner Schefold (1985) als Korrektur zu traditionellen Sozialisationskonzepten und Sichtweisen der Persönlichkeitsentwicklung formuliert worden, die sich an einer Vorstellung von „Normalität" und einem durchschnittlichen Lebensentwurf in der Arbeitsgesellschaft orientieren, wie sie nicht mehr gegeben seien (Böhnisch/Schefold 1985, S. 73). Dieses Konzept wird für die hier zu erörternde Fragestellung einen wichtigen Bezugspunkt darstellen, weil es in einer sozialpädagogischen und sozialpolitischen Perspektive gedacht ist und daher geeignet scheint, *Armut als sozio-strukturelles Risiko* für kindliche Entwicklung sachgemäß in den Blick zu nehmen.

In dieser Publikation soll es um die „Widerstandsfähigkeit" von Kindern gehen, vor allem um die „Widerstandsfähigkeit" von Kindern, die in Armut aufwachsen. Die zentralen Fragen, die es dabei zu stellen und zu beantworten gilt, werden also sein: Was befähigt manche Kinder, die in armutsgeprägten Verhältnissen leben, die als „Resilienz" bezeichnete „psychische Widerstandskraft" gegen Risiken und Belastungen zu entwickeln? Welche Erkenntnisse können wir aus den Beispielen sogenannter „resilienter Kinder" ableiten, die u.U. hilfreich sein können, um diese Fähigkeit auch bei anderen Kindern zu fördern oder zu wecken?

---

8   Vgl. dazu auch: Werner, in: Opp/Fingerle/Freytag 1999, S. 25 ff.

1.3 Herstellung eines Bezugs:
Resilienz – Sozialisation – Lebensbewältigung – Armut

„Aufwachsen in Armut" beinhaltet erhebliche Beeinträchtigungen des Wohlbefindens und Entwicklungsrisiken für Kinder. Dies ist der Tenor, mit dem die zunehmende (fach-) öffentliche Aufmerksamkeit die Problematik erörtert. Seit neuerem bezieht man sich – insbesondere in der sozialpädagogischen *Suche nach angemessenen Handlungskonzepten* – zunehmend auch auf die Resilienzforschung und daraus abgeleitete Präventions- und Interventionskonzepte. So lauten auch die für diese Publikation erkenntnisleitenden Fragen:

–   Kann eine Zusammenführung der aus der Kinderarmutsforschung gewonnenen Einsichten mit dem Resilienzdiskurs neue Erkenntnisse bringen?
–   Können dadurch neue Möglichkeiten sozialpädagogischen *Umgangs mit der Problematik von Kinderarmut* aufgezeigt werden?

Um diesen Fragen nachzugehen bedarf es zunächst einer Klärung des begrifflichen, konzeptionellen und theoretischen Zugangs, wobei es darum geht, zu *verstehen, wie kindliche Entwicklung und Sozialisation* verläuft, welche Faktoren darauf Einfluss nehmen. In einem ersten Schritt soll daher ein in der Sozialpädagogik *breit akzeptiertes theoretisches Sozialisationskonzept* vorgestellt werden. In einem weiteren Schritt soll mit dem Begriff der „Lebensbewältigung" *ein Paradigma* eingeführt werden, das auf eine sozialpädagogische Handlungsperspektive verweist. Mit anderen Worten: Damit sollen die Möglichkeiten sozialpädagogischen Handelns erörtert werden. Über eine solche theoretische und konzeptionelle Verortung lassen sich dann Begrifflichkeiten wie „gesunde Entwicklung", „gelingende Sozialisation" oder „positive Bewältigung" mit kindbezogenen Inhalten füllen, in ihren Zielvorgaben diskutieren und in einem weiteren Schritt konkreter auf das Armutsrisiko beziehen.

Sozialisation als Persönlichkeitsentwicklung soll nicht im engeren entwicklungspsychologischen Sinne betrachtet werden, sondern in Anlehnung an die Sozialisationstheorie von Klaus Hurrelmann (2002), die Basistheorien aus der psychologischen und soziologischen Tradition verbindet. Hurrelmann geht dabei von der wirklichkeitsnahen These aus, „ein Mensch setze sich sein ganzes Leben lang mit den inneren und äußeren Anforderungen der Lebensrealität auseinander und forme dabei flexibel seine eigene Persönlichkeit." (Hurrelmann 2002, S. 8). Aus der psychologischen Tradition werden Überlegungen dazu übernommen, wie sich die

Persönlichkeitsbildung in Phasen und Stufen (weiter-) entwickelt und wie sich dabei die grundlegenden Fähigkeiten – Wahrnehmen, Denken, Handeln – ausbilden. Gleichzeitig ist diese Sozialisationstheorie aber auch anschlussfähig an die soziologische Tradition von Handlungs- und Gesellschaftstheorien, indem gesellschaftliche Mechanismen der Übernahme von Werten, Normen und Verhaltensmustern berücksichtigt und soziale Integrationsprozesse thematisiert werden.

Den bekannten *sieben Thesen* von Hurrelmann und seinem „Modell des produktiv Realität verarbeitenden Subjekts" zufolge vollzieht sich Sozialisation im Wechselspiel zwischen *Anlage und Umwelt* (ebd., S. 24 ff.). Sozialisation wird als Prozess der Persönlichkeitsentwicklung verstanden, der sich „in wechselseitiger Abhängigkeit von den körperlichen und psychischen Grundstrukturen und den sozialen und physikalischen Umweltbedingungen" vollzieht (ebd., S. 6). Dabei bilden die körperlichen und psychischen Grundstrukturen die „innere Realität", die „äußere Realität" bezieht sich auf die sozialen und physikalischen Umweltbedingungen. „Sozialisation" – und hier tritt nun das Subjekt in Erscheinung – „ist der Prozess der dynamischen und ‚produktiven' Verarbeitung der inneren und äußeren Realität." (ebd., S.28). In diesem Zusammenhang spricht Hurrelmann auch von einer „gelingenden Persönlichkeitsentwicklung" und davon, dass eine solche „eine den individuellen Anlagen angemessene soziale und materielle Umwelt" voraussetzt (ebd., S. 39). Als wichtigste Vermittler hierfür sieht er die *Sozialisationsinstanzen*: Familie, Kindergarten und Schule, d.h. kindliche Lebenswelten, die im Resilienzdiskurs als sein näheres und weiteres soziales Umfeld bezeichnet werden. Darüber hinaus üben weitere Organisationen und Systeme Einfluss auf die Persönlichkeitsentwicklung aus: Je nach Gewicht bildet Hurrelmann hierzu eine Rangfolge von primären (Familie, Verwandtschaft, Freunde), sekundären (Kindergarten, Schule, Bildungseinrichtungen) und tertiären (Freizeitorganisationen, Medien, Gleichaltrige) Sozialisationsinstanzen (ebd., S. 34). Die Persönlichkeitsentwicklung ist diesem Konzept zufolge ein Prozess, der lebenslang andauert und der die lebensphasenspezifische Bewältigung von Entwicklungsaufgaben beinhaltet:

> „Entwicklungsaufgaben sind Zielprojektionen, die in jeder Kultur existieren, um die Anforderungen zu definieren, die ein Kind, ein Jugendlicher, ein Erwachsener und ein alter Mensch zu erfüllen haben. Sie werden in einem Prozess der Selbstregulation bearbeitet." (ebd., S. 35).

Vor diesem Hintergrund versteht Hurrelmann unter „gesunder Persönlichkeitsentwicklung" die Herausbildung eines „autonom handlungsfähigen Subjektes", das ein „reflektiertes Selbstbild" und eine entsprechende

Ich-Identität zur Voraussetzung hat. Identität entsteht, wenn „ein Mensch über verschiedene Entwicklungs- und Lebensphasen hinweg eine Kontinuität des Selbsterlebens auf der Grundlage des positiv gefärbten Selbstbildes wahrt." (ebd., S. 38). Und seine Folgerung für eine misslingende Sozialisation wäre dann:

> „Störungen der Identitätsbildung haben ihren Ausgangspunkt in einer mangelnden Übereinstimmung zwischen den personalen und sozialen Komponenten der Identität, also den Bedürfnissen, Motiven und Interessen auf der einen und den gesellschaftlichen Erwartungen auf der anderen Seite. Sie führen zu Störungen des Selbstvertrauens und in der Folge zu sozial unangepasstem und gesundheitsschädigendem Verhalten." (ebd., S. 39).

In diesem Sinne kann also von „gelingender" und „nicht gelingender" Sozialisation bzw. von „gelingender" oder „nicht gelingender Bewältigung" von Entwicklungsaufgaben im Lebensverlauf gesprochen werden:

> „Gelingt die Bewältigung der erwartbaren Belastungen im Lebensalltag nicht, dann kann es zu Störungen der Persönlichkeitsentwicklung im sozialen, psychischen und körperlichen Bereich kommen. In der Regel beeinflussen sich diese drei Störungsbereiche gegenseitig und haben fließende Übergänge." (ebd., S. 169).

Ergebnis eines erfolgreichen Bewältigungsprozesses sind: soziale Integration, psychisches Wohlbefinden und körperliche Identität.[9]

Nach diesem Verständnis von menschlicher Entwicklung in modernen Wohlfahrtsgesellschaften bildet das „autonom handlungsfähige Subjekt" den Maßstab für eine gelingende Sozialisation. Handlungsfähigkeit herzustellen oder wieder herzustellen, insbesondere in kritischen Lebenssituationen, ist nach Böhnisch und Schefold (1985) vorrangige Aufgabe einer an ihrem *Konzept der Lebensbewältigung* orientierten Sozialen Arbeit. Der Aufbau von individuellen Handlungskompetenzen erfolgt dabei in einem „Prozess der aktiven Auseinandersetzung mit der sozialen und dinglichen Umwelt", womit Böhnisch/Schefold den Aspekt der „Aneignung" an die Stelle von „Beeinflussung" setzen und so die aktive Beteiligung des Subjektes betonen (vgl. ebd., S. 69). Das Konzept der „Lebensbewältigung" soll hier kurz eingeführt werden, weil es auf eine (sozialpädagogische) Handlungsperspektive angelegt ist. Es soll aber an späterer Stelle wieder aufgegriffen und vertiefend erörtert werden, da es durch die Berücksichtigung der „Lebenslagen" von Individuen einen unmittelbaren Bezug zur Armutsproblematik herstellt.

Boehnisch/Schefold gehen ebenfalls von „Sozialisation" als einem Basiskonzept für die Pädagogik und die mit Erziehungs- und Bildungspro-

---

9   Auf das von Hurrelmann in diesem Kontext entwickelte Belastungs-Bewältigungs-Modell wird an späterer Stelle noch ausführlicher einzugehen sein.

zessen im Kindes- und Jugendalter befassten Sozialwissenschaften aus (vgl. ebd., S. 67). Die beiden Autoren interpretieren Sozialisation jedoch stärker bezogen auf den gesellschaftlichen Kontext, in den die subjektive Entwicklung eingebettet ist. Sozialisation ist für sie das „dominierende Konzept, um das Verhältnis Individuum – Gesellschaft zu begreifen und Probleme in diesem Verhältnis anzugehen." (ebd., S. 67). Dabei ist *Sozialisation auf Sozialintegration* hin orientiert, und zwar so weitgehend, dass soziale Probleme – „sozialstrukturelle Rückständigkeiten und soziale Abweichungen in allen Erscheinungsformen" – als Sozialisationsprobleme interpretiert werden können, wie folgendes Zitat unterstreicht:

> „Dass jemand Schwierigkeiten hat, an den durchschnittlichen Lebensentwurf Anschluss zu finden oder sich daran wieder anzupassen, die damit verlangten Kompetenzen und Orientierungen zu erwerben, wurde als Problem unzureichender Sozialisation betrachtet, das durch den Einsatz von Ressourcen des Bildungs- und Erziehungssystems prinzipiell zu bewältigen sei." (ebd., S. 67).

In diesem Verständnis von Sozialisation gilt auch der Umkehrschluss: Wenn soziale Probleme auf misslingende Sozialisation zurückgeführt werden können, lassen sich diese auch durch eine gelingende Sozialisation und ihr sozialintegratives Paradigma bewältigen. Voraussetzung dafür ist die *Orientierung am durchschnittlichen Lebensentwurf*, denn bezogen auf ein wohlfahrtsstaatliches Gesellschaftsmodell ist ein autonomes Leben nur in Erfüllung gesellschaftlicher Anforderungen – insbesondere durch die Orientierung an der eigenen Reproduktionsfähigkeit im gesellschaftlichen Kontext – möglich. Gleichzeitig geht es jedoch darum, seine *persönlichen Bedürfnisse* insoweit befriedigen zu können, dass das Leben individuell als sinnvoll erlebt wird. Aufgabe des Individuums ist es, die Balance zwischen den beiden Polen immer wieder herzustellen – wobei auf jeder Entwicklungsstufe fortlaufende Entwicklungsaufgaben zu bewältigen sind.

Allerdings vollzieht sich Sozialisation – nach Böhnisch und Schefold – in einer jeweils historisch geprägten gesellschaftlichen Formation und ist somit durch eine jeweils „epochal typische Grundstruktur gekennzeichnet". Der geschilderte Prozess der *Sozialintegration über Sozialisation* war – den beiden Autoren zu Folge – typisch für die wohlfahrtsstaatliche Epoche der Industriegesellschaft. Dieses Sozialisationskonzept habe jedoch seine Wirkkraft in der „Übergangsgesellschaft" (Stichwort: Zweite Moderne), in der wir leben und die in Anlehnung an die Becksche Modernisierungstheorie analysiert wird, weitgehend eingebüßt:

> „Je weniger nun heute dieser durchschnittliche Lebensentwurf der Arbeitsgesellschaft ökonomisch garantiert und reproduziert werden kann, desto mehr wächst die Tendenz

der ‚Pluralisierung' von Lebensentwürfen. Schließlich ist das konventionelle Konzept der balancierenden, vermittelnden Identität nicht zuletzt auch deshalb historisch fragwürdig geworden, weil sich im gesellschaftlichen Bewusstsein, aber zunehmend auch im Alltagsbewusstsein einer wachsenden Zahl von Menschen, die Bedrohungen durch fundamentale Systemkrisen festsetzen ..." (Böhnisch/Schefold 1985, S. 74).

Angesichts derart veränderter gesellschaftlicher Ausgangsbedingungen schlagen Böhnisch/Schefold mit dem Paradigma der „Lebensbewältigung" ein abgewandeltes Sozialisationskonzept vor. Wenn sich „Normalität" als durchschnittlicher Lebensentwurf angesichts von gesellschaftlichen Individualisierungs- und Pluralisierungstendenzen auflöst, kann sie nicht weiterhin als Orientierung für den Sozialisationsprozess gelten. In diesem Sinne stellen sie auch die prinzipielle Vermittelbarkeit von äußerer und innerer Realität, die dem Identitätskonzept von Hurrelmann zugrunde liegt, in Frage und setzen stattdessen auf „Normalisierung" als neuem Prinzip von Sozialisation, d.h. Normalität lässt sich nicht mehr von allgemeingültigen Werten und Normen ableiten, verallgemeinerte Entwicklungshorizonte können nicht mehr vorgegeben werden. Es gelte vielmehr die Pluralisierung von Lebensentwürfen abzusichern, wobei das Hauptaugenmerk auf „aktueller Lebensbewältigung" liege:

> „Das Konzept Lebensbewältigung signalisiert somit den Abschied von der Vorstellung, die Widersprüche und Disparitäten des gesellschaftlichen Lebens könnten von einzelnen Menschen in fortlaufenden Akten der Balance, des Vereinbarmachens, der Versöhnung bewältigt werden – die integrierte Gesamtpersönlichkeit um jeden Preis." (ebd., S. 77).

„Lebensbewältigung" beinhaltet auch, auf die Normalisierung von Normabweichung zu setzen und darauf zu achten, dass neben einer systemisch vermittelten „Gesellschaftsfähigkeit" auch die individuelle „Lebensfähigkeit" nicht verloren geht. Daneben versteht sich „Lebensbewältigung" auch als „sozialepidemiologischer Bewältigungsansatz", denn die Bewältigung eines Stresserlebnisses hängt davon ab, „welche psychischen, sozialen und materiellen Möglichkeiten die betroffenen Personen in ihren Handlungsfeldern sehen." (ebd., S. 86). Dabei beziehen sich Böhnisch/ Schefold konkret auf das *Konzept der Lebenslage* nach Gerhard Weisser und Ingeborg Nahnsen; auf dieses Konzept bezieht sich auch die Kinderarmutsforschung, u.a. wurde es auch in der eigenen Forschung zu der Thematik zugrunde gelegt (vgl. Chassé/Zander/Rasch 2005, S. 51 ff.). Betont wird damit eindeutig eine Korrespondenz zwischen Lebensbewältigung und sozialer Lebenslage, d.h. armutsbedingte Lebenslagen beinträchtigen die Lebensbewältigung:

– zum Ersten wird eine „schichtspezifische Bedingtheit" von Mustern der Lebensbewältigung gesehen,

- zum Zweiten wird die geschlechtsbezogene Abhängigkeit von Bewältigungsmöglichkeiten, z.b. mit Verweis auf geschlechtsspezifische Bewältigungsstereotypen (= traditionell erlernte Bewältigungsmuster) gesehen,
- zum Dritten wird auch auf soziokulturelle Traditionen verwiesen, die Bewältigungsmuster prägen können (z.b.: ländliches Umfeld),
- zum Vierten kann die soziale Lebenslage durch spezifische Erfahrungen prägend wirken und damit die Bewältigungsmuster beeinflussen (vgl. Boehnisch/Schefold 1985, S. 85 ff.).

Böhnisch/Schefold definieren soziale Lebenslagen somit als ein „Set von Möglichkeiten und Mustern der Bewältigung von Lebensproblemen, die aus sozialen Problemen (Arbeit, Wohnen, soziale Beziehungen) entstehen" (ebd., S. 89). Lebenslagen entwickeln sich in Abhängigkeit von gesellschaftlichen Entwicklungen (so z.b. von Armut) und spiegeln auch die gegenwärtigen Erosionen sozialstaatlicher Entwicklung wieder, ebenso wie „die jeweilige Sozialpolitik in ihren Auswirkungen auf die Bewältigung von Lebensproblemen". Armut wird in der Armutsforschung als eine Lebenslage verstanden, in der – gemessen an durchschnittlichen Standards einer Gesellschaft – eine Unterversorgung in verschiedenen Lebensbereichen wie Einkommen, Erwerbsarbeit, Wohnen, Gesundheit, Bildung sowie sozialer und kultureller Teilhabe vorliegt. Im Lebenslagenkonzept ist der gesellschaftliche Bezug von Lebensbewältigung enthalten, wobei Lebensbewältigung ihren Ausgangspunkt immer aus der Perspektive des Subjektes zu nehmen hat (vgl. ebd., S. 90). Dies ist auch der *trianguläre Blickwinkel*, aus dem Soziale Arbeit ihre Aufgabenstellung zu formulieren hat, d.h. dass sich Erkenntnisse letztlich nur durch eine mehrfache Überprüfung absichern lassen.[10]

Der Versuch die zentralen Begrifflichkeiten von Resilienz, Sozialisation und Lebensbewältigung in ein Verhältnis zueinander zu setzen erweist sich also durchaus als hilfreich, weil sie damit eine konkrete inhaltliche Ausrichtung erfahren, auf die in der weiteren Argumentation zurückgegriffen werden kann. Durch das hier eingeführte Konzept der Sozialisation werden die psychologisch vorgeprägten Begrifflichkeiten des Resilienzdiskurses von „gelingender Entwicklung" in einem sozialpädagogischen Sinne umgedeutet – d.h. es wird ein zusammenhängender Subjekt-, Handlungs- und Gesellschaftsbezug hergestellt. Als weiterfüh-

---

10 In der Kindheitsforschung meint Triangulation eine begründete Kombination von unterschiedlichen Methoden und Perspektiven, um so zu abgesicherten Ergebnissen zu kommen.

rend – im Sinne eines sozialpädagogisch zu entwickelnden Diskurses zur Resilienz – erweist sich auch die Verknüpfung mit den Konzepten der Lebensbewältigung und Lebenslage, vor allem wenn diese in einen gesellschaftstheoretischen Bezug gebracht werden. Den gesellschaftstheoretischen Rahmen bietet die Modernisierungstheorie von Ulrich Beck, auf die sich sowohl Böhnisch und Schefold als auch Hurrelmann beziehen. Derart eingebunden soll das Resilienzparadigma in einen aktuellen gesellschaftlichen Kontext gestellt und so in Verbindung mit Sozialisation und Lebenslage auch die Armutsthematik – d.h. das Aufwachsen in Armut – in den Blick genommen werden.

Beim Versuch, die Resilienzthematik auf Sozialisationskonzepte zu beziehen, die die gesellschaftlichen Analysen berücksichtigen und auch auf sozialpädagogische Handlungsperspektiven hinweisen, sind die in Armut aufwaschenden Kinder scheinbar etwas aus den Blick geraten. Dies ist jedoch nicht der Fall: denn das hiermit eingeführte Verständnis von Lebensbewältigung, insbesondere von Bewältigung von Lebenslagen (Armut) wird uns bis in das abschließende Kapitel, in dem es um die sozialpädagogische Förderung von Resilienz bei Kindern geht, die in Armut leben, weiter begleiten.

1.4 Paradigmenwechsel: Von der angenommenen Zwangsläufigkeit zur Wahrscheinlichkeit von Risikofolgen

Die Resilienzforschung ist im Rahmen von *Entwicklungspsychopathologie* entstanden, einer psychologischen Teildisziplin, die sich mit den Ursachen von psychischen und sozialen „Entwicklungsstörungen" und ihrem Verlauf auseinandersetzt. „Sie gibt Hinweise auf die Genese psychischer Auffälligkeiten und Störungen sowie die Bewältigung von Belastungs- und Krisensituationen." (Petermann 2000, S. 14). Damit ist die Resilienzforschung in einer disziplinären Tradition verwurzelt, die, ihrem Selbstverständnis entsprechend, das explizite Ziel verfolgt, psychische Auffälligkeiten, Störungen und Erkrankungen zu diagnostizieren und zu heilen. Korrigierende Interventionen sind die zwingende Folge einer in diesem Sinne gestellten Diagnose, sofern Prävention nicht mehr greifen kann.

Diese Verwurzelung in der „klinischen Psychologie" wird die Resilienzforschung wohl nie ganz verleugnen können. So sehen z.B. Friedrich Lösel und Doris Bender (1999) die Forschung zur Resilienz als einen der wichtigsten Zweige einer „stark aufblühenden Entwicklungspsychopathologie" und betrachten sie also weiterhin in dieser Teildisziplin verortet

(Lösel/Bender 1999, S. 37). Dennoch ist entscheidend, dass die Resilienz-forschung ihren Ursprung einem fundamentalen *Paradigmenwechsel* ver-dankt, der die Denkrichtung der Disziplin umgedreht hat, d.h. der die Aufmerksamkeit weg von den „Entwicklungsstörungen" und „Fehlan-passungen" hin zu den „positiven" und „gesunden" Widerstandskräften in den Menschen gelenkt hat.[11]

Den Ausgangspunkt dafür bildete die Abkehr von den *traditionell monokausalen und deterministischen Erklärungsmodellen in der Entwick-lungspsychopathologie*. Auf der Basis empirisch gestützter Erfahrungen und wissenschaftlicher Forschung setzte sich in der klinischen Psycholo-gie zunehmend die Erkenntnis durch, dass sich kindliche Entwicklungs-probleme selten auf ein konkretes Problem bzw. ein eindeutig erkanntes Risiko zurückführen lassen und dass das Vorhandensein von (Entwick-lungs-)Risiken nicht zwangsläufig zu einer „Fehlanpassung" führen muss. Damit lag die Notwendigkeit auf der Hand, komplexere und multidimen-sionale Modelle zu entwerfen, die eher in der Lage sein würden, die Viel-schichtigkeit menschlicher/kindlicher Entwicklungsprozesse abzubilden. Diese Funktion konnten nur *probabilistische Modelle* erfüllen, die nicht von einer vorherbestimmten Zwangsläufigkeit ausgehen, sondern die mit der Kategorie einer „Wahrscheinlichkeit" operieren. Mit anderen Worten: das Vorhandensein bestimmter Entwicklungsrisiken lässt eine „Fehlentwick-lung" als wahrscheinlich annehmen. Dennoch ist nicht auszuschließen, dass eine „negative Entwicklung" durch bestimmte Faktoren abgewendet werden könnte bzw. kann.[12]

Trotz des damit erfolgten Paradigmenwechsels blieb zunächst die Aufmerksamkeit weiterhin auf die entwicklungsgefährdenden Aspekte und dadurch bedingte wahrscheinliche Fehlentwicklungen hin orientiert, es wurden mithin zunächst weiter Risikofaktoren und Risikogruppen un-tersucht. Erst in einem zweiten Schritt wurde verstärkt nach den *Mög-lichkeiten und Bedingungen einer „positiven Entwicklung"* – trotz erkannter *Risiken und Belastungen* – gefragt. Den Anstoß zu dieser weiteren Neuori-entierung gab die durch mehrere Langzeitstudien ermittelte Feststellung, dass es Menschen bzw. Kinder gibt, die sich trotz widriger Lebensumstän-

---

11 Auf diese Grundsatzerörterung werde ich an späterer Stelle wieder zurück kommen, indem ich sie zusammenführe mit der Frage, wer die mit der Widerstandsfähigkeit zu erzielende Richtung der Entwicklung bestimmt (subjektorientierte Perspektive) und ob eine nicht von außen geleitete Wertung von Bewältigung möglich ist.

12 Vgl. dazu die Einleitung zum Handbuch der Resilienzförderung bei Kindern und Ju-gendlichen: Ungar (2005): Introduction: Resilience Across Cultures and Contexts, in: ders. (Ed.) (2005), S. XV– XXXIX.

de und andauernder psychischer Belastungen als widerstandsfähig erweisen (Garmezy 1981, Rutter 1979, Werner/Smith 1982). Obwohl es auch diesbezügliche Vorläufer im deutschen Sprachraum gab, ging die neue Forschungsrichtung vor allem von Nordamerika und Großbritannien aus (vgl. Lösel/Bender 1999, S. 37). Dieses Phänomen – das sowohl auf angeborene und erworbene Eigenschaften bzw. Kompetenzen der Person (des Kindes) als auch auf protektive Faktoren in ihrer (seiner) sozialen Umwelt zurückgeführt werden konnte – wurde als Resilienz bezeichnet.

Die Fokussierung auf das Phänomen der „psychischen Widerstandsfähigkeit" hat ein neues Erkenntnisinteresse in Forschung und Praxis ausgelöst und zu einer grundlegenden Richtungsänderung in der Fragestellung geführt, die nun lautet:

– Welche Faktoren können dazu beitragen, dass sich Kinder (oder Erwachsene) trotz widriger Lebensumstände, Belastungen und Risiken als „resilient" erweisen?
– Wie kann diese Widerstandsfähigkeit (Resilienz) von Kindern (und Erwachsenen) gefördert und gestärkt werden?

Damit erfolgte gleichzeitig ein Wechsel von der Defizit- hin zur Ressourcenperspektive, von der Fixierung auf Risiken hin zur vorrangigen Analyse von vorhandenen bzw. nicht vorhandenen Schutzfaktoren. Als Pioniere dieses Paradigmenwechsels werden u.a. Emmy Werner/Ruth Smith (1977 und 1982) mit den Ergebnissen ihrer berühmten Kauai-Studie angesehen, in der erstmals explizit Zusammenhänge zwischen „positiven Entwicklungsresultaten und bestimmten Persönlichkeitsmerkmalen von Kindern bzw. Merkmalen ihrer sozialen Umwelt erkannt wurden." (Fingerle 1999, S. 94). Als weitere Pioniere können auch Rutter (1979), Garmezy (1981) und Garmezy/Rutter in Zusammenarbeit (1983) zitiert werden. So hat Norman Garmezy beispielsweise bereits 1981 die Abkehr von der ausschließlichen Orientierung an Krankheit und „Fehlanpassungen" sowie ein grundlegend verändertes Verständnis von „Normalität" sowie „gesunder Entwicklung" gefordert. In diesem Zusammenhang hat er einen Katalog von förderlichen Entwicklungsbedingungen aufgestellt, auf den im aktuellen Resilienzdiskurs immer noch Bezug genommen wird (vgl. Garmezy 1991, S. 424).[13]

Ein ähnlicher Paradigmenwechsel war bereits in den 1970er Jahren von dem israelisch-amerikanischen Medizinsoziologen Aron Antonovsky (1987) vorgeschlagen worden, indem er das *Salutogenese-Modell* der vorherr-

---

13 Dieser Katalog von zehn generellen Schutzfaktoren kindlicher Entwicklung wird im nächsten Abschnitt aufgelistet.

schend pathologischen Sichtweise im gesamten Medizinbereich gegenüber gestellt hat. Nach Antonovsky sollte die „Entstehung von Gesundheit" (= Salutogenese) in den Mittelpunkt des Interesses rücken und sollten alle Bemühungen darauf gelenkt werden, Gesundheit zu fördern und erhalten. In der Tat bezieht sich auch die Resilienzforschung auf Antonovsky (z.b. Garmezy 1991 und Werner 1999), indem sie die Blickrichtung auf Resilienz und resilienzfördernde Schutzfaktoren fokussiert.

Auch wenn hier nicht im Einzelnen auf diese Pionierphase eingegangen werden kann, gilt es festzuhalten, dass eine Reihe von heute noch als grundlegend geltenden Erkenntnissen aus dieser Zeit stammen – und dass damit eine neue Forschungsrichtung, die *Resilienzforschung*, geboren war.

1.5 Risiko – Die eine Seite der Medaille: Versuch einer Systematisierung

Als ein zentraler Leitsatz des Resilienzkonzeptes gilt, dass Resilienz sich nur in der Bewältigung von (Lebens-)Risiken zeigt. Daher bildet die konkrete Bedrohung durch Risiken weiterhin die eine Seite der Medaille, wenn wir auf der Suche nach dem Resilienz-Phänomen sind. Insofern waren und sind wissenschaftliche Forschungen, die solche Risiken ausgemacht und ihre Wirkungen untersucht haben, eine notwendige Voraussetzung für den später vollzogenen Paradigmenwechsel. Man kann sich nicht mit dem Phänomen der Resilienz beschäftigen, ohne die Ergebnisse der vorausgegangenen und immer noch parallel dazu stattfindenden Risikoforschung zu berücksichtigen.

Die Frage nach den Entwicklungsrisiken von Kindern bleibt also weiterhin relevant, wenn wir das Entstehen und die Wirkung von Resilienz betrachten wollen. Erwähnt werden muss, dass jede „normale Entwicklung" nicht frei von Risiken ist; so gehen Entwicklungspsychologen wie Erik Erikson, Jean Piaget und auch Glen Elder explizit davon aus, dass „Entwicklung ohne Krisen oder Beeinträchtigungen nicht möglich ist." (Staudinger/Greve 2007, S. 120). In Abgrenzung zur generellen Anfälligkeit von Entwicklung ist in der Resilienzforschung häufig die Rede von „Risiko-Kindern" oder sogar „Hoch-Risiko-Kindern".[14] Allerdings scheint man sich diesbezüglich nicht auf eine einheitliche Begriffsverwendung

---

14 Erwähnt sei diesbezüglich z.B. die so genannte „Mannheimer Risikokinderstudie", die von Manfred Laucht, Günter Esser und Martin H. Schmidt durchgeführt wurde (vgl. Laucht/Esser/Schmidt 1999).

verständigt zu haben, und manchmal findet man sogar tautologische Er-
läuterungen, d.h. dass Kinder, deren Entwicklung gefährdet erscheint, als
Risiko-Kinder bezeichnet werden. (Laucht u.a. 2000, S.98). Hilfreich ist in
diesem Zusammenhang sicherlich die Unterscheidung zwischen *„normativen"* und *„nicht-normativen"* *Entwicklungsrisiken*, d.h. zwischen Krisen,
die in menschlichen Entwicklungsphasen (wie z.b. Adoleszenzkrisen und
wachsende Morbidität im Alter) angelegt zu sein scheinen, und anderen,
die nicht regulär auftreten müssen wie z.b. Trennung und Scheidungen,
Aufwachsen mit psychisch kranken Eltern oder das Armutsrisiko. Letztere werden als „nicht-normative Entwicklungsbeeinträchtigungen" bezeichnet.

Mit Bezug auf die Kinderarmutsproblematik gehe ich von der zentralen These aus, dass „Aufwachsen in Armut" ein bedeutsames *Entwicklungsrisiko* für Kinder darstellt. Diese Auffassung wird in der Risi-
ko- und Resilienz-Literatur im übrigen häufig vertreten, obwohl in der
Regel nicht konkreter darauf eingegangen wird, welche Auswirkungen
„Armut als Lebenslage" auf die Entwicklung von Kindern haben kann.
Um dieses Risiko besser einordnen zu können, soll im Folgenden eine
Übersicht über das breite Spektrum von kindlichen Entwicklungsrisiken
und ihre teilweise unterschiedliche Zuordnung in der Resilienz-Literatur
gegeben werden. Insbesondere soll dabei jeweils das Augenmerk darauf
gelegt werden, wie die Relation „Armut als Risiko" gesehen und eingestuft wird.

Grundsätzlich wird in Anlehnung an Garmezy (1983) ein Merkmal als
Risikofaktor bezeichnet, „das bei einer Gruppe von Individuen, auf die
dieses Merkmal zutrifft, die Wahrscheinlichkeit des Auftretens einer Störung im Vergleich zu einer unbelasteten Kontrollgruppe erhöht."[15] Der
hiermit eingeführte Begriff der „Entwicklungsstörungen" ist interdisziplinär zu begreifen, da „Risikoforschung" in verschiedenen humanwissen-
schaftlichen Disziplinen betrieben wird. So weist Manfred Laucht (1999)
darauf hin, dass der „Risikobegriff" zunächst in der medizinischen Forschung, im Bereich der Geburts- und Neonatalmedizin, verwendet und
erst später auf andere Gefährdungen der kindlichen Entwicklung übertragen wurde.[16] Um die Vielfalt der bisher berücksichtigten kindlichen
Entwicklungsrisiken im Blick zu haben, erscheint mir daher ein *systemati-
sierender Zugang aus unterschiedlichen disziplinären Forschungskontexten*

---

15 Siehe: Garmezy, zit. nach: Laucht 1999, S. 303
16 Laucht ist Leiter der Arbeitsgruppe Neuropsychologie des Kindes- und Jugendalters
    am Zentralinstitut für Seelische Gesundheit in Mannheim und Mitautor der bekannten
    Mannheimer „Risikokinder-Studie".

angemessen. Die dabei getroffene Auswahl kann jedoch nur als exemplarisch für unterschiedliche disziplinäre Herangehensweisen angesehen werden.

Beginnen wir mit einer bundesrepublikanischen Studie: In der von Manfred Laucht zusammen mit Günter Esser und Martin H. Schmidt durchgeführten Mannheimer „Risikokinder-Studie" wird – im Kontext einer stark *neuropsychologisch orientierten* Forschung – zwischen *organischen und psychosozialen Risikofaktoren* unterschieden und werden jeweils die Auswirkungen auf Motorik, Kognition und soziales Verhalten der Kinder untersucht. Ausgangspunkt ist die kindliche Risikobelastung bei der Geburt, wobei als organische Risiken prä-, peri- und neonatale Komplikationen und als psychosoziale Risiken benachteiligte familiäre Lebensverhältnisse berücksichtigt werden. (Laucht/Esser/Schmidt 1999, S. 76 ff.)

Armut als kindliches Entwicklungsrisiko wird im Konzept der Mannheimer-Risikokinder-Studie *als psychosoziale Belastung* betrachtet und konkret als *benachteiligte familiäre Lebensverhältnisse* aufgeführt, d.h. es werden Merkmale damit verbunden wie z.B. niedriges Bildungsniveau der Eltern, beengte Wohnverhältnisse, mangelnde soziale Integration und Unterstützung, ausgeprägte chronische Schwierigkeiten. Als zentrale Ergebnisse formulieren die Autoren dieser Studie folgende Aspekte:

– die festgestellte Heterogenität der Entwicklung von Risikokindern,
– die Bedeutung des Konzepts der Schutzfaktoren,
– die Möglichkeiten, die sich durch Maßnahmen und Angebote vorbeugender und frühzeitiger Intervention eröffnen (vgl. ebd., S. 106 f.).

Als eine wichtige Zielgruppe werden in diesem Kontext auch explizit „Familien aus psychosozial benachteiligten Verhältnissen" betrachtet, da vor allem bei diesen eine Gefahr der Kumulation von Entwicklungsproblemen und –gefährdungen bestehe.

Anders gruppiert und gewichtet werden die untersuchten Risiken in dem von Suniya S. Luthar (2003), einer US-amerikanischen Entwicklungspsychopathologin, herausgegebenen Sammelband „Resilience and Vulnerability", der einen Überblick über 30 Jahre Resilienzforschung in den USA vermitteln soll. In diesem Sammelband wird das Hauptaugenmerk auf zwei Gruppen von Risken gelegt: Zum einen auf familiäre Risikofaktoren und familiäre Prozesse, die als Risiko eingestuft werden, und zum anderen auf außersystemische und soziodemographische Risiken. Dabei

werden diesen Gruppen im einzelnen beispielsweise folgende Risiken zugeordnet: [17]

- *familiäre Risikofaktoren*
  z.b. elterliche Psychopathologie wie geistige Behinderung (mental ill-
  ness), Depression, Alkohol- und Drogenmissbrauch oder Misshand-
  lung,
- *familiäre Prozesse*
  z.b. Scheidung und Trennung, Verlust eines Elternteils oder beider Eltern, familiäre Gewalt.
- *außersystemische und soziodemografische Risiken*
  z.b. Armut, Niedrigeinkommen, städtische Gewaltmilieus.

Armut, insbesondere *städtische Armut und Aufwachsen in benachteilig-
ten sozialen Milieus,* wird also als außersystemisches, soziodemografisches
Risiko eingestuft, das durch Niedrigeinkommen, Gewalt im sozialen Um-
feld und gesellschaftliche Diskriminierung gekennzeichnet ist. In diesem
Verständnis erfolgt eine Ausweitung des Risikobegriffes, indem gesell-
schaftliche Bedingungen des Aufwachsens und gesellschaftlich erzeugte
Problemlagen wie Diskriminierung von Minderheiten und benachteiligten
Personengruppen mit in die Betrachtung einbezogen werden.

Armut avanciert hier – *als subjektive Lebenslage und als ein die individuelle Entwicklung beeinflussendes gesellschaftliches Milieu* – zu einem
eigenständigen Risikofaktor. Ein besonderer Schwerpunkt wird in dem
Sammelband von Luthar (2003) auf die innerstädtischen Armutsmilieus
gelegt, wobei vor allem Jugendliche aus einkommensschwachen Familien
im Mittelpunkt der Betrachtung stehen. In einer eigenen Studie zu „Poverty and Children's Adjustment" (Luthar 1999), die an späterer Stelle noch
ausführlicher vorgestellt wird, geht es Luthar explizit um *Armut als sozio-
ökonomische Deprivation.* Darin betrachtet sie Armut als eine *spezifische
Entwicklungsgefährdung* für die unter solchen Lebensbedingungen aufwachsenden Kinder und Jugendlichen. Luthar will vor allem spezifische
Erkenntnisse zur Bewältigung der negativen Auswirkungen von Armut
erlangen. Sie möchte daher jene Aspekte von Verarmung herausfiltern,
welche die emotionale und soziale Entwicklung von Kindern befördern
oder hemmen.[18]

---

17 Der Vollständigkeit halber sei hier erwähnt, dass dieser Sammelband darüber hinaus
     auch Beiträge zu *neurobiologischen und genetischen Risikoaspekten* enthält und damit
     einen neueren Forschungsstrang aufgreift.
18 Fussnote siehe S. 34

Eine umfassende Systematisierung bietet Corinna Wustmann (2004) in ihrer einführenden Publikation zu „Resilienz" an; den Bezugspunkt für diese Systematisierung bildet eine exemplarische Auswahl von Risiko-Phänomenen, die in unterschiedlichen Resilienzstudien und Publikationen berücksichtigt worden sind. Wustmann, Pädagogin und früher Mitarbeiterin am Staatsinstitut für Frühpädagogik in München, nimmt eine weitere Differenzierung des Risikobegriffes vor, indem sie zwischen „Vulnerabilitäts- und Risikofaktoren" unterscheidet und zudem „traumatische Erlebnisse" einbezieht.

Als *Vulnerabilitätsfaktoren* bezeichnet sie *biologische Merkmale* (z.B.: prä-, peri- und postnatale Faktoren wie Frühgeburt, niedriges Geburtsgewicht, Erkrankung des Säuglings, neuropsychologische, psychophysiologische und genetische Faktoren sowie chronische Erkrankungen) und *psychologische Merkmale* des Kindes (z.B.: schwierige Temperamentsmerkmale, unsichere Bindungsorganisation, geringe kognitive Fähigkeiten sowie mangelnde Fähigkeiten zur Selbstregulation). Dabei unterscheidet sie zwischen primären Vulnerabilitätsfaktoren, die das Kind bereits bei der Geburt aufweist, und solchen sekundärer Art, welche sich das Kind in der Auseinandersetzung mit der Umwelt aneignet (vgl. Wustmann 2004, S. 38 und 137).

Von den kindbezogenen Vulnerabilitätsfaktoren getrennt zu betrachten sind die *umweltbezogenen Risikofaktoren*, die *im familiären und schulischen Umfeld des Kindes* sowie im Bereich der *Beziehungen zu Gleichaltrigen* angesiedelt sein können (z.B.: niedriger sozioökonomischer Status, chronische Armut, häufige Umzüge/Schulwechsel, Arbeitslosigkeit, Migrationshintergrund, soziale Isolation der Familie, chronische familiäre Disharmonie, elterliche Trennung und Scheidung, Wiederheirat eines Elternteils, wechselnde Partnerschaften, Adoption/Pflegefamilie, außerfamiliäre Unterbringung, Alkohol- und Drogenmissbrauch, psychische Störungen oder Kriminalität der Eltern, Abwesenheit eines Elternteils, Erziehungsdefizite und ungünstige Erziehungspraktiken, sehr junge Elternschaft, unerwünschte Schwangerschaft, Verlust eines Geschwisters oder engen Freundes, Geschwister mit Behinderung, mehr als vier Geschwister...). (Wustmann 2004, S. 38 f.). Hierbei fällt auf, dass die Aufzählung *fast ausschließlich familiäre Risiken* benennt, schulische Aspekte oder Risiken, die sich aus Peerkontakten ergeben, werden nicht explizit aufgeführt (mit der Ausnahme von Mobbing und Ablehnung durch Gleichaltrige).

---

18 „The monograph is focused on factors that might mediate, reduce or exacerbate the effects of socioeconomic deprivations on children's social-emotional adjustment." (Luthar 1999, S. 5)

Armut wird in Form von *chronischer Armut und niedrigem sozio-öko-nomischem Status* als eigenständiger Risikofaktor eingeführt, dann aber in der Publikation nicht explizit und spezifisch in ihren Auswirkungen erörtert.

Als *traumatische Erlebnisse* führt Wustmann Natur-, technische oder durch Menschen verursachte Katastrophen, Kriegs- und Terrorerlebnisse, politische Gewalt (Verfolgung, Vertreibung, Flucht), schwere Unfälle, Gewalttaten (auch beobachtete Gewalterlebnisse), lebensbedrohende Krankheit, Tod oder schwere Erkrankung der Eltern auf.[19] Im Umgang mit traumatischen Erlebnissen gilt es vor allem Aspekte wie die Nähe zum Geschehen, seine Reichweite und die Art der Betroffenheit (z.b.: individuelle, familiäre, nationale Traumatisierungen) zu berücksichtigen.

Wustmann unterscheidet des Weiteren – und dies ist auch für die Verortung des Risikofaktors Armut von Bedeutung   zwischen *diskreten Faktoren*, d.h. Lebensereignissen, die sich zu einem bestimmten Zeitpunkt als Belastung auswirken und *kontinuierlichen Faktoren* wie z.b. dem soziökonomischen Status, der einen dauerhaften Zustand darstellt. Zudem wird zwischen *proximalen Risiken*, die sich unmittelbar auf das Kind auswirken (z.b. ungünstige Erziehungsstile) und *distalen Risiken* differenziert, die indirekt über Mediatoren, z.b. das sonstige allgemeine Verhalten der Eltern auf die Entwicklung des Kindes einwirken (z.b.: chronische Armut, Scheidung und Trennung).

Armut wird von Wustmann somit als ein chronischer Risikofaktor eingestuft, der sich indirekt auf die kindliche Entwicklung auswirkt.

Eine völlig anders akzentuierte Schwerpunktsetzung finden wir in dem von Michael Ungar herausgegebenen „Handbook for Working with Children and Youth" (2005), in dem „Wege zur Resilienz" in einer Kulturen und gesellschaftliche Kontexte überschreitenden Sichtweise aufgezeigt werden. Ungar, der die Thematik *aus einer sozialarbeiterischen und gesellschaftspolitischen Perspektive* aufgreift, lenkt mit seinem Handbuch den Blick vor allem auf *gesellschaftliche Risiken* wie Terrorerfahrungen, HIV/AIDS, Leben in besetzten Gebieten (z.b.: Palästina), ethnische Ausgrenzung (z.b.: aboriginal families), Leben auf der Straße (z.b.: Straßenkinder), also auf *belastende Umwelten*. Da die Anthologie im Kontext eines weltweiten Projektes zu Resilienzforschung und Resilienz-Förderpro-

---

19   Auch hierbei handelt es sich um eine Auswahl aus unterschiedlichen Studie`
     Wustmann 2004, 39 f.).

grammen entstanden ist, eröffnet sie mit ihren Beiträgen einen entsprechend *transkulturellen Zugang zu Armut.*

Armut wird in diesem Kontext in einer weltweiten Perspektive, beispielsweise bezogen auf afro-amerikanische Jugendliche in der amerikanischen Gesellschaft oder arme Kinder in armen Ländern, thematisiert.

Die *gesellschaftliche Dimension als Risiko-Ebene* wird auch in der Neuausgabe von Opp/Fingerle (2007) im Abschnitt „Risiken moderner Kindheit" eingehender betrachtet. Im Anschluss an die Becksche Modernisierungstheorie sehen die Herausgeber dieses Sammelbandes die „Kinder der Moderne" – bzw. die „Kinder der Freiheit" (Beck 1997) – vor die Herausforderung gestellt, die ambivalenten Folgen von Modernisierung und Individualisierung zu bewältigen. Die Ambivalenz besteht einerseits in erweiterten Partizipationsrechten und Entscheidungsmöglichkeiten, die Kindern in modernen Gesellschaften zugestanden werden, welche aber andererseits einhergehe mit entsprechenden gesellschaftlichen Anforderungen an diese Kindergeneration, auch die Risikofolgen der ihnen abverlangten Entscheidungsfähigkeit zu tragen:

> „Dabei wird deutlich, dass Selbsterziehung im Kontrast zur Fremderziehung für die ‚Kinder der Freiheit' immer wichtiger werden könnte." (Opp/Fingerle 2007, S. 11)

Um diesen Anforderungen gerecht zu werden, brauchen Kinder intensive familiäre bzw. – dort, wo diese nicht gegeben ist – außerfamiliäre Unterstützung. Und genau darin unterscheidet sich die Lebenssituation von „armen" und „nicht-armen" Kindern in der Regel gravierend:

> „Das Erleben umfassender familiärer Unterstützung bei der Meisterung moderner Individualisierungsaufgaben ist genauso folgenreich wie ihr Fehlen." (ebd., S. 11)

Durch dieses unterschiedliche Maß an Beachtung verschärfen sich noch die Startvorteile jener Kinder, die diese familiäre Unterstützung erhalten und als Modernisierungsgewinner zu betrachten sind, gleichzeitig vergrößern sich aber auch die „Selektionsnachteile" jener Kinder, die diese Unterstützung nicht erhalten, d.h. in deprivierten Umwelten heranwachsen (Modernisierungsverlierer).

Das Vorhandensein bzw. Nicht-Vorhandensein von sozialen und kulturellen Ressourcen der Herkunftsfamilie ist also für die Bewältigung der gesellschaftlichen Anforderungen an die Kinder von entscheidender Bedeutung. *Aufwachsen in Armutsverhältnissen* – vor allem in sozial, kulturell und bildungsmäßig geprägter Armut – ist demzufolge als ein mögliches Entwicklungsrisiko zu deuten, das diese Kinder in der Bewältigung von ihnen gesellschaftlich abverlangter Entwicklungsaufgaben beeinträchtigt (vgl. Opp/Fingerle 2007).

Resümierend kann also festgestellt werden, dass *Armut als Entwicklungsrisiko* generell in der Risiko- und Resilienzforschung in den unterschiedlichsten disziplinären Zugängen berücksichtigt wird. Was jedoch jeweils unter Armut verstanden wird und in welcher Weise die Armutsproblematik als Risikofaktor begriffen wird, kann stark differieren. In manchen, insbesondere den stärker medizinisch-psychopathologisch ausgerichteten Studien, wird häufig ein nicht präzise definierter Armutsbegriff verwendet, was teilweise zu unbefriedigenden Ergebnissen führt, wenn es konkret um Armut als kindliches Entwicklungsrisiko geht. Dies zeigt, dass zu enge disziplinäre Sichtweisen das Phänomen nicht zu erfassen vermögen und unterstreicht die Notwendigkeit einer interdisziplinären Herangehensweise in der Forschung ebenso wie in der Entwicklung von Handlungskonzepten.

1.6 Resilienz durch Risiko – Die andere Seite der Medaille: Resilienz-Modelle

War die Risikoforschung stärker darauf bedacht, die möglichen und tatsächlich eingetretenen negativen Auswirkungen von Risiken auf die kindliche Entwicklung aufzuzeigen, konzentriert sich *die neuere Resilienzforschung* nun darauf, die *protektiven Faktoren* einer „gelingenden Entwicklung" (successful outcome) oder Bewältigung anzuzeigen und die komplexen *Wechselwirkungen zwischen Risiko- und Schutzfaktoren* zu untersuchen. Emmy Werner datiert den Beginn der Resilienzforschung ab Mitte der 1980er Jahre und sieht an ihrer Entstehung vor allem Disziplinen wie die Entwicklungspsychologie, Pädagogik, Psychiatrie und Soziologie beteiligt (Werner 2007b, S. 311). Im Zentrum des Erkenntnisinteresses steht dabei – wie schon erwähnt – die Frage:

> „Warum manche Kinder schwerwiegende Belastungen in ihren Lebenswelten erfolgreich meistern, während andere Kinder unter vergleichbaren Situationen schwere und andauernde psychopathologische Störungen entwickeln?" (ebd., S. 311).

Oder im Sinne des hier vertretenen Sozialisationsverständnisses formuliert:

> Womit lässt sich erklären, dass manche Kinder – trotz erkennbarer Entwicklungsrisiken – sich zu autonomen, handlungskompetenten Individuen entwickeln konnten?

Die zunächst simpel anmutende Antwort darauf lautet, dass es tatsächlich Resilienz- und Schutzfaktoren gibt, die einen entsprechenden Einfluss auf die kindliche Entwicklung sowie auf die Art und Weise der kindlichen Bewältigung von Risikofaktoren haben können. Werner spricht diesbezüglich von Pufferprozessen:

> „Die Widerstandskraft oder Resilienz gegenüber Belastungen in der Lebenswelt, wird als Ergebnis von Pufferprozessen verstanden. Durch sie werden die Risiken und der Stress in diesen Lebenswelten zwar nicht aufgelöst, aber die Kinder entwickeln effektive Strategien im Umgang mit diesen Situationen." (ebd., S. 311).

Interessant ist, dass Werner in diesem Zusammenhang von Prozessen spricht – also nicht von isoliert zu betrachtenden Schutzfaktoren. Ebenso sticht ihr Bezug auf die Lebenswelt und den darin erfahrenen Belastungen hervor, womit sie eindeutig einen stärkeren Akzent auf die kindlichen Umweltfaktoren legt. Ähnlich spricht sie an anderer Stelle von protektiven oder Schutzfaktoren, die die Effekte solcher Belastungen abmildern, die jedoch nicht universell, sondern kontextspezifisch wirken.

Solche *Schutzfaktoren* können – wie auch die Risikofaktoren – auf *drei verschiedenen Ebenen* angesiedelt sein. Es handelt sich dabei um:[20]

- schützende Faktoren im Kind,
- schützende Faktoren in der Familie,
- schützende Faktoren in der Gemeinde.

Wie schon bei den Risikofaktoren haben wir es auch bei den Schutzfaktoren mit einer unübersichtlichen Vielfalt zu tun. Dies ist – wie wir gesehen haben – nicht zuletzt der Tatsache geschuldet, dass das Resilienzphänomen interdisziplinär untersucht und betrachtet wird. Werner hat in einer aktuellen Übersicht zu internationalen Längsschnittstudien diejenigen Schutzfaktoren zusammengestellt, die in zwei oder mehr Studien festgestellt worden sind. Dabei nimmt sie folgende Unterscheidung vor (Werner 2007 b, S. 311 ff.):

1. zum einen: *Persönlichkeitseigenschaften von Hochrisikokindern*, die mit erfolgreichem Coping, d.h. positiver Bewältigung assoziiert sind,
2. zum anderen *Ressourcen in der Familie und in der Gemeinde*, die mit erfolgreichem Coping bei Hochrisikokindern in Verbindung gebracht werden können.

---

20 Vgl. Werner, in: Opp/Fingerle 1999, S. 22 ff; aber auch in anderen Berichten über den Forschungsstand wird eine solche Dreiteilung vorgenommen, z.B.: Barton, William H., in: Ungar 2005, S. 135–147.

Als Hochrisikokinder gelten für sie solche mit multiplen Risikofaktoren, wobei auffällt, dass „Armut als Risikofaktor" in fast allen von ihr aufgeführten Längsschnittstudien vorkommt. Eine etwas davon abweichende Systematisierung bietet wiederum Wustmann an, indem sie kindbezogene und umweltbezogene Faktoren auch begrifflich unterscheidet und folgende Kategorisierung vornimmt:

Personale Ressourcen (des Kindes)

1. *kindbezogene Faktoren*
   Damit sind feststehende Eigenschaften gemeint wie z.b.: positive Temperamentseigenschaften, intellektuelle Fähigkeiten, weibliches Geschlecht,[21] Status der Erstgeborenen usw.
2. *die (eigentlichen) Resilienzfaktoren*
   Darunter fallen eher erworbene bzw. erwerbbare Eigenschaften und Fähigkeiten wie z.b.: Problemlösefähigkeiten, Selbstwirksamkeitsüberzeugungen, positives Selbstkonzept, Fähigkeit zur Selbstregulation, hohe Sozialkompetenz, sicheres Bindungsverhalten, aktives und flexibles Bewältigungsverhalten, Kreativität, auch körperliche Gesundheitsressourcen usw.

Soziale Ressourcen (des Kindes)

1. *innerhalb der Familie*
   Als wichtige Aspekte werden hierzu genannt z.b.: mindestens eine stabile Bezugsperson, autoritativer/demokratischer Erziehungsstil, familiärer Zusammenhalt, hohes Bildungsniveau der Eltern, unterstützendes familiäres Netzwerk, hoher sozio-ökonomischer Status usw.
2. *in den Bildungsinstitutionen*
   Bildungsinstitutionen nehmen teilweise den Charakter von kindlichen Lebenswelten ein, das (Erziehungs-)Klima, das die Kinder dort erfahren, kann entscheidenden Einfluss auf ihre Entwicklung haben: z.b. klare Regeln und Strukturen, wertschätzendes Klima, positive Peerkontakte, Förderung der Basiskompetenzen usw.
3. *im weiteren sozialen Umfeld*
   Mit zunehmendem Alter erobern sich die Kinder ihr weiteres soziales Umfeld, so dass auch dieser größere Umkreis zunehmend Gewicht für die Kinder bekommt: z.b. kompetente und fürsorgliche Erwachse-

---

21 Die Zugehörigkeit zum weiblichen Geschlecht gilt allerdings – wie an anderer Stelle als Ergebnis von Resilienzstudien noch dargestellt wird – nur in der Kindheit als risikomildernd; dies ändert sich mit dem Eintritt in die Pubertät.

ne außerhalb der Familie, zugängliche Ressourcen im Stadtteil, Vorhandensein pro-sozialer Rollenmodelle, usw.

Obwohl hier nur eine exemplarische Aufzählung von *möglichen Schutzfaktoren* vorgenommen werden konnte, ist sicherlich deutlich geworden, dass wir es – trotz versuchter Systematisierung – mit einer unübersichtlichen Vielzahl zu tun haben, so dass die Forderung nach einer Priorisierung nahe liegen würde. Eine solche Priorisierung scheint jedoch angesichts der mittlerweile erkannten Komplexität der zugrunde liegenden Wirkmechanismen nicht möglich zu sein. All diese Wirkmechanismen sind jeweils nur in konkreten Kontexten beschreibbar, denn sowohl Risiko- als auch Schutzfaktoren erweisen sich in ihrer Funktion letztlich erst in einer konkreten Situation, wobei das Ergebnis aus ihrer komplexen Wechselwirkung resultiert. Hier muss an den schon erwähnten dichotomen Sachverhalt erinnert werden, demzufolge ein Faktor, der in einer spezifischen Konstellation als protektiv gelten mag, in einer anderen Situation sich sogar als Risiko erweisen kann. Um nur ein Beispiel dazu anzuführen: Generell gilt, dass soziale Kontakte, insbesondere enge Kontakte zu Gleichaltrigen und Freundschaften, einen Schutzfaktor darstellen. Dies kann sich jedoch dann ins Gegenteil verkehren, wenn es sich dabei um Peerkontakte handelt, die abweichendes Verhalten im Sinne von delinquenten Handlungen verstärken.

Nach Lösel/Bender besteht in der Resilienzforschung mittlerweile Konsens darüber, „dass der Begriff des ‚protektiven Faktors' eigentlich irreführend ist, wenn nur die positive Prägung der jeweiligen Merkmale protektiv wirkt. (...) Die negative Ausprägung hat häufig eine Risikofunktion, d.h. sie korreliert mit einer Störung." (Lösel/Bender 2007, S. 61). Obwohl dazu mittlerweile einige grundlegende Erkenntnisse vorliegen, ist die weitere Erforschung der komplexen Wechselwirkungen zwischen Risiko- und Schutzfaktoren nach wie vor eines der dringendsten Anliegen der Resilienzforschung.

Generell kann festgehalten werden, dass Schutzfaktoren mindestens drei Funktionen haben:

1. sie können risikomildernd wirken,
2. sie können entwicklungsfördernd sein,
3. ihr Fehlen kann generell ein Störungspotential darstellen, also das Fehlen von Schutzfaktoren kann als Risikofaktor gedeutet werden (vgl. Wustmann 2004, S. 44 f.).

Erwiesen zu sein scheint – was eigentlich auch naheliegend ist –, dass die resilienzfördernde Wirkung wahrscheinlicher ist, wenn mehrere

Schutzfaktoren gegeben sind, wie auch umgekehrt in einer mehrfach mit Risiken belasteten Situation das Vorhandensein von mehreren Schutzfaktoren erforderlich sein dürfte, um resilientes Verhalten zu ermöglichen.[22] Darüber hinaus gilt es – wie die neuere Forschung gezeigt hat (vgl. Lösel/Bender 2007) –, eine Unterscheidung zwischen *generellen Schutzfaktoren und differenziellen protektiven Prozessen* vorzunehmen. Als generelle protektive Faktoren werden solche eingestuft, welche allgemein zu einer „gesunden psychischen Entwicklung" beitragen. Solchen Faktoren galt zunächst das vorrangige Interesse der Resilienzforschung. In Anlehnung an Garmezy – und von Lösel/Bender in den bundesdeutschen Diskurs übertragen – können folgende zehn Merkmale dazu gezählt weden:

Generelle protektive Faktoren[23]

1. stabile emotionale Beziehung (Elternteil oder andere Bezugsperson)
2. emotional positives, unterstützendes und strukturgebendes Erziehungsklima
3. Rollenvorbilder für konstruktives Bewältigungsverhalten (bei Belastungen)
4. soziale Unterstützung durch eine Person außerhalb der Familie
5. dosierte soziale Verantwortlichkeiten
6. Temperamentsmerkmale (z.B.: Flexibilität, Annäherungstendenz, Soziabilität)
7. kognitive Kompetenzen (z.B. zumindest durchschnittliche Intelligenz)
8. Erfahrungen der Selbstwirksamkeit und ein positives Selbstkonzept
9. ein aktives und nicht nur reaktives oder vermeidendes Bewältigungsverhalten bei Belastungen
10. Erfahrungen der Sinnhaftigkeit und Struktur in der eigenen Entwicklung.

Diese Auflistung beschreibt also zunächst generell positive Entwicklungsbedingungen überhaupt; im engeren Verständnis des Resilienzkonzeptes muss jedoch betont werden, dass sich Resilienz nur in der Bewältigung eines Risikos erweist und dass die aufgelisteten generellen Schutzfaktoren in einem Risiko-Kontext spezifischere Wirkungen entfalten können.

---

22 Wustmann formuliert dies wie folgt: „Multiple schützende Bedingungen – also multiple Ressourcen – können die Chance für eine Anpassung trotz schwieriger Lebensbedingungen erheblich verbessern (sie summieren und verstärken sich dann gegenseitig)." (Wustmann 2004, S. 47).

23 Lösel/Bender in: Opp/Fingerle/Freytag 1999, S. 37 und ähnlich Garmezy 1991, in seinem Aufsatz in: American behavioral scientist, 34, 4, S. 416–430.

Sicherlich erweist sich das Wissen um generelle protektive Faktoren, wie auch Lösel/Bender vermerken, als bedeutsam für die allgemeine pädagogische oder sozialpädagogische Praxis. Sie vermittelt aber noch kein differenziertes Wissen über das Phänomen der Resilienz und ihre Förderung. Hierzu sind spezifische Studien und die Ermittlung von *differenziellen protektiven Faktoren* erforderlich. Dementsprechend hat sich das Erkenntnisinteresse der Resilienzforschung von den allgemeinen hin zu den differenziellen Schutzfaktoren verschoben. Differenziell meint konkret, dass bei der Aufschlüsselung spezifische Risiken, aber auch spezifische Kontexte berücksichtigt werden wie z.b.: Alter und Entwicklungsstufe, Geschlechterdifferenzen oder kulturelle Kontexte.[24] Möglicherweise müsste sogar die Frage aufgeworfen werden, ob auch bezogen auf das Risiko des Aufwachsens in Armut differenzielle Schutzfaktoren ermittelt werden könnten.

Altersmäßig werden Differenzierungen entlang der kindlichen Entwicklungsphasen vorgenommen; so unterscheidet z.b. Wustmann bei der Betrachtung der personalen Ressourcen des Kindes zwischen folgenden drei Stufen:

1. Säuglings- und Kleinkindalter (frühe Kindheit)
2. Schulalter (mittlere Kindheit)
3. Jugend und Übergänge ins Erwachsenenalter (Wustmann 2004, S. 96).

Ähnlich untergliedern Opp/Fingerle/Freytag (1999) ihr Kapitel zu „Risiko und Resilienz im Lebensverlauf"; Werner weist ebenfalls auf die Notwendigkeit einer auf Entwicklungsphasen bezogenen Betrachtung von Risiko und Resilienz hin (vgl. Werner 2000). Auch die Geschlechtsspezifik wird in den Resilienzstudien durchgehend als differenzierendes Merkmal berücksichtigt, was sicherlich darauf zurückzuführen ist, dass sowohl die Erkenntnisse der psychologischen Stressforschung als auch diejenigen der Entwicklungspsychologie und Entwicklungspsychopathologie auf die Relevanz von Geschlecht als differenzierender Kategorie verweisen.

Die Komplexität der angenommenen Wechselwirkungen erhöht sich noch, weil solche Interdependenzen nicht nur zwischen Risiko- und Schutzfaktoren vermutet werden, sondern auch zwischen den auf den

---

24 Lösel/Bender (1999) berücksichtigen auch: Kumulation von Faktoren, Ambiguität von Merkmalen, Beziehungen zum weiteren sozialen Kontext, Beziehungen zu biologischen Prozessen, Geschlechterunterschiede.

verschiedenen Ebenen (Kind, Familie, soziales Umfeld) angesiedelten Faktoren. Die dabei ablaufenden Mechanismen und Prozesse sind noch nicht endgültig erforscht (möglicherweise auch nicht in Gänze erforschbar); diskutiert werden jedoch verschiedene Modelle, die grundsätzliche Aussagen darüber zulassen und sich damit für die Entwicklung von (sozial-)pädagogischen Handlungskonzepten als hilfreich erweisen können:

1. Das *Kompensationsmodell* besagt, dass Risikofaktoren durch Schutzfaktoren in ihrer Wirkung vermindert (oder neutralisiert) werden können, also Schutzfaktoren einen direkten Einfluss auf den Entwicklungsprozess haben.

2. Das *Herausforderungsmodell* geht davon aus, dass die positive Bewältigung von Risiken (oder Stressoren) die Resilienzfähigkeit steigert (siehe das Bild einer nach oben führenden Wendeltreppe, das von Werner benutzt wird).

3. Das *Schutzfaktorenmodell* schreibt Schutzfaktoren eine moderierende Funktion zu, wobei man eine Wechselwirkung zwischen Risiko- und Schutzfaktoren unterstellt, bei welcher Schutzfaktoren beim Vorhandensein eines Risikos eine stärkere Wirkung entfalten (vgl. Zimmermann 1994 und Wustmann 2004).

Die verschiedenen Modelle gehen also davon aus, dass Schutzfaktoren im Zusammenwirken mit unterschiedlichen Risikofaktoren – wobei sicherlich nicht nur die Anzahl, sondern auch die Qualität der Faktoren eine Rolle spielen dürfte – unterschiedliche Wirkungen erzielen: Kompensation, Mediation, Herausforderung. Dabei werden teilweise interaktive und teilweise kumulative Effekte angenommen, so dass auch von einem „Modell der Interaktion" und einem „Modell der Kumulation" die Rede ist (vgl. Wustmann 2004, S. 96 ff.).

Abschließend soll noch auf ein von K. L. Kumpfer (1999) entwickeltes sechsdimensionales „Rahmenmodell von Resilienz" verwiesen werden, das den Anspruch erheben kann, „die Komplexität des Phänomens besonders anschaulich" zu verdeutlichen (Wustmann 2004, S. 62). Kumpfer unterscheidet zwischen *vier Einflussbereichen* und *zwei Ebenen* von Transaktionsprozessen, die ineinander greifen. Als Einflussbereiche benennt er den aktuellen Stressor, von dem das Risiko ausgeht, die Umweltbedingungen, die personalen Merkmale und das Entwicklungsergebnis. Der Prozess der Resilienzbildung vollzieht sich im Zusammenspiel von Person und Umwelt sowie von Person und Entwicklungsergebnis. Als Ausgangspunkt des Prozesses, in dem Resilienz entsteht, ist der Stressor anzusehen, welcher subjektiv als Bedrohung, Verlust oder Herausforderung

gewertet werden kann. Das Erleben und Bewältigen des Stressors/Risikos
wird durch die Umweltbedingungen, d.h. das Zusammenwirken von Ri-
siko- und Schutzfaktoren beeinflusst und durch Aspekte wie Alter/Ent-
wicklungsstand, Geschlecht, Kultur und zeitgeschichtlicher Hintergrund
moderiert. Die *Bewältigung des Risikos* bzw. die *Entwicklung von Resilienz*
vollzieht sich so in einem mehrfach zweistufigen Prozess. Dabei spielen
subjektive (selektive) Wahrnehmungen, Ursachenzuschreibungen, aktive
Umweltveränderung, Einsatz effektiver Bewältigungsstrategien usw. eine
Rolle. Dieser Prozess wird entscheidend durch die personalen Ressourcen, also durch die Resilienzfaktoren des Individuums beeinflusst, wozu
Kumpfer kognitive Fähigkeiten, emotionale Stabilität, körperliche und
gesundheitliche Ressourcen, soziale Kompetenzen und Motivation/Glau-
be sowie weitere kindbezogene Faktoren (z.B. Merkmale des Tempera-
ments) zählt. Alle diese Faktoren tragen zum Bewältigungsprozess bei,
wobei es letztlich zu einer effektiven, aber auch zu einer dysfunktionalen
Bewältigung kommen kann, d.h. zu einer „Anpassung oder Fehlanpassung" bzw. zu einem positiven oder negativen Entwicklungsergebnis.[25]

Die Wirkungsmechanismen der verschiedenen Modelle schließen
sich gegenseitig nicht aus, sondern können vielmehr als mögliche Er-
gänzungen betrachtet werden. Die ihnen zugrunde liegenden Annahmen wurden in mehreren empirischen Studien nachgewiesen; aktuell
am meisten verbreitet ist wohl das *Schutzfaktorenmodell.* Diese Modelle
können als wichtigstes Ergebnis der Resilienzforschung gelten. Dennoch
bleibt die Frage nach den differenziellen Wirkungen von Schutzfaktoren
letztlich weiterhin offen.

Eines ist jedoch ganz deutlich geworden: Es wäre eine verkürzte Sichtweise, anzunehmen, dass sich Risiko- und Schutzfaktoren gegenseitig
„einfach" aufheben. Allenfalls finden wir bezüglich der Einstufung von
Schutzfaktoren eine gewisse *Hierarchisierung;* so wird in der Entwicklungspsychologie eindeutig einer „sicheren Bindung" im frühkindlichen
Alter eine herausragende Schutzrolle zugewiesen (vgl. Bowlby 1959 und
Grossmann/Grossmann 2004). Weitgehender Konsens besteht auch dahingehend, dass sich bei einem *kumulativen Auftreten* von Risiken deren
Wirkungen potenzieren. Dass bei einer Kumulation von Risikofaktoren
auch eine entsprechende Vielfalt von Schutzfaktoren nötig ist, um eine
resiliente Entwicklung zu ermöglichen, liegt auf der Hand. Eine wichtige
Erkenntnis besagt zudem, dass Risiko- und Schutzfaktoren jeweils situa-

---

25 Vgl. dazu die grafische Darstellung in Wustmann (2004), S. 65. Die Darstellung des Rah-
    menmodells von Kumpfer basiert hier auf der von Wustmann bearbeiteten Fassung.

tiv zu interpretieren sind und dass jeweils der soziale und kulturelle Kontext berücksichtigt werden muss.

Entscheidend für den pädagogischen Alltag und die Entwicklung eines sozialpädagogischen Konzeptes ist, dass *Resilienz auf unterschiedlichen Ebenen gefördert werden kann:*

1. beim Kind selbst,
2. in seinem unmittelbaren Umfeld (Familie/Ersatzfamilie),
3. in seinem weiteren sozialen Umfeld (Nachbarschaft, Kita, Schule, Stadtteil).

Von zentraler Bedeutung für die soziale Praxis bleibt darüber hinaus die Erkenntnis, dass Schutzfaktoren auch unter riskanten Lebensbedingungen positive Entwicklungsresultate herbeiführen helfen. Also gilt es, solche „Faktoren und Prozesse dort, wo sie nicht vorhanden sind, pädagogisch-therapeutisch zu fördern." (Fingerle 1999, S. 95). Auch wenn die neueren, differenzierteren Erkenntnisse zu den komplexen Wechselwirkungen von Risiko- und Schutzfaktoren die in letzter Zeit häufig anzutreffende Resilienz-Euphorie etwas dämpfen mag, wird dadurch nicht generell die Wirkung von Schutzfaktoren infrage gestellt. Allerdings unterstreicht die zunehmende Entdeckung dieser Komplexität die Notwendigkeit einer kontextbezogenen Analyse unter Beachtung des Prozesscharakters von Resilienzbildung. Ganz deutlich wird dabei, dass bei Planung und Umsetzung von Interventionsprogrammen eine sehr spezifische Passung zwischen Individuum und Umwelt erzielt werden muss.[26]

Weder für das Risiko noch für den Schutz lässt sich eine garantierte Wirkung nachweisen. Je nach Lesart ist das immerhin ermutigend!

1.7 Aktuelle Resilienzdiskurse

Den aktuellen Diskussionsstand zu Resilienz in der Bundesrepublik kann man m.E. am besten anhand der Neuauflage des Sammelbandes „Was Kinder stärkt" von Günther Opp und Michael Fingerle (2007) nachlesen. Diese – vorwiegend im Kontext von Heilpädagogik und Frühförderung angesiedelte – Publikation gibt einen sehr informativen Überblick über den neuesten Stand der Grundlagenforschung, zu Arbeitskonzepten in

---

26 Wichtig ist hierfür auch die Erkenntnis, dass es eine bestimmte Quote von Programmteilnehmerinnen und –teilnehmern gab, bei denen die positiven Effekte ausgeblieben sind! Vgl. Fingerle 1999, S. 97.

verschiedenen Arbeitsfeldern, und berücksichtigt auch kritische Reflexionen zu Reichweite und Grenzen von Resilienzkonzepten. Vor allem wenn man die nun vorliegende zweite Auflage mit der ersten (Opp/Fingerle/Freytag 1999) vergleicht, werden die inzwischen erfolgten inhaltlichen Verschiebungen des bundesrepublikanischen Resilienzdiskurses deutlich. Dabei springt ins Auge, dass – wie auch im internationalen Diskurs erkennbar (vgl. Luthar 2003) – die biologische und neurobiologische Forschung stärkere Beachtung findet (vgl. Holtmann/Laucht 2007 und Hüther 2007). Weiterhin findet die Lebensspannen-Psychologie neue Aufmerksamkeit, wodurch Resilienzförderung z.b. ein Thema für das höhere Lebensalter wird – wie Ursula Staudinger und Werner Greve betonen (Staudinger/Greve 2007). Auch hinsichtlich der Kategorie „Geschlecht" als differenzierendes Merkmal für die Herausbildung von resilientem Verhalten gibt es neue Erkenntnisse, die für die Bewältigungsstrategien von Kindern, die „in Armutsverhältnissen aufwachsen", Bedeutung haben dürften. Eindeutig erkennbar ist zudem, dass der psychologischen Bindungstheorie ein herausragender Stellenwert eingeräumt wird (Birsch 2007, Rauh 2007 und Grossmann/Grossmann 2007). Außerdem wird vor einer zu unkritischen Rezeption des Resilienzgedankens gewarnt, vor allem davor, dass der Resilienzbegriff zu einem „Modekonzept" verkommen könne, „zu einem nahezu beliebig verwendbaren Marketingvehikel für Trainingsprogramme" (Fingerle 2007, S. 299).

Fingerle (2007) verweist in diesem Zusammenhang auf eine mittlerweile kritischer gewordene Rezeption des Resilienzkonzeptes in pädagogischen Fachkreisen und unterstreicht folglich die Notwendigkeit eines sorgfältigen Umgangs mit diesem Konzept in der Praxis:

> „Dabei ist insbesondere zu betonen, dass sich die Förderung von Resilienz nicht nur auf das Training personaler Bewältigungsressourcen, sondern auch auf die Erkundung, Organisation und Etablierung entwicklungsfördernder sozialer Nischen beziehen muss, wenn sie erfolgreich sein will." (Fingerle 2007, S. 299).

Diese Anmahnung erscheint mir als sehr notwendige grundsätzliche Klarstellung, die das Resilienzkonzept für den hier zu erörternden Zusammenhang erst wirklich brauchbar erscheinen lässt. Die Idee der Resilienzförderung macht im Armutskontext und in einer sozialpädagogischen Sichtweise nämlich nur dann Sinn, wenn sie das Kind in seinen Lebensverhältnissen und in seinem unmittelbaren und weiteren Lebensumfeld in den Blick nimmt. Eine isolierte Fokussierung auf das einzelne Kind durch entsprechende Trainingsprogramme würde nur einer Individualisierung der von der Armutsproblematik betroffenen Kinder einseitig Vorschub leisten und wäre damit auch gesellschaftspolitisch fragwürdig.

Diese Sichtweise wird von Fingerle nachdrücklich unterstrichen und soll hier deswegen durch ein weiteres Zitat hervorgehoben werden, eben weil sie von eminenter Bedeutung für die Praxis ist:

> „... Förderansätze, die allein auf personale Ressourcen fokussieren, zielen lediglich auf eine Teilmenge der von der Forschung identifizierten Resilienzfaktoren und lassen die Bedeutung sozialer Ressourcen häufig außer Acht." (Fingerle 2007, S. 301).

Zu Recht betont Fingerle den unschätzbaren Gewinn, den das Resilienzkonzept für die pädagogische – und sicherlich auch die sozialpädagogische – Praxis beinhaltet. Dieser Gewinn ist vor allem in der damit einhergehenden Richtungsänderung des Denkens zu sehen, in der Abkehr von einer pessimistischen Sichtweise, welche die negativen Wirkungen von Risikofaktoren in deterministischer Weise überbetont hat. Fingerle spricht in diesem Zusammenhang davon, dass mit der „Entdeckung" der Wirkung von Schutzfaktoren die „Gegenwahrscheinlichkeit" zum Zuge kommt, und benutzt dafür – passenderweise – als Beispiel den Risikofaktor „Armut":

> „Wenn ein Faktor wie Armut die Wahrscheinlichkeit für die Entstehung von Verhaltensproblemen um beispielsweise um 70% erhöht, dann bedeutet dies gleichzeitig, dass bei Vorhandensein desselben Faktors mit der Gegenwahrscheinlichkeit von 30% (= 100%–70%) keine Verhaltensprobleme entstehen. Resilienz – und hierin liegt eine der wesentlichen Bedeutungen dieses Konzepts – belegt die probabilistische Natur der Wirkung von Risikofaktoren: sie wirken nicht zwangsläufig, nicht deterministisch, sondern nur mit einer bestimmten Wahrscheinlichkeit." (Fingerle 2007, S. 300 und vgl. Kapitel 1.4).

Leider hat die Erkenntnis von der probabilistischen Wirkung von Riskofaktoren auch eine Schattenseite, dass nämlich die Förderung von Schutzfaktoren nicht zwangsläufig zu Resilienz führen muss. Diese Erkenntnis leitet über zu einem grundsätzlichen (sozial-)pädagogischen Diskurs über Möglichkeiten und Grenzen professionellen pädagogischen Handelns, der jedenfalls derzeit in der „reflexiven Pädagogik" geführt wird. Auch auf diese Diskussion verweisen die Herausgeber des Sammelbandes, wobei sie den Resilienzdiskurs in den gesellschaftlichen Kontext des Aufwachsens in der *Risikogesellschaft* und der Auseinandersetzung um „moderne Kindheit" einbetten.

Die von Ulrich Beck (1986) mit seiner Gesellschaftsanalyse angebotene Metapher von der „Risikogesellschaft" liefert selbstredend ein passendes Pendant zum hier geführten Resilienzdiskurs, vor allem in der Betonung der dieser Gesellschaftsform inhärenten Ambivalenz von Risiken und Chancen und in der damit einhergehenden Erkenntnis, dass Risiken immer auch Chancen beinhalten, Chancen aber auch Risiken mit sich bringen können. In diesem Sinne wird die Kindheit in der Moderne in einer ambivalenten Position zwischen erweiterten Partizipationsrechten und Entscheidungsmöglichkeiten als Vorteilen und den gleichzeitig damit verbundenen und selbst zu verantwortenden Risiken als potenziellen Nachteilen gesehen. Entscheidend ist jedoch – mit Blick auf die hier im Mittelpunkt stehende Zielgruppe von Kindern, die in Armutsverhältnissen aufwachsen –, dass auch in der Risikogesellschaft Chancen und Risiken nicht gleich verteilt sind. Die viel zitierte existenzielle Ambivalenz führt keineswegs zu egalitären Ergebnissen; sie ist eben nicht frei von sozialstruktureller Bedingtheit, weil es Gewinner und Verlierer dieses Modernisierungsprozesses gibt. Die Frage, wer zu der einen oder zu der anderen Gruppe gehört, ist keineswegs vom Zugang zu materiellen und immateriellen Ressourcen losgelöst zu betrachten. Im Gegenteil: Es ist zu vermuten – und es ließen sich genügend empirische Belege dafür anführen –, dass zunehmende gesellschaftliche Polarisierungen weiterhin die vorhandene oder nicht vorhandene Ressourcenausstattung widerspiegeln. *Mit anderen Worten, unsere Zielgruppe der in Armut aufwachsenden Kinder wird in diesem gesellschaftlichen Prozess nur dann überhaupt eine Chance haben zu den Gewinnern zu zählen, wenn sie mit entsprechenden Schutzfaktoren ausgestattet werden.*

Mit derartigen gesellschaftlichen Dichotomien und in der Folge sich verschärfenden Selektionsprozessen wachsen die ohnehin schon gegebenen Unwägbarkeiten pädagogischen Handelns. Auch diese Verbindung wird in dem Sammelband von Opp und Fingerle (2007, S. 12) eindeutig hergestellt und soll hier aufgegriffen werden. War professionelles pädagogisches Handeln immer schon mit Forderungen und Ansprüchen konfrontiert, die sich teilweise nicht vereinbaren ließen, weil sie in einem gewissen Widerspruch zueinander standen, sich gegenseitig sogar ausgeschlossen haben, so verschärfen sich solche Widersprüche in der Deutungsweise der Beckschen Risikogesellschaft. Die Einsicht in die Ungewissheit der Wirkungen gestehe, so die beiden Herausgeber, alltägliche Fehler- und Risikopotenziale pädagogischen Handelns ein und erziele gerade aus den damit verbundenen Irritationen neue Erkenntnisse:

> „Erziehung wird dadurch nicht leichter. Aber sie lässt sich vom Kopf überzogener Einseitigkeiten und Vereinfachungen auf die Füße ihrer praktischen Anforderungen stellen." (Opp/Fingerle 2007, S. 13).

Die beiden Herausgeber Opp und Fingerle beziehen also auch das pädagogische Handeln – indem sie es in den Kontext des gesellschaftlichen Modernisierungsprozesses mit seinen Widersprüchlichkeiten stellen – in die Risikoperspektive mit ein.

Resümee

In diesem Kapitel ist der Versuch unternommen worden, den aktuellen Stand des theoretischen Resilienzdiskurses nachzuzeichnen. Dies erschien mir unabdingbar, um in weiteren Schritten dann zu klären, ob das Resilenzkonzept brauchbare Anhaltspunkte liefert, in welcher Weise, Kinder, die in Armut leben, durch resilienzfördernde Maßnahmen in der Bewältigung ihrer Situation unterstützt werden könnten.

Deutlich geworden dürfte dabei eines sein: Auch wenn eine gewisse Skepsis gegenüber einer zu euphorischen Erwartungshaltung in die Möglichkeiten von Resilienzförderung nicht von der Hand zu weisen ist, dürften die Unwägbarkeiten, die mit diesem Konzept verbunden sind, keine grundsätzlich andere Qualität aufweisen, als generell (sozial-)pädagogisches Handeln solchen Unwägbarkeiten ausgesetzt ist. Bedenkenswert erscheint mir in dem Zusammenhang ein Hinweis von Marie-Luise Conen, die sich in einem 2006 erschienenen Sammelband zu „Resilienz – Gedeihen trotz widriger Umstände" Gedanken über die nicht selten anzutreffende „Ratlosigkeit" der helfenden Zunft" macht (vgl. Conen 2006). Sie sieht in der reflexiven Auseinandersetzung und in dem Eingestehen der immer wieder erlebten Ratlosigkeit der Helferinnen und Helfer eine wichtige Ressource, um zu neuen Erkenntnissen zu kommen:

> „Oftmals ist es erst aus der Offenlegung der eigenen Ratlosigkeit heraus möglich, dass die Klienten gerade dadurch wieder Zugang zu ihren Problemlösungsideen finden und neue Schritte in Richtung zu konstruktiven Veränderungen gehen können." (Conen 2006, S. 270).

Conen formuliert dies zwar mit Blick auf die therapierende und beratende Profession, aber zweifellos kann dieser Erkenntnisprozess auch auf die Alltagserfahrungen von pädagogischen und sozialpädagogischen Fachkräften übertragen werden.

2. Kinderarmut in der Sicht von Resilienzstudien

„Above all, we need to focus on young children who are poor."
(Emmy Werner 2000)

2.1 Zur Auswahl der vorgestellten Studien

Es kann und soll hier nicht der Anspruch erhoben werden, eine umfassende Übersicht über die international vorliegenden Ergebnisse zur Resilienzforschung zu geben, auch nicht über die ansehnliche Zahl der in den letzten Jahren dazu in der Bundesrepublik erschienenen Beiträge. Der Anspruch ist ein viel bescheidenerer, aber in der Begrenzung auch ein gezielter: Es sollen einige ausgewählte Studien vorgestellt werden, die mir besonders geeignet erscheinen den *Stellenwert aufzuzeigen, den der Resilienzdiskurs für die in den Fokus genommene Kinderarmutsproblematik hat.* Das entscheidende Auswahlkriterium ist also, dass es sich um auf dem Resilienzkonzept basierende Studien handelt, die Armut oder sozioökonomische Deprivation explizit zum Gegenstand haben und sich vorwiegend auf Kinder und Jugendliche beziehen.

Bei der Auswahl und Zusammenstellung habe ich eine Zweiteilung vorgenommen:

Zum einen möchte ich *die stärker soziologisch orientierte Forschungsrichtung* vorstellen, wie sie von Glen H. Elder (1974 und 1999) und Ingrid Schoon (2006) in ihren Studien vertreten wird. Dabei lassen sich verschiedene Verbindungslinien zwischen Elder und Schoon herstellen, so dass diese Studien hier in ihrer chronologischen Abfolge vorgestellt werden. Beide nehmen „ökonomische Deprivation" konkret zum Ausgangspunkt ihrer Forschung und analysieren die Formen der individuellen und familiären Bewältigung jeweils bezogen auf den konkreten gesellschaftshistorischen Hintergrund. Elder und Schoon sind in ihren Fragestellungen lebenslauftheoretisch orientiert. Die Verbindungslinie zwischen beiden wird auch dadurch hergestellt, dass sich Schoon explizit auf Elder bezieht und konzeptionell an ihn anknüpft. Was den Resilienzbegriff betrifft – so bleibt Elder, dessen Studie erstmals 1974 erschienen ist, eher vage; er hat den Begriff der Resilienz erst in seiner Re-Interpretation von 1999 aufgegriffen und seine Ergebnisse diesbezüglich neu interpretiert. Schoon setzt die Begriffe „Risiko und Resilienz" offensiv (schon im Titel) ein und stellt sie in den Kontext des von ihr untersuchten gesellschaftlichen Wandels.

Zum anderen haben wir *die entwicklungspsychologisch ausgerichteten Studien* von Emmy Werner und Ruth Smith (1977 und 1982), die vielzitierte Kauai-Studie, und die Untersuchung von Suniya S. Luthar (1999), für die Armut und soziale Benachteiligung von Kindern und Jugendlichen ein signifikanter Bezugspunkt ihrer Forschungs- und therapeutischen Tätigkeit darstellt. Dass Armut derart ins Zentrum der Betrachtung gerückt wird, ist für psychologische Resilienz-Studien bemerkenswert. Denn: Obwohl Armut – insbesondere chronische Armut – immer wieder als zentrales Entwicklungsrisiko für Kinder angeführt wird, gibt es wenige Studien dieser Forschungsrichtung, welche diese Problematik auch explizit behandeln. Selbst in der Kauai-Studie von Werner/Smith bleibt „Armut als Lebenslage" eher vage konturiert, wenngleich mehr als die Hälfte der untersuchten Kinder als arm bezeichnet wird. Luthar lenkt den Blick auf die großstädtischen Armutsmilieus, als Lebenswelt von Kindern und Jugendlichen, die meist ethnischen Minderheiten angehören. Das Erkenntnisinteresse beider Studien ist aber eindeutig auf die Armutsproblematik und das Phänomen der Resilienz in diesem Kontext fokussiert.

Resilienzforschung beschäftigt sich im Übrigen nicht nur mit den Entwicklungsprozessen von Kindern; das Phänomen der Resilienz kann in allen Lebensphasen auftreten und beobachtet werden. Ein Teil der hier berücksichtigten Forschungen sind als Langzeitstudien angelegt und untersuchen so die Wirkungen von Resilienz über die Abfolge von *Lebensphasen hinweg, ausgehend von der Kindheit über die Jugend ins Erwachsenenalter* hinein.

2.2 Kinder in der „Großen Wirtschaftskrise" – Glen H. Elder: „Children of the Great Depression" (1974)[27]

Die Studie von Glen Elder wird in der Armutsforschung immer wieder als die US-amerikanische *Kinderarmutsstudie* zitiert. Auch die neuere Armutsforschung bezieht sich häufig darauf, immerhin handelt es sich dabei um eine sehr frühe und ziemlich einmalige Längsschnittstudie zu Kinderarmut. Elder hat darin die Auswirkungen von „ökonomischer Deprivati-

---

27 Die Originalstudie ist 1974 erschienen. Als Quelle für die Darstellung der Elder-Studie diente hier die Neuauflage, die auch eine Re-Interpretation durch Elder enthält: Elder, Glen: Children of the Great Depression, Social Change in Life Experience, Westview Press 1999.

on" auf Arbeiter- und Mittelschichtfamilien untersucht und insbesondere die *längerfristigen Folgen in den Lebensläufen der betroffenen Kinder im Jugend- und Erwachsenenalter* analysiert. Zu beachten ist, dass er nicht im engeren Sinne „Armut als Lebenslage", sondern „Verarmungsprozesse" in einem konkreten historischen gesellschaftlichen Kontext zum Ausgangspunkt genommen hat. Elder bezieht sich auf die Erfahrung von Einkommenseinbrüchen, die Familien infolge der „Großen Wirtschaftskrise" erlitten haben. Die Weltwirtschaftskrise – „Great Depression" – hat in den USA 1929 mit dem Börsenkrach des „Black Tuesday" eingesetzt, und hat sich mit Schwankungen über die 1930er Jahre hindurch auf die Lebensverhältnisse ziemlich heftig ausgewirkt.[28] Als Maßstab für „ökonomische Deprivation" gilt für Elder der prozentuale Einkommensverlust, den die Familien zwischen 1929 und 1933 erfahren haben. Beträgt dieser Verlust mehr als 35%, dann spricht Elder von *deprivierten Familien*, bei geringerem Verlust von „relativ nicht deprivierten" Familien. Allerdings war das Ausmaß von „ökonomischer Deprivation" weder einförmig noch zufällig: Zwar war die Mehrheit der Familien in der Untersuchungsregion (Oakland) davon betroffen, aber für einen Teil gingen die Verluste an die Existenzgrundlage. Dies waren vor allem Arbeiter- und Mittelschichtfamilien, in denen die *Väter von Erwerbslosigkeit betroffen* waren, auch Angestellte oder Selbstständige, aber am heftigsten betroffen war die Arbeiterklasse.

Von Bedeutung für die methodische Konzeption der Studie ist sicherlich die Tatsache, dass Elder dafür die Datenerhebung der *„Oakland Growth Study"*[29] nutzen konnte, die zu Beginn der 1930er Jahre (um 1931) gestartet ist und über die 1930er Jahre hinweg fortgesetzt wurde. Diese Datensammlung wurde am „Institute of Human Development" der Universität von Kalifornien in Berkeley für eine Studie zu physiologischen, psychologischen und sozialen Aspekten der Pubertätsphase erhoben, die von Herbert Stolz und Harald E. Jones durchgeführt wurde. Elder konnte während seiner Tätigkeit als Soziologe an diesem Institut (1962–1967) und auch danach auf diese Daten zugreifen und sie für seine – thematisch völlig anders ausgerichtete Forschungsfrage – nutzen, was natürlich für sein Forschungsdesign nicht folgenlos blieb.

---

28 Das Startsignal zur „Großen Wirtschaftskrise" gab der Börsencrash vom 29. Oktober 1929 (Black Tuesday), auf den Einbrüche der Aktienpreise, der gesamten Industrieproduktion, des Handels und des Bruttosozialproduktes insgesamt folgten; die Wirtschaftskrise hielt, mit erheblichen Schwankungen und vor allem anhaltend hoher Arbeitslosigkeit, in den 1930er Jahren an, trotz der von F.D. Roosevelt mit der Politik des New Deal realisierten Gegenmaßnahmen.

29 Die „Oakland-Growth-Study" wurde am Institute of Human Development der Universität von Kalifornien, Berkeley, durchgeführt, an dem auch Elder tätig war.

John A. Clausen, Direktor des Institute of Human Development, hebt in seinem Vorwort zu der 1999 erfolgten Neuveröffentlichung – die Originalstudie von Elder ist 1974 erschienen – den spezifischen Erkenntniswert dieses Typus von *Langzeitstudien* hervor, die einen „unverfälschteren" Blick auf die Lebensverläufe eröffneten, als es bei retrospektiv angelegten Forschungen möglich sei: Dadurch lasse sich viel eindrücklicher nachzeichnen, wie die Große Wirtschaftskrise das Leben der Familien und die Entwicklungsverläufe der Kinder beeinflusst habe. Vor allem sei dies Elder auch dadurch gelungen, dass er die Kinder als Subjekte der Forschung begriffen habe (Elder 1999, S. XIX).

Allerdings birgt ein solches Vorgehen – d.h. die *Sekundärauswertung von Daten*, die zu einem anderen Zweck erhoben worden sind – auch den Nachteil, dass sie nicht alle Informationen enthalten, die zur Beantwortung der eigenen Fragestellung notwendig wären. Elder erörtert diese Problematik selbst in der Neuveröffentlichung der Studie, wo er Vor- und Nachteile dieser Herangehensweise abwägt und im Übrigen auf die begrenzte Generalisierbarkeit der Ergebnisse verweist, da es sich um eine historisch (Great Depression), geographisch (Oakland) und bezogen auf die Zusammensetzung der Population (vorwiegend Migranten aus Südeuropa und Skandinavien) spezifisch angelegte Studie handle (Elder 1999, S. 271). Zu beachten sei insbesondere der sozialhistorische Kontext, in den Kindheit einzubetten sei, der durch generelle gesellschaftliche Wandlungsprozesse charakterisiert sei, wie sie für die USA der Zeit während und nach der „Great Depression" typisch waren.

Die in der Studie beobachteten Kinder wurden 1920/21 geboren und ihre Entwicklungsverläufe werden durch die erhobenen Daten von *Anfang der 1930er Jahre bis Anfang der 1960er Jahre* – also von der mittleren Kindheit bis ins Erwachsenenalter hinein – verfolgt. Sie erlebten ihre mittlere Kindheit und ihre Adoleszenz in den 1930er Jahren in Oakland – dies waren die Jahre mit den heftigsten sozialen Auswirkungen der großen Wirtschaftskrise.[30] Elder interessierten vor allem die *Folgewirkungen der ökonomischen Einschränkungen* auf den sozialen Status der Familie, die subjektive Wahrnehmung des sozialen Statusverlusts (als sozialer Abstieg) und die Veränderungen im familiären Beziehungssystem, d.h. der

---

30 Vgl. Elder 1999, S. 5. Vor allem in den Jahren 1932 bis 1939 wurde umfassendes Datenmaterial zu dem von Elder genutzten Sample erhoben: „The 167 children who were intensively studied from 1932 to 1939 were initially selected from fifth and sixth grades of five elementary schools in the northeastern section of Oakland, California. According to the family background of enrolled students, two of the schools were largely working-class, one was lower-middle-class, and the other two were middle-class." (Elder 1999, S. 5).

Beziehungen zwischen den Partnern, zwischen Eltern und Kindern, die
veränderte Rolle der Kinder im Familiensystem sowie ihr Selbstbild. Dabei *vergleicht er drei Gruppen*:

1. Kinder aus deprivierten Arbeiterfamilien,
2. Kinder aus deprivierten Mittelschichtfamilien,
3. Kinder aus nicht deprivierten Familien.

Mit Blick auf die Kinder, die sich zum zeitlichen Startpunkt der Studie in der *Übergangsphase zur Pubertät* befanden, interessierte Elder zum
einen, *wie diese auf die veränderte familiäre Situation reagieren* und zum
anderen, *welchen Einfluss die Erfahrung von ökonomischer Deprivation auf
den späteren Lebensverlauf* der Jungen und Mädchen haben wird. Dabei
ging er davon aus, dass die Ergebnisse sowohl sozialstrukturelle Differenzen zwischen Arbeiter- und Mittelschichtkindern als auch geschlechtsspezifische Ausprägungen aufzeigen würden. Die Kinder aus nicht-de-
privierten Familien fungierten als Kontrollgruppe.
Die Ausgangsannahmen waren dabei:

- „dass sich ein breites Spektrum von Anpassungsstrategien abzeichnen würde, von *autonomen und resilienten Coping-Strategien* bis hin
  zu *defensiven Bewältigungsformen* und *Rückzugstendenzen*,
- dass dies sowohl von persönlichen Ressourcen als auch von der Unterstützung im familiären Umfeld abhängen würde,
- dass Kinder aus der Mittelschicht über größere Fähigkeiten verfügten
  sich an die Veränderungen und Widrigkeiten anzupassen,
- dass die Problemlösefähigkeiten und Unterstützung bei der geforder-
  ten ‚Anpassung‘ mit der steigenden Klassenposition zunehmen würde."[31]

Angesichts dieser Vorüberlegungen ging Elder davon aus, dass die
Erfahrung von ökonomischer Deprivation Kinder aus der Arbeiterklasse

---

31 Hierbei handelt es sich um eine ziemlich frei ins Deutsche übertragene Textpassage aus:
    Elder 1999, S. 276, die hiermit im Originaltext wiedergegeben wird:
    „Economic loss in the Depression generally produced a disparity between situation and
    person which called for new adaptations. We assumed that responses to deprivational
    situations, from autonomous and resilient coping to defensiveness and withdrawal,
    hinged on adaptive potential involving both personal resources (intellectual skills ect.)
    and environmental support in the family; and that children from the middle class ran-
    ked higher than those from the working class on the capacity to adapt to change and ad-
    versity. Problem solving resources and support for adaptive responses tend to increase
    with class position. Middle class children and parents also rank higher on intellectual
    resources, and their conceptions of reality are more conducive to effective adaptation in
    situations of change and uncertainty."

bezogen auf ihr psychisches Wohlbefinden und ihren weiteren Lebensverlauf härter treffen würde als die Mittelschichtkinder (Elder 1999, S.
276).

Betrachten wir zunächst die innerfamiliären Auswirkungen der erfahrenen Verschlechterung der materiellen Lebenslage. *Innerfamiliär* ergaben
sich vor allem bei Erwerbslosigkeit der Väter Verschiebungen in der familiären *Arbeitsteilung* und auch im *Rollengefüge*, insbesondere wenn die
Mütter erwerbstätig blieben oder eine Erwerbsarbeit aufnahmen, um den
Familienunterhalt zu sichern. Dies hatte meist zur Folge, dass die Kinder
stärker in die Verpflichtung genommen wurden. Mädchen wurden stärker zur Mithilfe im Haushalt herangezogen, während Jungs eher außerhäusliche Tätigkeiten aufnahmen, um einen wirtschaftlichen Beitrag zum
Erhalt der Familie zu leisten (Elder 1999, S. 116). Die Mädchen wurden
also eher an das Haus und die Familie gebunden; die Jungen orientierten
sich früher und stärker nach außen, wodurch *geschlechtsspezifische Orientierungen verstärkt* wurden. Aber sowohl bei den Jungen als auch bei
den Mädchen der „deprivierten Familien" stellte Elder die Tendenz fest,
so früh wie möglich erwachsen zu werden und sich an erwachsenen Personen außerhalb der Familie zu orientieren.

Insbesondere in deprivierten *Arbeiterfamilien* entsprach es im Übrigen
den Erwartungen der Eltern, dass die Kinder (vor allem die Jungen) möglichst früh materiell unabhängig wurden. Die Wirtschaftskrise hatte so
– vermittelt über die familiären Verhältnisse, die das Erwachsenwerden
beschleunigten – eine entscheidende Auswirkung auf die Lebensverläufe
dieser Jungen und Mädchen, mit entsprechendem Einfluss auf ihre späteren Biografien.

Die Verschiebung in der Aufgabenwahrnehmung und Übernahme
von Verantwortlichkeiten wirkte sich auch auf das *innerfamiliäre Beziehungsgefüge* aus, d.h. auf die innerfamiliäre Rollen- und Statusverteilung.
Die Väter verloren – infolge ihrer Erwerbslosigkeit oder ihres verminder-
ten wirtschaftlichen Beitrages zum Familienunterhalt – ihre traditionell
dominante Position (und häufig auch ihre Vorbildfunktion) in der Familie.
Beides ging zunehmend an die Mütter über, jedenfalls dann, wenn diese
erwerbstätig waren und die Familie ernährten. Aber auch die Kinder be-
kamen infolge der ihnen früh übertragenen Mitverantwortung eine andere Position im Familiengefüge; dies wurde sowohl in den deprivierten
Arbeiter- wie auch in den deprivierten Mittelschichtfamilien beobachtet.
Elder entwickelte auf der Basis seiner empirischen Ergebnisse ein Schema,
das zeigt, in welcher Weise die Erfahrung von ökonomischer Deprivation
sowohl die *Einstellungen und Verhaltensweisen*, die stärkere Orientierung

auf außerfamiliäre Kontakte (bei den Kindern) und die innerfamiliären Beziehungen beeinflusste, wobei er vor allem *die geschlechtsspezifischen Effekte* betont.

Während die Außenorientierung der Jungen dazu führte, dass die familiäre Kontrolle und die Bindungen an die Familie lockerer wurden, blieben die Mädchen stärker in die Familie eingebunden. Sie wurden daher auch intensiver in familiäre Konflikte einbezogen, bei denen sie in der Regel für ihre Mütter Partei ergriffen, was letztlich zu einem gespannten Verhältnis zu den Eltern führte. Trotz der häufigen Parteinahme für die Mütter hatte die häusliche Einbindung der Mädchen auch ein problembehaftetes Verhältnis zu diesen zur Folge, was sich durch die veränderte Position der Mütter in der Familie erklärt. Es waren vor allem die Mütter, die ihnen Aufgaben zuteilten, ihre Freiräume einengten und häufig die Entscheidung über notwendige Konsumeinschränkungen fällten. Im Ergebnis ließen sich so – bezogen auf die innerfamiliären Prozesse – *eindeutige geschlechts-, aber auch schichtspezifische Unterschiede ermitteln.*

Als *schichtspezifische Differenz* zeichnete sich in der Tat ab, dass der Druck zum früheren Erwachsenwerden wohl stärker auf den Kindern und Jugendlichen aus den *deprivierten Arbeiterfamilien* lastete. Hatte der wirtschaftliche Verlust einschneidende Auswirkungen auf die deprivierten Familien der Arbeiterklasse, so machte sich der Verlust der sozialen Position (des sozialen Prestiges) sowohl in der Wahrnehmung der Eltern als auch der Kinder heftiger in den *deprivierten Mittelschichtfamilien* bemerkbar. Insgesamt schienen die Erfahrung von ökonomischer Deprivation, das Angehaltenwerden zu Sparsamkeit und Fleiß sowie die Orientierung auf frühe Selbstständigkeit, die Berufsmotivation dieser Kinder – jedenfalls bei den männlichen Jugendlichen – zu bestärken. Dies wird im Vergleich mit den Jugendlichen deutlich, die keine Deprivierungserfahrung hatten. Auch wenn für das Erreichen einer höheren Schulbildung die soziale Schichtzugehörigkeit weiterhin eine Rolle spielte, wirkte sich offenbar die Erfahrung von ökonomischer Deprivation nicht generell auf den Einstieg in die Berufstätigkeit aus. Laut Elder verhinderten nämlich nur in der Arbeiterklasse wirtschaftliche Einbußen eine weiterführende Ausbildung – war diese jedoch einmal abgeschlossen, ergaben sich vom ersten Job an keine signifikanten Handicaps im Berufsleben mehr.[32]

---

32   „Only in the working class did economic loss adversely affect changes for higher education. ... From the first job after formal education to the late 50s, we found no evidence of a substantial handicap in occupational status resulting from a background of economic deprivation, even among the working class." (Elder 1999, S. 200)

Im Erwachsenenalter entwickelte die Mehrzahl dieser Kinder, die in der Wirtschaftskrise unter beeinträchtigten materiellen Bedingungen aufgewachsen waren, eine *stabile berufliche Orientierung* und berufliche Festigkeit, mit der es ihnen teilweise sogar gelang, Ausbildungsdefizite auszugleichen. Dies galt für die ehemals deprivierten männlichen Kinder unabhängig von ihrer Schichtzugehörigkeit. Dabei standen für sie eindeutig die Sicherheit des Jobs und das damit zu erzielende Einkommen im Vordergrund, weniger Aspekte wie Selbstverwirklichung oder Freizeitmöglichkeiten. Die Mädchen scheinen diesbezüglich nicht mehr weiter im Blickfeld der Untersuchung zu sein bzw. für sie scheint die Heiratsoption die Zukunftsperspektive „der Wahl" gewesen zu sein. Jedenfalls haben sich die Mädchen aus der deprivierten Mittelschicht wohl sehr früh durch Heirat von der Familie unabhängig gemacht. Insgesamt verstärkten die Bewältigungsstrategien der Familien die geschlechtsspezifische Rollenteilung. Die männlichen Jugendlichen wurden früh dazu angehalten, sich für den Arbeitsmarkt zu qualifizieren – die Mädchen früh in die Haushaltsangelegenheiten eingeführt, um Mitverantwortung im familiären Bereich zu übernehmen.

Bemerkenswert finde ich, dass Elder auch den „geheimen Preis" thematisiert, den diese Kinder und späteren Erwachsenen *für ihr „resilientes Verhalten"* zu zahlen hatten, wobei Resilienz hier in einem sehr eingeschränkten Sinne als Erzielung einer angemessenen Position im Erwerbsleben verstanden wird. Als Preis dieser „Strategie" werden Diskriminierungserfahrungen durch Gleichaltrige und eine daraus resultierende Beeinträchtigung des Selbstwertgefühls genannt. Allerdings scheinen solche Erfahrungen sowohl bei den deprivierten Kindern (insbesondere Jungs) aus der Arbeiterschicht als auch aus der Mittelschicht zu erhöhter Leistungsmotivation geführt zu haben. Abgesehen von Unterschieden hinsichtlich der erreichten Positionen – vor allem im Arbeitsleben – machten sich aber die *„Kosten"* für die Abkömmlinge der Arbeiterklasse stärker in gesundheitlicher Hinsicht und im Wohlbefinden bemerkbar. Nach Elders Interpretation drückte sich diese unter dem Druck der Situation selbst auferlegte Mehrbelastung wohl in einem puritanischen Arbeitsethos aus, das wenig Raum für Freizeitaktivitäten und Selbstverwirklichungsmöglichkeiten ließ.[33]

Verallgemeinernd lassen sich die Ergebnisse der Studie zu den „Children of the Great Depression" in zweierlei Hinsicht zusammenfassen:

---

33   „The implications of class background for adult life are more pronounced in matters of health and well-being." (Elder 1999, S. 281).

Die *„ökonomische Deprivation"* kann als familiäres, gesellschaftlich bedingtes Krisenerlebnis mit folgenden möglichen Konsequenzen betrachtet werden:

1. Kontrollverlust über das bisherige Leben,
2. Herausforderung, sich umzustellen und sich der neuen Situation anzupassen,
3. Herausforderung, angemessene Bewältigungsstrategien zu entwickeln.

Die Familien haben auf die abrupt sich verändernden Lebensverhältnisse *recht unterschiedlich reagiert.* Einige haben die Kontrolle über die Entwicklung verloren, andere haben die Herausforderung bewältigt, indem sie ihre Prioritäten in der Ressourcenverwendung verschoben und ihre Wertevorstellungen verändert haben. Meist hatte dies – wie wir gesehen haben – auch Auswirkungen auf die innerfamiliäre Arbeitsteilung, die Zuweisung von Verantwortlichkeiten und Statuspositionen sowie im Gefolge auf das innerfamiliäre Beziehungssystem.

Der zweite wichtige Aspekt bezieht sich auf unterschiedliche Interpretationsweisen, die hinsichtlich der familiären Bewältigungsfähigkeiten zugrunde gelegt werden können, worauf Elder in seiner Re-Interpretation selbst hinweist (Elder 1999, S. 320).

Eine Interpretationsweise könnte die *Familie als passives Opfer* der Verhältnisse sehen und die pathogenen Folgen der Deprivation betonen: d.h. den dadurch ausgelösten emotionalen Stress (und teilweise Alkoholismus), Abhängigkeit von öffentlicher Unterstützung mit der Gefahr der Stigmatisierung, Spannungen und Konflikte in der Familie.

Die andere Interpretationsweise betrachtet die *Familie als aktiv-problemlösende Einheit* und hebt auf den *Herausforderungscharakter* und die diesbezüglich entwickelten Bewältigungsmuster ab. Die Veränderungen im Familiensystem und in den familiären Rollen werden so nicht nur ausschließlich negativ gedeutet, sondern auch im Hinblick auf die mit ihnen gegebenen Chancen etwa hinsichtlich der veränderten Position der Mütter in der Familie und auch der Entwicklungsperspektiven der Kinder interpretiert. Aus der Retrospektive analysiert, wird die Aufmerksamkeit vor allem auf den *sozialintegrativen Verlauf* gelenkt, der im Leben eines Teils dieser Kinder durch ihre positiven Bewältigungsstrategien erzielt werden konnte.

Den Ergebnissen und der Interpretation von Elder folgend, hatte die *Erfahrung von „ökonomischer Deprivation" also nicht nur negative Auswirkungen,* weder auf das Familiensystem noch auf die Lebensverläufe der davon betroffenen Kinder. Aus der Perspektive der Kinder stellt die plötzliche Verarmung der Familie ein *nicht-normatives Entwicklungsrisiko dar*, so dass eine „gelungene Bewältigung" dieses Erlebnisses als *Zeichen der Resilienzfähigkeit* dieser Kinder gedeutet werden kann, wie Elder es in seiner Re-Interpretation auch teilweise tut. Allerdings werden dabei nur spezifische Aspekte von Lebensbewältigung oder – wenn wir in der Terminologie des Resilienzkonzeptes bleiben – spezifische Resilienzbereiche dieser Kinder in den Blick genommen. Im Fokus stehen ihre *Bildungsresilienz* und ihre Leistungsbereitschaft, ihre Verantwortungsübernahme für die Familie und ihre scheinbar „unproblematischen" Übergange ins Erwerbsleben. Des Weiteren wird die Orientierung an einer – zudem geschlechtsspezifisch geprägten – „Normalbiografie trotz erschwerter Startbedingungen" als „positives Entwicklungsergebnis" gesehen. Dieser Interpretationsansatz wäre sicherlich diskussionsbedürftig, allerdings soll diese Problematik hier nicht weiter vertieft werden.

Insgesamt lässt die Studie von Elder sicherlich viele Fragen offen, z.B. welche Faktoren konkret dazu beigetragen haben, dass manche Familien (als System) die durch die ökonomische Deprivation ausgelöste Krise besser zu bewältigen vermochten als andere. Ähnliches gilt für die Bewältigungsstrategien und Entwicklungsverläufe der Kinder und späteren Erwachsenen. Teils hat dies sicherlich mit den zur Verfügung stehenden Daten zu tun, teils aber auch mit Elders Herangehensweise, die stärker an sozialstrukturellen Fragestellungen und an der Lebenslaufperspektive interessiert ist und weniger an einer differenzierten Betrachtung von individuellen Bewältigungsmustern. Und letztlich sind Studien in ihren historischen Kontext eingebunden, dies gilt sowohl für den gesellschaftlichen Hintergrund wie auch für Forschungsfragen und -methoden.

Was als Begrenzung der Studie angesehen werden könnte, erweist sich zugleich als ihre Stärke. Elder hat damit eine Forschungstradition begründet, die die Bewältigung von materiellen Notlagen von Kindern und Familien vorwiegend in den gesellschaftlichen Kontext eingebettet betrachtet und als gesellschaftspolitisches Problem thematisiert.

2.3 Resilienz im Kontext gesellschaftlichen Wandels –
Ingrid Schoon: „Adaptation in changing times" (2006)[34]

In der Nachfolge von Glen Elder sieht sich auch Ingrid Schoon mit ihrer 2006 publizierten Studie, die Resilienzforschung und Lebenslaufperspektive verbindet und beides in die Betrachtung des gesellschaftlichen Wandels einbettet. Diese Traditionslinie wird auch in dem von Elder verfassten Vorwort zu dieser Studie betont, in welchem er ihre Konzeption mit den US-amerikanischen Langzeitstudien und insbesondere seinen „Children of the Great Depression" vergleicht. Ingrid Schoon ist Professorin für Psychologie und Direktorin des „Centre for Human Development and Well Being" an der „City University" von London – dies ist insofern bemerkenswert, als ihre Studie eine stark soziologische und gesellschaftspolitische Ausrichtung aufweist. Für Schoon bilden wie für Elder einschneidende gesellschaftliche Veränderungen den Bezugspunkt für ihre Forschung. Beide untersuchen den Einfluss gesellschaftlicher Rahmenbedingungen und familiär erlebter Deprivation bzw. sozialer Benachteiligung (bei Schoon) auf individuelle Lebensverläufe von der Kindheit bis ins mittlere Erwachsenenalter. Schoons Erkenntnisinteresse ist jedoch eindeutig in einer Resilienzperspektive formuliert, denn sie fragt danach, was Individuen dazu befähigt, widrige Umstände in der Kindheit und in den folgenden Lebensphasen so zu bewältigen, dass sie als Erwachsene ein befriedigendes Leben führen können.

Während Elder die Weltwirtschaftskrise mit ihren nachhaltigen Auswirkungen auf die Lebensverhältnisse von Familien und Kindern in den USA zum Ausgangspunkt seiner Forschungen nahm, bezieht sich Schoon auf das Großbritannien der Nachkriegszeit, das nach einer Periode wirtschaftlichen Booms erste Rezessionserscheinungen (1979 bis 1987) erlebt. Anhand von 30.000 Fällen analysiert sie die Lebensverläufe von Kindern, *die 1958 bzw. 1970 geboren wurden* und vergleicht so die *Bedingungen des Aufwachsens zweier Geburtskohorten* im jeweils konkreten gesellschaftlichen Kontext miteinander, nämlich jeweils ihre Entwicklungsverläufe von der Kindheit bis ins Erwachsenenalter. Dieser Vergleich basiert auf einer Auswertung von Sekundärdaten: Für die Geburtenkohorte von 1958 standen ihr die Daten der National Child Development Study (NCDS) und für die spätere Kohorte (von 1970) die Daten der British Cohort Study

---

34 Vgl. Schoon, Ingrid: Risk and Resilience. Adaptations in changing Times, Cambridge, New York u. a. 2006.

(BCS70) zur Verfügung.[35] Außerdem bildet sie – wie wir noch genauer sehen werden – auch innerhalb der beiden Kohorten sozialstrukturell differenzierte Untergruppen, um Kinder mit unterschiedlich graduierten sozialen Risiken miteinander zu vergleichen. Dabei verfolgt sie ein sehr ambitioniertes Anliegen: Sie will individuelle Entwicklungsprozesse im jeweiligen gesellschaftlichen Kontext untersuchen und durch den Kohortenvergleich Aspekte des gesellschaftlichen Wandels herausarbeiten.

Schoon geht also in einem zweigestuften Verfahren vor: Zum einen vergleicht sie die Lebensverläufe von Kindern aus einem breiten sozialen Spektrum innerhalb der jeweiligen Kohorte und zum anderen die beiden Kohorten miteinander. Entsprechend vielfältig und differenziert lesen sich auch ihre Ergebnisse, die sich sowohl auf den Kohortenvergleich als auch auf differenzierte Fragestellungen zum Resilienzphänomen im gesellschaftlichen Wandel beziehen. Auf dieser empirischen Basis und unter Berücksichtigung des aktuellsten Kenntnisstandes der Resilienzforschung formuliert Schoon ein sehr komplexes kontextbezogenes Modell psycho-sozialer „Anpassung" (adjustment)[36], wobei sie auch Dimensionen des Lebensverlaufskonzepts einbezieht. Abschließend überführt sie die gewonnenen Erkenntnisse in Empfehlungen zu praktischen sozialpolitischen Konsequenzen.

Ausgehend von einem „ökologischen Entwicklungskonzept" in Anlehnung an Urie Bronfenbrenner (1979 und 1981) verbindet Schoon die Erörterung von Resilienz mit einer Lebensverlaufsperspektive, d.h. sie betrachtet nicht nur die kurzfristigen Entwicklungsergebnisse, sondern nimmt den Verlauf von Entwicklungsprozessen zu unterschiedlichen Zeitpunkten der Biografien in den Blick.[37] Anhand ihres Entwicklungsmodells, das personale Entwicklungsprozesse im gesellschaftlichen Kontext und im zeitlichen Verlauf erfasst (person-process-context-time), ermittelt sie so den Zusammenhang von *sozialer Benachteiligung* (sozioökonomischer Status der Familie vom Zeitpunkt der Geburt an), *individueller Bewältigung* (vor allem bezogen auf die schulische Entwicklung =

---

35 „By comparing the experiences of two nationally representative birth cohorts, covering the entire life span, from birth to adulthood, it is furthermore possible to assess how changing times have influenced individual lives and the ways in which individuals respond to adverse experiences." (Schoon 2006, S. 6).

36 Der Begriff der „Anpassung" wird hier im entwicklungspsychologischen Sinne gebraucht und meint damit die Fähigkeit von Menschen, auf Umweltbedingungen und biografische Herausforderungen flexibel zu reagieren.

37 „The critical contribution of life course theory is to incorporate the component of socio-historical time into the ecological person-process-context model." (Schoon 2006, S. 22).

academic adjustment) und die *Entwicklungsperspektiven im weiteren Lebenslauf*. Ihr besonderes Interesse gilt zunächst der Schullaufbahn sowie schulischer Leistung; zu einem späteren Zeitpunkt werden das psychosoziale Wohlbefinden und der erreichte soziale Status im Erwachsenenalter untersucht. Dabei lenkt sie – den Erkenntnissen der Entwicklungspsychologie folgend – das Augenmerk vor allem auf einschneidende Lebensereignisse und sensible Übergänge (z.B.: Einschulung, Schulabgang, Einstieg ins Berufsleben, Übernahme der Erwachsenenrolle).

Im Mittelpunkt des Erkenntnisinteresses stehen solche Kinder, die in ihrer frühesten Lebensphase in sozioökonomisch benachteiligten Lebensverhältnissen aufwachsen. Dem Forschungsvorhaben von Schoon liegt ein durch entsprechende Indikatoren dezidiert ausgewiesenes Konzept von sozioökonomischer Benachteiligung zu Grunde, wobei sie diesbezüglich allerdings durch die vorliegenden Daten eingeschränkt ist. Diesen Umstand bedauert sie zwar, muss ihn aber als Folge von Sekundärauswertung ebenso hinnehmen wie zuvor schon Elder. Für die Bildung der sozialstrukturell abgestuften fünf Untergruppen in den beiden Kohorten orientiert sich Schoon an folgenden Merkmalen bzw. Indikatoren (Schoon 2006, S. 82):

1. sozialer Status der Eltern bei der Geburt des Kindes,
2. Qualität der Wohnverhältnisse bzw. beengte Wohnsituation,
3. materielle Ressourcen, Bezug von Sozialleistungen,
4. Zugang zu öffentlichen Einrichtungen,
5. Bildungsniveau der Mutter.

Aufgrund der Ausprägung dieser Indikatoren werden je nach Grad der Benachteiligung fünf Untergruppen gebildet, wobei die in die vierte und fünfte Stufe eingruppierten Kinder als sozioökonomisch benachteiligt gelten, weil sie bei den oben genannten Merkmalen besonders starke Defizite aufweisen. Zudem wird zwischen drei Typen von Risiko-Belastung unterschieden:

– niedriges Risiko (wenn kein oder nur ein Merkmal zutrifft),
– mittleres Risiko (wenn 2 oder 3 Merkmale zutreffen),
– hohes Risiko (wenn 4 oder mehr Merkmale zutreffen)
  (Schoon 2006, S. 82).

Im Zentrum des Untersuchungsinteresses stehen die Auswirkungen von sozioökonomischer Benachteiligung auf die schulische Leistungsfähigkeit; insofern wird auch in dieser Studie wieder vorwiegend ein spezifischer *Resilienzbereich – die Bildungsfähigkeit –* in den Mittelpunkt gestellt. Dieser Schwerpunkt ergibt sich aus der Aussagefähigkeit der vorliegenden Daten. Da Schoon die Lebensverläufe der Kinder bis in das frühe Erwachsenenalter hinein verfolgt, werden als weitere Dimensionen die erreichte *soziale Position auf dem Arbeitsmarkt* und das *Wohlbefinden als Erwachsene* untersucht. Die beiden letzteren Aspekte analysiert die Studie in einem *zweiten Schritt des Forschungsverlaufes*, wobei die Frage nach der Kontinuität bzw. Diskontinuität in der Lebensverlaufperspektive gestellt wird.

Die Bearbeitung solcher Fragen erfordert methodisch ein entsprechend differenziert ausgearbeitetes Forschungsdesign, also die Kombination unterschiedlicher Herangehensweisen. Ergänzend zur quantitativen Datenauswertung, die auf der Basis eines auf Variablen zentrierten Ansatzes erfolgt, mit dem der Einfluss des gesellschaftlichen Kontextes, des Zeitpunktes und der Dauer der Risikoerfahrung auf die individuelle Bewältigung dargestellt werden kann, wird ein personenzentrierter Ansatz verfolgt, um auch Aussagen hinsichtlich individueller Lebensverläufe machen zu können.[38]

Im Rahmen des Kohortenvergleichs verfolgt Schoon folgende zentrale Fragen:

– In welchem Ausmaß wirkt sich die sozio-ökonomische Benachteiligung in der frühen Kindheit auf die schulische Leistungsfähigkeit aus?

– In welcher Weise wird der Einfluss der sozio-ökonomischen Benachteiligung auf diese Leistungsfähigkeit durch folgende Aspekte moderiert:
   – ˙Eigenschaften des Kindes?
   – Unterstützung der Familie?
   – den weiteren sozialen Kontext?

---

38   Dafür wurden unter Berücksichtigung der sozio-ökonomischen Benachteiligung vier Gruppen schulischer Bewältigungsmuster unterschieden:
1. bildungsmäßig resilient (Kinder mit guter Lesefähigkeit in früher Kindheit, trotz hohem sozio-ökonomischen Risiko), (NCDS: 37%, BCS70: 32%)
2. bildungsmäßig vulnerabel (Kinder mit geringer Lesefähigkeit und hohem sozioökonomischen Risiko), und zwei Kontrollgruppen:
3. Kinder mit überdurchschnittlicher Lesefähigkeit (oberhalb des Medians), in privilegierten materiellen Verhältnissen, (mehrfach im Vorteil) (NCDS: 69%, BCS70: 65%)
4. Kinder mit unterdurchschnittlicher Lesefähigkeit (unterhalb des Medians), in privilegierteren materiellen Verhältnissen (Leistungsschwache = under achievers). Vgl. Schoon 2006, S. 96 ff.

In der so formulierten Fragestellung und der Berücksichtigung der drei Ebenen wird bereits die Verschränkung mit dem Resilienzkonzept deutlich.

Schoon geht von einem elaborierten und kritisch reflektierten Resilienzverständnis aus, das neben der Art der Risiken auch deren Intensität und Dauer sowie Wiederholungseffekte berücksichtigt. Sie erörtert das Verständnis von „erfolgreicher Anpassung" (adaptive functioning and successful adaptation) als jeweils historisch, kulturell und kontextbezogen, und weist nachvollziehbar ihre dafür zugrunde gelegten Kriterien aus.[39] Dieses Konzept sei eben nun einmal – auch wenn dies problematisch sei – an normative Vorstellungen von „positiver" und „wünschenswerter Entwicklung" geknüpft. Diese Ausgangsbedingung lasse sich nur derart handhaben, dass man seine eigenen persönlichen Prämissen offen lege, was in einigen Publikationen leider nicht der Fall sei. Bemerkenswert – und dies wird an späterer Stelle aufzugreifen sein – ist die von ihr vertretene Position, dass dabei die Sichtweise der Betroffenen einzubeziehen sei.

Als *protektive Faktoren* berücksichtigt sie folgende Aspekte, wobei sie auch hier wiederum durch die vorliegenden Daten festgelegt ist:

– die elterliche Beteiligung am kindlichen Bildungsprozess, (z.B.: elterliches Vorlesen, Rolle der Eltern-Kind-Interaktion)
– die emotionale Stabilität (emotional adjustment) und Selbstregulation des Kindes,
– die soziale Integration der Familie (z.B. keine Umzüge, d.h. unterstellte Kontakte im Wohnumfeld).

Im Kohortenvergleich werden als Ergebnis eines zweigestuften Verfahrens (Regressionsanalyse) *sowohl kompensatorische als auch unmittelbare Schutzwirkungen* festgestellt, d.h.:

Die separate Analyse des gesamten Samples beider Kohorten unterstützt die Annahme, *dass psychosoziale Ressourcen bis zu einem bestimmten Grad eine generelle kompensatorische Wirkung haben* und bestätigt damit das „Haupteffekt-Modell" (vgl. Kap. 1.6).

Die vergleichende Untersuchung der Effekte bei den jeweiligen Extremgruppen (höheres und niedriges soziales Risiko) der beiden Kohorten weist auf eine Kombination von spezifisch *„protektiven" und gene-*

---

39 So z.B. auf die schulische Leistungsfähigkeit, vgl. Schoon 2006, S. 94 ff. und zur Einbeziehung der Sicht der Betroffenen, S. 152 f.

rell „*förderlichen*" *Wirkungen* der psychosozialen Schutzfaktoren hin.[40] Schoon leistet so mit den Ergebnissen Ihrer Studie einen weiterführenden Beitrag zur Klärung der interaktiven Wechselwirkung von Risiko- und Schutzfaktoren.

Mit Bezug auf die *unterschiedlichen Resilienzmodelle* (Herausforderungs-, Kumulations- und Interaktionsmodell)[41] geht Schoon der Fragestellung nach, inwiefern es sich bei den berücksichtigten psychosozialen Ressourcen um genuine „protektive Faktoren" handelt. Mit anderen Worten: Sie untersucht, ob diese Schutzfaktoren lediglich bei Kindern, die einem hohen Risiko ausgesetzt sind, positive Effekte bewirken, oder ob dies bei den Vergleichsgruppen ebenfalls zutrifft. Dabei bezieht sich Schoon auf Luthar, die vier Kategorien von protektiven Faktoren unterscheidet (Luthar et al. 2000, S. 547):

1. „*generell protektive Faktoren*": haben unmittelbare förderliche Auswirkungen, sowohl bei Kindern mit hohem als auch mit niedrigem Risiko;

2. „*stabilisierende protektive Faktoren*": wirken stabilisierend auf die erreichte Kompetenz (Begriff von Garmezy) angesichts steigenden Risikos;

3. „*ermutigende protektive Faktoren*": bestärken darin, sich mit Stress auseinander zusetzen, so dass die eigene Kompetenz der Stressbewältigung wächst;

4. „*protektive, aber reaktive Faktoren*": wirken sich generell vorteilhaft aus, allerdings in geringerem Maße, wenn das Risiko hoch ist (Schoon 2006, S. 78).

Indem sie die *differenziellen Wirkungen* von Schutzfaktoren untersucht, weist Schoon in ihrer – wenn auch begrenzten – Fragestellung über bisher vorliegende Erkenntnisse hinaus. Allerdings ist sie auch bezüglich der von ihr berücksichtigten Schutzfaktoren durch die vorgegebenen Daten eingeschränkt. Trotz dieser Einschränkungen kommt Schoon zu interessanten Ergebnissen, die sie durch einen sorgfältigen Abgleich mit dem

---

40 Hierbei gilt es aufgrund des komplexen Untersuchungsdesigns alters- und kohortenspezifische Aspekte auseinander zu halten (eine Kohorte war 5 und die andere 7 Jahre alt bei der Erhebung der zugrunde gelegten Daten). Schoon vermerkt dazu: „The findings suggest that academic resilience depends on age and context-specific factors that provide protection against specific risks for children in specific life contexts." (Schoon 2006, S. 91)

41 Vgl. dazu: Kapitel 1.6

wissenschaftlichen Erkenntnisstand, wie er bisher durch andere Studien bereits ermittelt worden ist, validiert. Auch aus dieser Studie sollen einige Ergebnisse hier referiert werden, wobei zum einen Erkenntnisse aus dem Kohortenvergleich und zum anderen grundsätzliche Erkenntnisse zum Resilienzphänomen ausgewählt wurden, die für die weitere Erörterung von Bedeutung sind.

Ergebnisse aus dem Kohortenvergleich

Die *1958 geborenen Kinder* wuchsen in einer Periode außergewöhnlichen wirtschaftlichen Wachstums auf, in der von Eric John Hobsbawm (1994) bezeichneten „goldenen Ära der Nachkriegszeit". Entscheidenden Einfluss auf die Lebensperspektiven dieser Kohorte hatte jedoch die Tatsache, dass diese Kinder ihre schulische und teilweise auch ihre berufliche Ausbildung vor dem ersten sich abzeichnenden wirtschaftlichen Einbruch (1979 bis 1987 in GB) abgeschlossen hatten. Insofern hatte diese Kohorte – gesamtgesellschaftlich gesehen – bessere Integrationschancen auf dem Arbeitsmarkt und somit bessere Entwicklungsbedingungen als *die 1970 geborene Kohorte*. Letztere erlebte ihre Kindheit und vor allem ihre Jugend bereits in einer Phase zunehmender gesellschaftlicher Unsicherheit und Instabilität, in der sich Veränderungen auf dem Arbeitsmarkt, im Bildungssektor, in den Familienbildungsprozessen und Familienstrukturen sowie in den Erziehungsstilen und ganz generell hinsichtlich der Entwicklung von Wohlfahrt abzeichneten.

Zum Zeitpunkt der beginnenden Wirtschaftskrise (1979) hatten die Kinder dieser Kohorte gerade mal die Grundschule abgeschlossen, also noch einen Teil des Bildungsweges und ihre berufliche Ausbildung vor sich. Somit ergeben sich im *Vergleich der beiden Kohorten grundsätzlich unterschiedliche Ausgangsbedingungen für einen gelingenden Entwicklungsverlauf*, sofern man hierfür die soziale Integration und speziell die Integration in den Arbeitsmarkt zum Kriterium nimmt, wie Schoon dies tut. Der Fokus ihrer Studie liegt auf „schulischer Resilienz", d.h. auf dem Erzielen guter schulischer Leistungen trotz erschwerter Bedingungen und der sich daraus ergebenden Entwicklungsperspektive im weiteren Lebensverlauf.

Wie Elder kommt auch Schoon zu dem Ergebnis, dass die gesellschaftlichen Rahmenbedingungen einen entscheidenden Einfluss auf die Entwicklungsverläufe der beiden Kohorten haben, wobei die 1970 geborenen Kinder – insbesondere die Kinder dieser Kohorte, die in materieller Benachteiligung aufwuchsen – infolge des angedeuteten gesellschaftlichen Wandels im Nachteil waren. Dafür waren nicht nur die erschwerten Aus-

gangsbedingungen auf dem Arbeitsmarkt ausschlaggebend, sondern in
paradoxer Weise wirkte sich für diese Kinder die inzwischen erfolgte Bildungsreform teilweise ebenfalls zu ihren Ungunsten aus. Insbesondere
ein Teil der sozioökonomisch benachteiligten Kinder konnte offensichtlich
nicht von der beabsichtigten Erweiterung der Zugangschancen zum Bildungssystem profitieren. Da sich durch die Bildungsreform das allgemeine Bildungsniveau erhöhte, verengte diese Entwicklung die Startchancen
von besonders benachteiligten Kindern, die nicht in der Lage waren, höhere Bildungsabschlüsse zu erzielen (Schoon 2006, S. 39 ff.).

Trotz materiell verbesserter Verhältnisse, in denen die 1970 geborene Kohorte generell aufwuchs, bildeten sozio-ökonomische Benachteiligung und die Erfahrung materieller Not weiterhin eine Barriere für die
individuelle Entwicklungsperspektive. Zwar machten sich die negativen
Effekte von sozio-ökonomischer Benachteiligung auf die frühe schulische
Leistungsfähigkeit bei beiden Kohorten in ähnlicher Weise bemerkbar.
Die Wirkungen des Risikofaktors „sozio-ökonomische Benachteiligung"
wurden jedoch durch *die jeweils vorhandenen psychosozialen Ressourcen*
und je nach *Ausprägung der Risikofaktoren* bei den beiden Kohorten in
unterschiedlicher Weise „moderiert". Insgesamt fällt dabei auf, dass die
sozialen Umweltfaktoren (= contextual factors) bei der 1970 geborenen
Kohorte einen stärkeren Einfluss auf die schulische und bildungsmäßige
Resilienz der Kinder hatte (Schoon 2006, S. 72).[42]

Als weiteres Beispiel für einen Kohorteneffekt führt Schoon die *unterschiedlichen Auswirkungen* der sozio-ökonomischen Benachteiligung
auf *Jungen und Mädchen* an: So erwiesen sich in der *1958er Kohorte die
Jungen* als „verwundbarer" für die mit der sozio-ökonomischen Benachteiligung verknüpften Risiken, während in der *1970er Kohorte* diese Unterschiede nicht gegeben sind. Diese Erkenntnis wird auch durch andere
Untersuchungen bestätigt, die sich mit der Resilienz dieser Kinder (1970
geborene Kohorte) im Alter von 10 Jahren auseinandergesetzt haben.
Schoon führt dies u.a. auf den *sozial-historischen Kontext* und genauer
darauf zurück, dass dieser jeweils neue Chancen und Risiken zeitige. Für
das konkrete Beispiel erklärt sie dies mit dem angestiegenen Stellenwert
von schulischer Leistung und Qualifikation sowie der Verminderung von

---

42 Generell betont Schoon die Bedeutung der Umweltfaktoren über die Familie hinaus:
„The findings have confermed the vital role of contextual experiences on individual
adjustment, and thus underline the importance of an ecological approach within developmental psychology." (Schoon 2006, S. 73).

Geschlechterdifferenzen: Beides habe dazu geführt, dass in der 1970er Kohorte schulische Leistungen bei Jungen wie bei Mädchen in gleicher Weise gefördert wurden und dies unabhängig davon, ob sie der Gruppe mit dem niedrigen oder hohen Risiko angehörten.

Schoon berücksichtigt in ihrer Studie auch, *wie sich die Zukunftspläne der Jugendlichen* (mit 16 Jahren) *und ihrer Eltern auf die weitere Lebenslaufentwicklung auswirkten,* vor allem die bildungsmäßigen Ambitionen und Berufswünsche. Dabei stellt sie zunächst *Differenzen zwischen den Kohorten* fest, die sich auf die veränderte gesellschaftliche und Arbeitsmarktsituation zurückführen lassen: *Die später geborene Kohorte* hatte höhere Erwartungen an die berufliche Zukunft und eine höhere Bereitschaft zu längeren Ausbildungswegen, gleichzeitig waren aber auch die Anforderungen gestiegen und damit die Chancen gemindert, einen den eigenen Wünschen entsprechenden Job zu bekommen.

Als weiteres entscheidendes Ergebnis kann festgehalten werden, dass sich *bildungsmäßige Aspirationen und hochgesteckte berufliche Ziele* gerade auch bei Jugendlichen, die ihre frühe Kindheit in benachteiligten Verhältnissen erlebt hatten, als Korrektiv gegen die längerfristigen Wirkungen eines solchen Starts erwiesen haben. Allerdings erfordert eine solche Lebensstrategie auch einen höheren Einsatz, denn bei diesen Jugendlichen kommt es stärker darauf an, dass sie im Alter von 16 Jahren gute bis herausragende schulische Leistungen vorzuweisen haben (Schoon 2006, S. 136 ff.).

Als relevantes Vergleichsergebnis – bezogen auf Resilienzaspekte – ergibt sich daraus, dass die *protektiven Wirkungen bei der 1958 geborenen Kohorte stärker zum Tragen kamen,* während die 1970 Geborenen im Vergleich stärker benachteiligt waren. Schoon erklärt die verminderte „Bildungs-Resilienz" der zweiten Kohorte mit der Tatsache, dass die Eltern-Kind-Interaktion vor allem für Hochrisikokinder in diesem Bereich wichtiger geworden sei, aber wohl gerade solchen Kindern diese Ressource nicht zur Verfügung gestanden habe.[43]

Trotz einer Reihe weiterer – komplex zu interpretierender – Differenzen zwischen den Kohorten können folgende gemeinsame Ergebnisse für das hier zu untersuchende Resilienz-Phänomen festgehalten werden:

---

43 „While characteristics of the child seem to have become less important in explaining academic attainment when facing socio-economic adversity during early childhood, parent-child interactions seem to have become more important, especially among high risk children." (Schoon 2006, S. 93)

- In beiden Kohorten findet sich eine *Kombination von kompensatorischen und protektiven Wirkungen*, die vor allem in psychosozialen Ressourcen gesehen werden.
- Für die schulische Leistungsfähigkeit sind nicht nur die Eigenschaften des Kindes bedeutsam; auch *das familiäre Umfeld und der weitere soziale Kontext* können entscheidenden Einfluss auf *die schulische Leistungsfähigkeit* von Kindern aus sozio-ökonomisch benachteiligten Verhältnissen haben.
- Die in der frühen Kindheit sich abzeichnenden Bewältigungsmuster bleiben bis zu einem bestimmten Grad beim Übergang ins Erwachsenenalter erhalten; dies gilt auch bezogen auf die verschiedenen Lebensbereiche.
- In beiden Kohorten erzielen die *im frühen Kindesalter* „bildungsmäßig resilienten Kinder" ein überdurchschnittliches Bildungsergebnis: Sie zeigen weniger Verhaltensprobleme und verlassen seltener die Schule ohne Abschluss, erreichen häufiger höhere Schulabschlüsse und Qualifikationen und haben als Erwachsene häufiger eine Vollzeitbeschäftigung. Sie zeigen seltener psychischen Stress, scheinen zufriedener mit ihrem Leben und haben das Gefühl, ihr Leben zu meistern (Schoon 2006, S. 94 ff., insb. 117 ff.).

Dennoch seien die Umgangsweisen mit den erfahrenen Benachteiligungen sehr heterogen, und für die meisten dieser Kinder könnte nicht von gradlinigen Entwicklungen ihrer Lebensverläufe in einer Richtung ausgegangen werden (Schoon 2006, S. 218).[44] Dabei wird ein *Lebenslaufkonzept* zugrunde gelegt, das nicht von gradlinigen Entwicklungsprozessen und Übergängen ausgeht, sondern das die *Interdependenz von individuellen Fähigkeiten, sich verändernden äußeren Rahmenbedingungen und Bewältigungskapazitäten* berücksichtigt.

Im Ergebnis bestätigen sich die bisherigen Annahmen der Lebenslaufforschung. So bekräftigen die Ergebnisse von Schoons Studie z.B. dass die Erfahrung von sozialer Benachteiligung in der frühen Kindheit lebenslange Konsequenzen hat. Auch diejenigen Kinder, die sich als „bildungsmäßig resilient" gezeigt haben, waren nicht in der Lage, den Einfluss früher sozio-ökonomischer Benachteiligung in jeder Hinsicht zu überwinden (Schoon 2006, S. 120). Eine mögliche Erklärung dafür könnte sein, dass

---

44 „There is considerable heterogeneity in response to adversity and for most cohort members, life course transitions are far from a straight continuation in one direction." (Schoon 2006, S. 118)

Kinder aus benachteiligten Familien früher Partnerschaften eingegangen sind und Elternverantwortung übernommen haben als ihre eher privilegierten Kohortenmitglieder. Allerdings lässt sich – an eine zentrale Erkenntnis der Lebenslaufforschung anknüpfend („principle of linked lives") – auch zeigen, welche Rolle andere Personen aus dem unmittelbaren familiären Umfeld (in der frühen Kindheit) oder aus dem weiteren sozialen Umfeld (Lehrkräfte, Freundinnen und Freunde, Chefs und die zukünftige Familie) für die Entwicklung von solchen Kindern spielen können (Schoon 2006, S. 33).

Abschließend zieht Schoon eine Reihe wichtiger Schlussfolgerungen aus ihrer Untersuchung, die für die Weiterführung des Resilienzdiskurses von Bedeutung sind (Schoon 2006, S. 139 ff.):

1. Die Erfahrung von relativ verstandener sozio-ökonomischer Benachteiligung in der frühen Kindheit hat sich als bedeutsamer Risikofaktor erwiesen, der sich auf verschiedene Bereiche der Entwicklung bis in spätere Zeitverläufe hinein beeinträchtigend auswirken kann.

2. Dabei wird sozio-ökonomische Benachteiligung als ein multidimensionaler Risikofaktor betrachtet, weil ein solches Verständnis die Alltagserfahrungen der Familie angemessener abbildet, als eindimensionale Betrachtungsweisen dies zu leisten vermögen.

3. Treten Risiken kumulativ auf, können sie eine Kette von miteinander verbundenen Effekten auslösen: Die Folgen eines Aufwachsens in sozial benachteiligten Familien setzen sich möglicherweise im späteren Erwachsenenleben fort, ja zeigen sich sogar in der nächsten Generation, da ein Risikofaktor die Wirkung des anderen verstärkt.

4. Allerdings ist auch der soziale und historische Kontext zu beachten: So hat sich gezeigt, dass die Kohorte der 1970 geborenen Kinder durch das Aufwachsen in benachteiligten Verhältnissen stärker beeinträchtigt war als die Kohorte der 1958 Geborenen. Dieselben Risikofaktoren können also in unterschiedlichen gesellschaftlichen Kontexten unterschiedliche Wirkungen zur Folge haben. Dies ist auch zu beachten, um ein besseres Verständnis von individuellen Bewältigungsformen zu erlangen.

5. Ein Problem der Risiko- und Resilienzforschung stellt die Tatsache dar, dass auch das Verständnis dessen, was als „gelungene Entwicklung" oder „Anpassung" zu gelten hat, zwar von subjektiver Beurteilung abhängt, aber gleichzeitig auch kontextabhängig ist. Ebenso unterliegt die Frage, was als schulische Leistungsfähigkeit zu gelten hat, in ihrer Einschätzung stark dem gesellschaftlichen Wandel.

6. Letztlich konnten drei unterschiedliche Mechanismen ausgemacht werden, die im Ergebnis bei den untersuchten Kindern zu einer „positiven Anpassung"[45], d.h. zu bildungsmäßiger Resilienz geführt haben:
   - Es gibt zum einen *protektive Faktoren*, die nur angesichts der Bewältigung eines Risikos schützende Wirkungen haben.
   - Es gibt zum zweiten *förderliche und kompensatorische Faktoren*, die positive Effekte bei allen Kindern auslösen, unabhängig ob sie spezifischen Risiken ausgesetzt sind oder nicht.
   - Es gibt, zum dritten, Faktoren – nach dem sogenannten *Herausforderungsmodell* –, deren protektive Wirkung vom Ausmaß des zu bewältigenden Risikos abhängt.

7. Die Ergebnisse der Studie von Schoon haben sowohl die kompensatorische *Wirkung von kumulativen Schutzfaktoren* bestätigt wie auch *die protektiven Wirkungen von psychosozialen Ressourcen*:
   - Vor allem die beständige Präsenz eines unterstützenden familiären Umfeldes kann die Beeinträchtigung durch sozioökonomische Benachteiligung reduzieren, indem sie beispielsweise die schulische Leistung fördert, und so zu einer Zukunftsperspektive verhilft.
   - Bestätigt wird auch die entscheidende Rolle von sozialen Kontakten und sozialer Unterstützung im weiteren sozialen Umfeld, so z.B. die wichtige protektive Funktion von Eltern oder Lehrer/innen, die eine Kette von positiven Reaktionen auslösen und hilfreiche Ressourcen eröffnen können.
   - Auch positive Erfahrungen in der Schule können eine protektive Wirkung haben, indem sie sich auf das Selbstwertgefühl positiv auswirken.

8. Letztlich zeigen die Ergebnisse der Studie, dass bei all diesen Prozessen immer auch die individuelle Entwicklungsdynamik und die individuelle Unterschiedlichkeit in den Bewältigungsformen eine Rolle spielen.

9. Resilienz ist zudem ein multidimensionales Phänomen und kann sich je nach Lebensbereich unterschiedlich darstellen: So bemerkt Schoon, dass „bildungsmäßige Resilienz" (= accademic resilience) zwar meist

---

45 Der Begriff der „Anpassung" wird hier aus der angloamerikanischen Entwicklungspsychologie übernommen, wo die entsprechende Bezeichnung „adaptation" eine andere Konnotation als „Anpassung" im deutschen Sprachgebrauch hat. In diesem Sinne meint der mit „Anpassung" übersetzte Begriff eine angemessene flexible Reaktion auf äußere Umstände.

mit verhaltensmäßiger Angepasstheit einhergeht, aber nicht notwendigerweise mit emotionaler Stabilität, so dass dennoch emotionale Störungen auftreten können.[46]

10. Außerdem wird die Bedeutung von früh angeeigneten Bewältigungsmustern hervorgehoben: Dies gilt für den Effekt von positiver Verstärkung ebenso wie für die Verfestigung von negativen Bewältigungsmustern. In gewisser Weise scheint dieses Ergebnis der eigentlich anzunehmenden Offenheit von Entwicklungsprozessen zu widersprechen.

Schoon vermerkt hier kommentierend, dass bei jeder Umstellung der kindlichen Erfahrungswelt die Präzedenzerfahrungen aller Art mitschwingen und zum Tragen kommen.[47]

Als *Konsequenz für die soziale und politische Praxis* sei vor allem ein differenzierter Blick auf die Armuts- und Benachteiligungsproblematik notwendig. Es gehe natürlich auch weiterhin darum, die bestehenden Risiken zu minimieren und die negativen Auswirkungen zu begrenzen. Aber wenn dies nicht möglich sei, müsse der Fokus darauf gelegt werden, die Resilienzfaktoren zu fördern, wobei das Hauptaugenmerk auf die psychosozialen Ressourcen zu legen sei. Ein spezielles Problem für die Förderung von Resilienz- und Schutzfaktoren bei Kindern, die in benachteiligten Lebenslagen aufwachsen, stelle gerade der Umstand dar, dass diese weniger Möglichkeiten hätten, psychosoziale Ressourcen auszubilden und zu festigen. Die individuellen Fähigkeiten reichten oft nicht aus, um eine Lebenssituation zu meistern, die von multiplen Risiken geprägt sei. Daher werde man weiterhin speziell gefährdete Bevölkerungsgruppen besonders im Blick haben müssen, auch wenn bei solchen Maßnahmen und Projekten darauf zu achten sei, dass diese nicht stigmatisierend wirken. Dies gelte z.B. für die sozialräumliche Konzeption von Fördermaßnahmen. Nicht alle Kinder, die in einem benachteiligten Stadtteil leben, bräuchten Unterstützung und Förderung, und gleichzeitig sei zu beachten, dass viele förderbedürftige Kinder in nicht auffälligen Stadttei-

---

46 „For example, the findings presented here suggest that academic resilience is associated with behavioural adjustment, but not necessarily with emotional stability, implying that good academic attainment might be achieved at the cost of emotional disturbance."(Schoon 2006, S. 147)

47 „Changes in adjustments do not simply spring forth without connection to previous quality of adaptation, without changing support, or challenges from the organism or the environment. Early experiences of adversity influence later outcome." (Schoon 2006, S. 148)

len leben, die oft nicht bedacht würden. Entscheidend sei allerdings, dass die Förderung so früh wie möglich ansetzen müsse, weil die frühe Beeinträchtigung der Entwicklung eine besondere Gefährdung darstelle. Auch beinhalte die Kumulation von Risiken eine besondere Herausforderung für praktische Interventionen. Diese müssten ebenfalls multidimensional angelegt und auf die verschiedenen Risiko- und Resilienzbereiche bezogen sein.

Kennzeichnend für die gesamte Herangehensweise von Schoon ist ihre Fokussierung auf den gesellschaftlichen Kontext. Dementsprechend legt sie auch in ihrem Ausblick auf die Praxis den Schwerpunkt auf die Inangriffnahme und Implementierung von gemeinwesenorientierten Maßnahmen. Gleichzeitig betont sie die Notwendigkeit, den Fokus auf präventive Interventionen zu legen, weil darin die eigentliche Chance zu sehen sei, einen Beitrag zu gelingender Entwicklung bei denjenigen Kindern und Jugendlichen zu leisten, die unter risikobehafteten Bedingungen aufwachsen. Statt für Krisenintervention plädiert sie für ein präventives Konzept, welches rechtzeitig die Schutzfaktoren stärkt.[48]

Solche Maßnahmen seien aber auch längerfristig anzulegen, denn nur dann könnten sie tatsächlich nachhaltige Wirkungen erzielen. Konzeptionell macht sie sich stark für die Berücksichtigung der Kinderperspektive, die Beteiligung von Kindern an Entscheidungen und generell für eine ganzheitliche Herangehensweise. Bei der Konzeption von Maßnahmen müsste immer das Zusammenwirken von Kind, Familie und sozialem Umfeld angestrebt werden.[49]

Ingrid Schoons Verdienst liegt vor allem darin, den Resilienzdiskurs in eine stringente gesellschaftliche Betrachtungsweise eingeführt und dabei auch den Einfluss des gesellschaftlichen Wandels herausgearbeitet zu haben.

---

48 „Instead of pathologysing individuals and populations at risk, the resilience approach aims to provide an overarching framework for conceptualising social problems, intervention strategies and practice. ... From a policy perspective this implies a shift of emphasis from crisis intervention to primary prevention before serious maladjustment has manifested itself." (Schoon 2006, S. 116)

49 „Interventions should aim for a holistic approach, for community-based interventions and integrated service delivery, involving children and young people as well as their families and communities." (Schoon 2006, S. 163)

2.4 Die Kauai-Studie von Emmy Werner und Ruth Smith – „Vulnerable but invincibile" (1982)[50]

Eine der Pionierstudien, die deshalb auch in der Resilienzforschung immer wieder zitiert wird, ist die von Emmy E. Werner und Ruth S. Smith in vier Bänden – in zeitlicher Abfolge entsprechend den Untersuchungsetappen – veröffentlichte Kauai-Studie (Werner u.a.1971, 1977, 1982, 1989). Diese Studie wird als „Meilenstein" in der angloamerikanischen Resilienzforschung angesehen, und auch international nimmt die Forschung immer wieder Bezug auf sie, weil die Vorgehensweise dieser Studie als prototypisch für den Paradigmenwechsel hin zur Resilienzperspektive gelten kann.[51] Werner und Smith haben als Zwischenergebnis ihrer laufenden Untersuchung bereits zu Beginn der 1980er Jahre die Zusammenhänge zwischen positiven Entwicklungen und bestimmten Persönlichkeitsmerkmalen von Kindern bzw. Merkmalen ihrer sozialen Umwelt erkannt. (vgl. Werner/Smith 1982). Damit haben sie die Aufmerksamkeit auf die Tatsache gelenkt, dass Schutzfaktoren auch unter riskanten Lebensbedingungen positive Entwicklungsverläufe ermöglichen können. Diese zentrale Aussage wird bereits im Titel des dritten Bandes signalisiert und besagt, dass es unter sogenannten *Risikokindern* auch solche gibt, die zwar „verletzlich, aber unbesiegbar" sind: „Vulnerable but invincibile." (Werner/Smith 1982).

Es handelt sich hier um eine *interdisziplinär angelegte prospektive Langzeitstudie*, mit der auf der Hawaii-Insel Kauai eine ganze Geburtenkohorte von 698 Kindern (1955 geboren) – beginnend mit der frühen pränatalen Phase bis ins Jugendalter und später bis ins Erwachsenen- bzw. mittlere Lebensalter – über einen Zeitraum von mehr als 40 Jahren – untersucht wurde (Werner 2000, S. 122). Dabei wurde die Entwicklung der Kinder in den ersten Lebensjahren intensiver mit unterschiedlichen Erhebungsmethoden beobachtet, eine erste Erhebung wurde sogar bereits mit den Müttern im Vorfeld der Geburt durchgeführt. Dies war möglich, weil auf Kauai im Rahmen eines gynäkologischen Screenings alle Frauen und Mädchen ab dem Alter von 12 Jahren erfasst und gebeten wurden, eine bereits bestehende oder eintretende Schwangerschaft dem Gesundheitsamt (Department of Health) zu melden.[52]

---

50 Vgl. Werner, Emmy/Smith, Ruth: Vulnerable but invincible, A Longitudinal Study of Resilient Children and Youth, New York (2. Ausgabe) 1989. Die erste Ausgabe stammt von 1982.

51 Vgl. Fingerle in: Opp/Fingerle/Freytag 1999, S. 94 ff. und Wustmann 2004, S. 187 f.; die Studie wurde in der Bundesrepublik jedoch erst später bekannt.

Interessant für unseren Kontext ist diese Studie, weil mehr als die Hälfte dieser Kinder in chronischer Armut aufgewachsen ist. Sicher darf man dabei nicht vernachlässigen, dass die Untersuchung in einer *marginalisierten Region* durchgeführt wurde, mit einer spezifischen sozialen Zusammensetzung – vorwiegend waren es Immigrantenfamilien unterschiedlichster Herkunft, die zunächst auf den Zucker- und Ananasplantagen der Insel eine Beschäftigung fanden und dennoch in *chronischer Armut* lebten. Allerdings hat die Insel in den 40 Jahren, über die sich die Untersuchung hinzog, durch die 1959 erlangte Unabhängigkeit und die Öffnung für den Tourismus einen messbaren wirtschaftlichen und sozialen Wandel durchgemacht. Dieser gesellschaftliche Wandel ist sicherlich an der Lebenssituation der Untersuchungspopulation nicht spurlos vorübergegangen und dürfte die Lebensbedingungen der Heranwachsenden mit beeinflusst haben.[53] Dennoch hat sich der Anteil der in chronischer Armut lebenden Kinder und Jugendlichen im Laufe des Forschungsprojektes erhöht: So hatte sich z.B. zum Zeitpunkt, als die Untersuchungskohorte 10 Jahre alt war, die Lebenssituation der Familien verschlechtert.

Die Spezifik einer Insel-Situation findet ihren Niederschlag nicht nur in den *Lebensbedingungen der Untersuchungspopulation*, sondern auch in den Rahmenbedingungen für die Forschung. So war daran nicht nur ein Forschungsteam beteiligt, sondern es wurden auch in der Praxis tätige Fachkräfte von sozialen Einrichtungen (z.B.: Fürsorgerinnen, Sozialarbeiterinnen, Mitarbeiterinnen des Gesundheitswesens) miteinbezogen. Insgesamt war die Untersuchung wohl so lebensweltnah angelegt, dass die untersuchten Familien, Kinder und Jugendlichen offensichtlich ausreichend motiviert waren, sich über den langen Zeitraum hinweg immer wieder zu beteiligen.[54]

Das Sample setzte sich aus unterschiedlichen ethnischen Gruppen (v.a. asiatischer und polynesischer Herkunft) zusammen, wobei der sozioökonomische Status an Hand folgender Kriterien berücksichtigt wurde (Werner/Smith 1989, S. 12):

---

52 Vgl. dazu auch: Werner: Protective factors and individual resilience, in: Shonkoff/Meisels, (Ed.): Handbook of Early Childhood Intervention, 2. ed., Cambridge 2000, S. 115–132. Darin berücksichtigt sie auch Ergebnisse aus der Weiterführung der Studie bis zum 40. Lebensjahr der Probandinnen und Probanden.

53 Werner erwähnt in diesem Zusammenhang z.B. die Invasion der Hippies. Vgl. Werner/Smith 1989, S. 10.

54 Bei der fünften Untersuchungswelle, als die Probanden 18 Jahren alt waren, wurden noch 88% des ursprünglichen Samples erfasst! Vgl. Werner/Smith 1989, S. 25.

- Erwerbstätigkeit des Vaters,
- Einkommensniveau,
- Beständigkeit der Beschäftigung,
- häusliche Lebensbedingungen.

Ausgehend von diesen Kriterien konnten drei Statusgruppen gebildet werden, wobei in allen ethnischen Gruppen – außer den Kindern mit japanischer Herkunft – die niedrigste Statusgruppe am stärksten vertreten war. In den verschiedenen Untersuchungswellen wurden mehrere Erhebungsmethoden eingesetzt, meist ein Mix von quantitativen und qualitativen Instrumentarien. Dokumentiert wurden u.a.: Verlauf der Schwangerschaft, Geburtskomplikationen, Hausbesuche im ersten Lebensjahr, eine pädiatrische und psychologische Untersuchung im zweiten Lebensjahr und eine Folgeuntersuchung im 10. Lebensjahr sowie entsprechende Untersuchungen im 18. Lebensjahr. Parallel dazu wurden die Entwicklungen im familiären Umfeld erfasst; später wurden auch noch zwei Erhebungen im Erwachsenenalter (als die Probanden 32 und 40 Jahre alt waren) durchgeführt (Werner 2000, S. 117).

Die verschiedenen Erhebungszeitpunkte waren gezielt gewählt; Werner und ihrem Team ging es vor allem darum, folgende Entwicklungsstufen der Kinder zu dokumentieren:

- die Vorgeburts- und Geburtsphase,
- die Kleinkindphase (bis 2 Jahre),
- die mittlere Kindheit (bis 10 Jahre),
- die Adoleszenz und Jugendphase (bis 18 Jahre).

Für jede Entwicklungsphase wurden – aufgrund des bisherigen entwicklungspsychologischen und pädiatrischen Kenntnisstandes – spezifische Entwicklungsrisiken angenommen (also sogenannte Prädikatoren) und spezifische Erscheinungsformen definiert, die als Bezugspunkt für eine problematische Entwicklung (= „poor development") zu gelten hatten. Die Studie untersuchte dabei auch explizit Geschlechterdifferenzen in den aufeinanderfolgenden Entwicklungsphasen, ob sich nämlich unterschiedliche Auswirkungen bei Jungen und Mädchen auf ihre physische, kognitive und soziale Entwicklung beobachten ließen (Werner/Smith 1982, S. 46 ff.). Als Hoch-Risiko-Gruppe wurden Kinder eingeschätzt, die bis zu ihrem zweiten Lebensjahr vier oder mehr Entwicklungsrisiken ausgesetzt waren. Als Risikokomplexe berücksichtigte die Forschergruppe u.a. perinatale Komplikationen, Armutsverhältnisse, kindliche Vulnerabilitäten, familiäre Notlagen und psychische Erkrankung eines Elternteils.

Im Folgenden werde ich mich insbesondere auf den dritten Band der Studie beziehen, in welchem die Untersuchungsergebnisse zu den mittlerweile 18-Jährigen veröffentlicht wurden, weil sich darin erstmals die bahnbrechende Erkenntnis von der Resilienzfähigkeit von Kindern abzeichnete. Entgegen den ursprünglichen Erwartungen erwies sich nämlich ein Teil der Kinder, die bis zu ihrem zweiten Lebensjahr erheblichen Beeinträchtigungen und Risiken ausgesetzt und von daher als sehr gefährdet (High-Risk-Children) eingeschätzt worden waren, als „resilient". Konkret waren es 42 Mädchen und 30 Jungs, d.h. ca. ein Zehntel des gesamten Samples und ein Drittel der Hoch-Risiko-Kinder, die in der Lage waren, mit chronischer Armut zurecht zu kommen und mindestens drei weitere Risiken „erfolgreich zu bewältigen." Als Maßstab für eine „erfolgreiche Bewältigung" galt in dieser Studie ein breites Spektrum von Kriterien, wobei teils die Abwesenheit von Problemen und teils erkennbare Bewältigungsfähigkeiten als Kriterien dafür genommen wurden, Kinder als „resilient" einzustufen, so z.B. (Werner/Smith 1989, S. 48):

- keine schulischen Leistungsprobleme,
- keine Verhaltensprobleme,
- die Kinder kamen in der Familie und im sozialen Leben (später in der Arbeit) gut zurecht,
- sie waren realistisch in ihren Zielen und Erwartungen.

Unterstrichen wird die positive Überraschung über dieses Ergebnis noch durch den Hinweis, dass diese Jugendlichen sich inzwischen in einem Alter befänden, in dem sie eigentlich gerade besonders gefährdet wären.[55]

Im Gegensatz zu dieser Gruppe der „resilienten" *Kinder* wiesen die beiden Vergleichsgruppen, die ebenfalls als Hoch-Risiko-Kinder eingestuft waren und in chronischer Armut lebten, einen problematischen Entwicklungsverlauf auf:

Die *erste Vergleichsgruppe* (39 Mädchen und 51 Jungs) hatte im Alter von 10 Jahren erhebliche Lernschwierigkeiten und Verhaltensprobleme, ein Teil von ihnen benötigte Förderunterricht oder besuchte Sonderschulen, ein Teil bedurfte über einen längeren Zeitraum therapeutischer Hilfen (mental health care).

---

55 „The ‚resilient' youth have since crossed the threshold of young adulthood, the age (late teens and early twenties) at which admission to mental hospitals and need for mental health care reaches a peak." (Werner/Smith 1989, S. 48)

Die *zweite Vergleichsgruppe* (43 Mädchen und 49 Jungs) hatte ernsthafte psychische Probleme und/oder legte ein erhebliches abweichendes Verhalten an den Tag; meist zeigte sich, dass diese Kinder mehrfach mit den zu bewältigenden Problemen nicht zurecht kamen (Werner/Smith 1982, S. 49).

Bemerkenswert ist der durchgängige und detaillierte *Vergleich zwischen Mädchen und Jungen* in dieser Studie. Entlang der verschiedenen Entwicklungsstufen wurden unterschiedliche Merkmale der körperlichen, psychischen und sozialen Entwicklung bei Mädchen und Jungen verglichen; des Weiteren wurden auch die stressauslösenden Erlebnisse, die zu Lern- und Verhaltensproblemen führen können, vergleichend hinsichtlich beider Geschlechter, untersucht. Als ausschlaggebend für die geschlechterdifferierenden Bewältigungsmuster sieht die Studie schlussfolgernd sowohl genetische Ursachen, geschlechtsspezifische Ungleichzeitigkeiten in der Entwicklung, eine höhere Neigung zu Aggressivität bei den Jungen und geschlechtsspezifische Rollenerwartungen.[56]

Auf die zu dieser Frage in der Kauai-Studie erzielten Ergebnisse wird auch heute noch häufig in der Literatur verwiesen; die wichtigsten sollen daher hier wiedergegeben werden:

– *Im ersten Lebensjahrzehnt* erwiesen sich die Jungen als vulnerabler im Vergleich zu den Mädchen, sowohl bezogen auf physische als auch auf Lern- und Verhaltensprobleme; u.a. wird dies auch darauf zurückgeführt, dass Jungen im ersten Lebensjahrzehnt Probleme mit der Entwicklung ihrer Geschlechtsidentität haben.

– *Im zweiten Lebensjahrzehnt* ging die Anzahl der Jungen mit ernsthaften Lernproblemen zurück, gleichzeitig stieg die Zahl der Mädchen mit Verhaltensproblemen an. Während die Jungen offensichtlich mit den Anforderungen von Schule und Arbeit nun relativ gut zurecht kamen, fielen sie jedoch häufiger durch antisoziales und delinquentes Verhalten auf.

– Während, so die Konsequenzen der Studie, für die *Jungen ihr aggressives Verhalten* und *ihre geringe Frustrationsschwelle* in der Adoleszenzphase zum Problem werden könnten, erweise sich für *Mädchen ab der Adoleszenz* vor allem *ihre Abhängigkeit von anderen* als problematisch, wobei sie durch *geschlechtsspezifische Rollenvorgaben* in ihrer Entwicklung zusätzlich eingeengt seien.

---

56   Vgl. ebd., S. 37 ff. und insbesondere S. 43 f.

- Insgesamt zeigte sich, dass die Jungen vor allem in ihrer frühen Kindheit größere Probleme hatten, auf stressauslösende und belastende Ereignisse (oder erlebte Risiken) zu reagieren, während die Mädchen mit Bewältigungsproblemen solche Ereignisse mehr in der Adoleszenzphase anführten (Werner/Smith 1989, S. 153 f.).

Die entscheidende Frage war nun jedoch, welche Faktoren dazu beigetragen haben, dass ein Teil der Hoch-Risiko-Kinder sich als „resilient" erwiesen hatte. Die Antwort darauf wurde in einer Wechselwirkung von Risiko- und Schutzfaktoren vermutet. Auch wenn man hierfür noch keine differenziellen Erkenntnisse vorlegen konnte, hat man doch eine Auflistung von möglichen Risiko- und Schutzfaktoren vorgenommen, die heute noch zum tradierten Wissensbestand des Resilienzdiskurses zählt. Allerdings gilt es dabei stets, die räumliche und zeitliche Kontextgebundenheit der Studie nicht aus den Augen zu verlieren. Werner und Smith weisen in der Zusammenfassung ihrer Ergebnisse selbst auf den spezifischen Hintergrund ihrer Studie hin; ihre Ergebnisse sind – wie sicherlich auch andere – zugestandenermaßen in ihrem gesellschaftlichen und geografischen Kontext eingebunden zu betrachten.

Die Kauai-Studie fasst die Resilienz erklärenden Faktoren in zwei Gruppen zusammen:

Bewältigungsmuster und unterstützende Ressourcen der Kinder

- Die resilienten Kinder waren seltener krank bzw. erholten sich schnell von Krankheiten.
- Mit zwei Jahren waren sie schon ziemlich selbstständig (advanced self-help skills).
- Sowohl ihre Sensomotorik als auch ihre Sprachfähigkeit war gut entwickelt.
- Sie wirkten autonom und sozial eingesellt (als Kleinkinder).
- Sie waren aktiver und bereit Verantwortung zu übernehmen (in der frühen Kindheit).
- In der mittleren Kindheit hatten sie angemessene Problemlösungsfähigkeiten und kommunikative Fähigkeiten entwickelt, ebenso eine altersgemäße Bewegungswahrnehmung (perceptual-motor development).
- Sowohl in der Kindheit als auch in der Adoleszenz zeigten sie ein androgynes Verhalten und androgyne Fähigkeiten, d.h. ihre Aktivitäten und Interessen waren weniger geschlechtsspezifisch.

- In der späten Adoleszenz verfügten sie über eine ausgeprägte Wahr-nehmung, Ereignisse durch eigene Eigenschaften und Fähigkeiten beeinflussen zu können („internal locus of control"), über ein eher po-sitives Selbstkonzept und zeigten ein eher verantwortungsbewusstes und leistungsorientiertes Verhalten.
- Beim Übergang ins Erwachsenenalter zeichneten sich diese Kinder durch ein hohes Kohärenzgefühl aus.
- Sie waren in der Lage informelle Ressourcen zu nutzen, und von dem Bestreben beseelt, sich weiterzuentwickeln und voranzukommen (Werner/Smith 1989, S. 154).

Schlüsselfaktoren für die Herausbildung von Resilienz
im Umfeld der Kinder:

- das Alter des andersgeschlechtlichen Elternteils (jüngere Mütter für resiliente Jungen, ältere Väter für resiliente Mädchen),
- die Anzahl der Kinder in der Familie (vier oder weniger),
- der Altersabstand zum nächsten Geschwisterkind (mehr als zwei Jah-re),
- Geschwister als Betreuungs- oder als Vertrauenspersonen in der Kind-heit,
- alternative Betreuungspersonen im Haushalt (Vater, Großeltern, Ge-schwister),
- eine beständige Erwerbstätigkeit der Mutter,
- die Zuwendung, die das Kind von der Hauptbezugsperson in seiner frühen Kindheit erfahren hat,
- Strukturen und Regeln im Alltag, auch in der Adoleszenz,
- der Zusammenhalt der Familie,
- ein informelles multi-generationelles Verwandtschaftsnetz und Freun-deskreis in der Adoleszenz,
- und – auch dieser Aspekt darf nicht übersehen werden, da nur seine Anwesenheit die Herausbildung von Resilienz bedingt – eine Kumu-lation von belastenden chronischen Lebensereignissen in der Kindheit und in der Adoleszenz (Werner/Smith 1989, S. 155).

Die Aufzählung der Schutzfaktoren lässt ein weiteres Mal den spe-zifischen gesellschaftlichen Kontext der Hawaii-Insel mit ihrer multieth-nischen Immigrantenpopulation erkennen: z.B. die Anzahl der Kinder in den Familien, die Mehrgenerationenfamilien, auch das ausgeprägt mehr-generationelle Beziehungsnetz im Gemeinwesen. Dennoch wurde mit dieser Studie Pionierarbeit in der Resilienzforschung geleistet.

In ihrem Ausblick formulieren die beiden Autorinnen methodische Fragen der Resilienzforschung und erörtern eine Reihe von offenen Fragen und Forschungsdesiderata. Werner hat sich seitdem kontinuierlich an der weiterführenden Resilienz-Diskussion auf internationaler Ebene, sowohl auf Konferenzen als auch in Publikationen beteiligt. In späteren Veröffentlichungen hat sie die eigenen Ergebnisse immer wieder in den aktuellen Forschungsstand eingeordnet und die Schutzfaktoren in einem generelleren Kontext reflektiert, so z.B. in dem Beitrag „Protective Factors and Individual Resilience", der 2000 in einem Handbuch zu frühkindlichen Interventionen erschienen ist (Werner 2000, S. 115–132). Sie unterstreicht darin auch die Bedeutung der Bindungstheorie und den zentralen Stellenwert von früher Förderung und Intervention („early intervention"). Den von ihr untersuchten Kindern waren (nur) informelle Formen der Unterstützung zugänglich. Auf andere gesellschaftliche Verhältnisse übertragen erfordere dies, die Notwendigkeit von frühzeitiger professioneller Unterstützung und Förderung zu betonen. Da solche Dienste nicht für alle Kinder von der Geburt bis zum Alter von 6 Jahren bereitgestellt werden könnten, resultiere daraus eine klare Prioritätensetzung: Solche Programme müssten besonders für solche Kinder bereitgestellt werden, die durch den Mangel an sozialen Bindungen extrem verletzlich sind.[57]

Auf die Bindungstheorie rekurrierend, betont Werner mit Nachdruck, dass es dafür zu sorgen gelte, dass Kinder eine verlässliche Bezugsperson hätten, die sie bedingungslos akzeptiere; diese Funktion könne auch von Ersatzbezugspersonen wie beispielsweise Großeltern, älteren Geschwistern, Pflegeeltern oder Erzieherinnen im Kindergarten übernommen werden. Als besonders vulnerabel betrachtet sie folgende Gruppen von Kindern:

- Neugeborene, die eine Intensivbehandlung erfahren haben,
- hospitalisierte Kinder, die über einen längeren Zeitraum von ihren Eltern getrennt wurden,
- Kinder mit sucht- oder psychisch kranken Eltern,
- Säuglinge und Kleinkinder, die durch die erwerbsbedingte Abwesenheit der Mutter keine stabile Betreuung haben,
- Säuglinge von Alleinerziehenden oder Teenagermüttern, die keine anderen erwachsenen Bezugspersonen im Haushalt haben,

---

57 „Such programs need to focus especially on infants and young children who appear most vulnerable because they lack, temporary or permanently, some of the essential social bonds that appear to buffer stress." (Werner 2000, S. 128)

– junge Migrantenkinder, Obdachlose oder Flüchtlingskinder, die nicht in einem Gemeinwesen verwurzelt sind.

Und wie für diese Veröffentlichung passgenau betont: „Vor allem müssen wir auf jene Kinder achten, die arm sind."[58]

2.5 Versuch einer Synthese von Resilienzstudien zu Kinderarmut – Suniya S. Luthar: „Poverty and Children's adjustment" (1999)[59]

Suniya S. Luthar gibt in ihrer 1999 erschienenen Publikation einen profunden Überblick über den US-amerikanischen Kenntnisstand der Resilienzforschung zu Kindern, die unter Armutsbedingungen aufwachsen. Luthar ist Professorin für Psychologie an der Columbia Universität und Mitherausgeberin verschiedener wissenschaftlicher Zeitschriften, u.a. der „Developmental Psychopathology: Perspectives on Adjustment, Risk and Disorder". Sie kommt also aus der entwicklungspsychopathologischen Disziplin und der psychotherapeutischen Praxis, legt aber ihren Schwerpunkt in der Auseinandersetzung mit dem Resilienz-Diskurs eindeutig auf die Armutsproblematik. Im Mittelpunkt steht für sie die Frage, wie sich Armut auf die persönliche, emotionale und soziale Entwicklung von Kindern auswirkt.

Eine differenziertere Befassung mit dieser Fragestellung hält sie angesichts der gesellschaftlichen Entwicklung, die in den letzten Jahren in den USA stattgefunden hat, für dringend erforderlich. Diese Entwicklung sei gekennzeichnet durch:

– veränderte *Merkmale von Armut*, insbesondere im Vergleich zu der Armutsproblematik, die man aus der ersten Hälfte des 20. Jahrhunderts kenne,

– *steigende Armutsraten*, vor allem seit den 1970er Jahren,

– eine große *Variationsbreite* bei den festgestellten Bewältigungsmustern der Kinder,

– *gestiegene Aufmerksamkeit für das Thema* in der sozialwissenschaftlichen Forschung (Luthar 1999, S. 1).

---

58 „Above all, we need to focus on young children who are poor." (Werner 2000, S. 129)
59 Luthar, Suniya : Poverty and Children's Adjustment, Thousand Oaks/London/New Dehli 1999

Die aktuelle Armutsproblematik wird also vor allem durch *neue gesellschaftliche Ursachen* und *neue Merkmale in ihren Erscheinungsformen* charakterisiert: Die Zunahme von Scheidungen und Trennungen, von Alleinerziehenden, auch von sehr jungen Müttern (Teenagermüttern), Drogenkonsum, Gewalt in Familien und außerhalb, Armutskonzentration in bestimmten Stadtteilen. Solche Zustände belasten, so Luthar, seit den achtziger und neunziger Jahren verstärkt das Leben von armen Kindern und haben so deren Armutserfahrung grundlegend verändert.[60]

Parallel zu diesen Entwicklungen sei in der sozialwissenschaftlichen Forschung ein gewandeltes Interesse an der Thematik festzustellen: Während sich in den 1960er und 1970er Jahren die Aufmerksamkeit auf die *Auswirkungen auf die kognitive (schulische) Entwicklung der Kinder* konzentriert habe, gelte sie nun eher den *sozialen und emotionalen Entwicklungsaspekten.*

Vor diesem Hintergrund bilden zwei sich immer wieder verschränkende Leitgedanken den Bezugspunkt ihrer Erörterung von Resilienz im Armutskontext:

–   *Sozio-ökonomische Deprivation* ist als generelles Risiko für Fehlentwicklungen (= mal-adjustment), drei mal so häufige Anfälligkeit, und schwerwiegende psychiatrische Erkrankungen (major psychiatric disorders) anzusehen.

–   Dennoch ist eine erhebliche *Vielfalt bei den Entwicklungsverläufen* (adjustment profiles) zu erkennen – viele Kinder, die in Armut leben, bewältigen die Situation erstaunlich produktiv.[61]

Damit stellt sich auch hier wiederum zwangsläufig die Frage nach den Ursachen dieses Phänomens; Hauptanliegen der Studie von Luthar ist es folglich, aufzuzeigen, wie sich die *Ursachenforschung zu diesem Phänomen in den letzten Jahrzehnten* weiterentwickelt hat.

Das besondere Augenmerk von Luthar liegt dabei auf den Erkenntnissen, die zur *dynamischen Prozesshaftigkeit und Differenzialität von Wechselwirkungen* zwischen *Risiko- und Schutzfaktoren* gewonnen wurden. Es

---

60   „Changes such as these imply a substantial difference in the overall experience of life in poverty experienced by children growing up in the 1980s and 1990s." (Luthar 1999, S. 2)

61   Luthar verweist in diesem Zusammenhang auf die Studien von Garmezy 1991 und Werner/Smith 1982. Diese Erkenntnis ist aber auch mit den Ergebnissen der eigenen Forschung zu der Thematik völlig konform: vgl. Typologie der Bewältigungsformen von Kindern im Grundschulalter, in: Chassé/Zander/Rasch 2005, S. 245 ff.

reiche nicht aus, Schutzfaktoren zu benennen, sondern es gehe vielmehr darum, die Prozesse zu beschreiben, die resilienzfördernde Wirkungen selbst auslösen. Luthar illustriert dies anhand eines Beispieles: Anstatt nur festzustellen, dass die Unterstützung durch ein breites Verwandtschaftsnetz für arme Kinder einen Schutzfaktor darstelle, sei es sowohl für die Theorie, die Forschung und die Konzeption von praktischen Interventionen von Interesse, beschreiben zu können, welche Prozesse in der kindlichen Entwicklung damit verbunden seien. Es gehe also darum, erläutern zu können, warum ein solcher Zusammenhang bestehe und wie er funktioniere.

Ein weiteres Anliegen dieser Publikation ist es, das Interesse auf *unerwartete Ergebnisse* des Zusammenwirkens von Risiko- und Schutzfaktoren zu lenken. Auch hierfür führt sie ein Beispiel an, um zu verdeutlichen, wie angenommene Schutzfunktionen sich in das Gegenteil verkehren können: Häufig werde unterstellt, dass es eine soziale Ressource für eine allein erziehende Mutter und ihre Kinder darstelle, wenn die Großmutter mit im Haushalt lebe. Ein solches Zusammenleben könne jedoch für die Kinder zur Belastung werden, wenn es zu Spannungen zwischen den beiden Erwachsenen komme. Es gelte also zu beachten, dass die Wirkung mancher (Schutz-)Faktoren an das gleichzeitige Vorhandensein anderer Faktoren geknüpft sei. Auch könne z.B. eine Variable in einem Kontext als Schutzfaktor wirken, während sie in einem anderen zu einer Belastung werde.

Eine wichtige Prämisse sei auch die *Beachtung von kulturellen Faktoren*, da solche bekanntlich die Verhaltensweisen stark beeinflussen. Die kulturelle Prägung wird nicht zuletzt vor dem Hintergrund einer multikulturellen Gesellschaft betont, in der neben Schwarzen auch andere Minderheiten überproportional zur Armutspopulation zählen. Bezogen auf Angehörige dieser Gruppen könne es leicht zu Fehleinschätzungen kommen, denn was sich in einem kulturellen Kontext schützend auswirke, könne in einem anderen geradezu verletzlich machen.[62]

In ihrer systematischen Auswertung des Forschungsstandes berücksichtigt Luthar ausschließlich Studien, die Kinder und Familien in Armutslagen zum Gegenstand haben, vorwiegend solche, die in innerstädtischen Armutsquartieren leben. Ihrem eigenen Arbeits- und Forschungsschwerpunkt folgend, räumt sie zwei Problemkreisen einen besonderen Stellenwert ein:

---

62   „Contextual factors can substantially influence the connotations of psychological constructs, so that the same variable can serve substantial protective functions in one context, yet exacerbate vulnerability in another." (Luthar 1999, S. 3).

1. dem hohen Level von Gewalt in Armutsquartieren,
2. Belastungen durch psychiatrische Symptome bei Eltern in familiären Armutslagen (psychiartric distress of parents).

Tendenziell finden bei Luthar die *mittlere Kindheit, Pubertät und Jugend* eine stärkere Berücksichtigung, während das Kleinkindalter und die frühe Kindheit etwas unterbelichtet bleiben. Entsprechend dem klassischen Resilienzkonzept stellt sie die Ergebnisse ihrer Auswertung entlang der drei resilienzrelevanten Ebenen dar, also der Eigenschaften des Kindes, der Merkmale des familiären Umfeldes sowie der Einflüsse der weiteren sozialen Umgebung.

Auf der *Ebene des Kindes* wird eine differenzierende Betrachtung aus der *Geschlechterperspektive* vorgenommen, werden Altersunterschiede berücksichtigt und auch die Auswirkungen einiger individueller Eigenschaften der Kinder erörtert wie Intelligenz, Temperament, Selbstwirksamkeitsüberzeugung („locos of control"). Bezogen auf das *familiäre Umfeld* berücksichtigt Luthar zum einen Aspekte, die mit der Familienstruktur zusammenhängen wie Teenagermutterschaft, Alleinerziehen, ethnische Minderheiten. Zum anderen werden vor allem psychosoziale Probleme von Familien im Armutskontext erörtert: Depressive Erkrankungen, Drogenkonsum, Einflüsse elterlicher Kindheitserlebnisse, Gewalt und Misshandlungen, aber auch der Einfluss belasteter Umwelten. Luthar verweist in diesem Zusammenhang auch auf genetische Aspekte, betont aber, dass die Vererbbarkeit von Verhaltensweisen und emotionalen Dispositionen nicht bedeute, dass Prävention und Intervention keinen Erfolg zeitigen könnten. Insgesamt unterstreicht sie die Notwendigkeit von präventiven Maßnahmen sowie – mit Blick auf *das weitere soziale Umfeld* – die Bedeutung von sozialen Netzwerken wie Verwandtschaft, Schule, Peergroups und religiösen Gemeinden. Das weitere soziale Umfeld sei wegen seiner psycho-sozialen Auswirkungen auf die Kinder von Bedeutung, so bei den Unterschieden von ländlichem und städtischem Umfeld und insbesondere der Problematik von gewaltförderlichen Milieus. Bei all diesen Dimensionen seien immer wieder die Uneindeutigkeit sowie komplexen Wechselwirkungen zwischen Risiken und Schutzfaktoren im Blick zu behalten.

Im Folgenden können nur einige Essentials des von Luthar zusammengetragenen Forschungsstandes referiert werden, wobei insbesondere die Geschlechterdifferenzierung und die Differenzierung entlang von Entwicklungsphasen Beachtung finden (Luthar 1999, S. 8 ff.):

*Unterschiedliche Auswirkungen der familiären Armutslage
auf Jungen und Mädchen*

1. *Jungen* sind in der *frühen Kindheit*, aber auch im Vorschulalter gegenüber Störungen im familiären Klima (z.b. psychische Erkrankung der Mutter) verletzlicher als Mädchen und zeigen entsprechende Symptome in der späteren Kindheit. Auch im *Schulalter* zeigen sich Jungen stärker als Mädchen durch die Armutslage der Familie beeinträchtigt, was sich vor allem in externalisierenden Verhaltensauffälligkeiten (z.b. Widerständigkeit und Aggression) zeigt.[63] Dadurch provozieren sie wiederum negative Reaktionen sowohl bei Gleichaltrigen als auch bei Erwachsenen (strafende Reaktionen), was in der Entwicklungsperspektive zu einer Verschärfung des Risikos von Fehlentwicklungen führt. Man könnte von einer „Wendeltreppe nach unten" sprechen, um das Bild von Emmy Werner mit umgekehrtem Vorzeichen zu benutzen.[64] Außerdem wird bei Jungen eine stärkere Beeinträchtigung ihrer schulischen Leistungsfähigkeit festgestellt, die freilich auch durch den unmittelbareren Einfluss des weiteren sozialen Umfeldes (Aufwachsen in Armutsquartieren) auf männliche Heranwachsende mitbedingt ist.

2. Demgegenüber erscheinen *Mädchen* in ihrer *späteren Kindheit* und als *Teenager* stärker durch die materielle familiäre Notlage belastet. Dies scheint in erster Linie eine Folge ihrer geschlechtsspezifischen Rollensozialisation zu sein, da Mädchen häufiger Mitverantwortung in der Familie (Entlastung der Mütter, Mitarbeit im Haushalt, Beaufsichtigung der kleineren Geschwister) übernehmen müssen. Mädchen erwiesen sich diesbezüglich – auf Grund geschlechtsspezifischer Sozialisation – gefügiger, sie könnten sich den ihnen entgegengebrachten Erwartungen nur schwer entziehen. Dabei mag eine solche Verantwortungsübernahme durchaus unterschiedliche Folgen für die betroffenen Mädchen haben: Einerseits kann die zusätzliche Verantwortung ihr Selbstwertgefühl stärken, also ermutigend und förderlich wirken, andererseits kann damit aber auch eine überfordernde Belastung einhergehen, die ihr Wohlbefinden und ihre schulischen Leistungen beeinträchtigt. Als *Teenager* leiden Mädchen stärker als Jungen (die sich nach außen orientieren) unter familiären Spannungen und unter den materiellen Notlagen der Familien, weil sie die für die Mütter

---

63 Diesbezüglich verweist Luthar 1999 auf eine Vielzahl von Studien.
64 Werner spricht bezogen auf die sich als resilient erweisenden Kinder von einer „Wendeltreppe nach oben", weil sie jede positive Erfahrung weiter nach „oben" führt.

bzw. Eltern damit verbundenen psychischen Belastungen mitfühlen, während die männlichen Teenager eher die ökonomischen Aspekte als einschränkend erleben.

3. Eine besondere Belastung für *Mädchen* stellen die zunehmenden *Teenager-Schwangerschaften* und die frühe Übernahme der Mutterrolle dar. Teenager-Schwangerschaften kommen wesentlich häufiger in Armutsmilieus vor. Mädchen tragen dabei sowohl gesundheitlich die größeren Risiken, sie übernehmen aber auch mehr die Verantwortung für das Kind (als männliche Jugendliche) und erfahren dadurch weitergehende Beeinträchtigungen und Einschränkungen in ihrer Ausbildung und Freizeit. Häufig kann dies zum Schulausstieg führen und Folgen für die Ausbildungs- sowie Berufsperspektive haben. Die Mädchen geraten dadurch nicht selten in konfliktreiche Situationen mit ihren Müttern, weil sie finanziell oder für die Pflege und Betreuung des Kindes auf deren Unterstützung angewiesen sind, was häufig gleichzeitig ihren Ablösungsbestrebungen widerspricht. Sie können dadurch insgesamt in ihrer psychischen Entwicklung belastet, weil überfordert sein, vor allem durch die verfrühte Übernahme der Mutterrolle in einer Entwicklungsphase, in der sie eigentlich mehr Raum für ihre eigene Identitätsentwicklung bräuchten. Neuere Langzeitstudien zeigen allerdings (z.B. Furstenberg 2003)[65], dass die Zukunftsperspektiven von *Teenagermüttern* nicht in jedem Fall gefährdet sein müssen. Positive Entwicklungsperspektiven seien häufig von der Erlangung eines High School Abschlusses und vom zeitlichen Abstand darauf folgender Schwangerschaften abhängig, womit letztlich wiederum das soziale Milieu chancenbestimmend wirkt.

Unterschiedliche Auswirkungen des weiteren sozialen Umfeldes auf Jungen und Mädchen

1. Auf dieser Ebene scheinen die *Jungen* größeren Risiken ausgesetzt, die wohl eindeutig mit geschlechtsspezifischer Sozialisation in Verbindung gebracht werden müssen. Die Jungen sind eher nach außen orientiert und somit auch stärker den Einflüssen von Nachbarschaft, Strasse und innerstädtischer Milieus, in denen sie aufwachsen und

---

65 Nicht fehlen sollte hier der Hinweis auf die bekannte „Baltimore-Studie", in der bereits mehrere Generationen von afro-amerikanischen Teenager-Müttern untersucht worden sind.

verkehren, ausgesetzt. Allerdings kann auch diese Außenorientierung eine positive und eine negative Seite haben, Nachbarschaft und Quartier können sich nämlich unter Umständen als Risiko- oder Schutzfaktor erweisen: Jungen sind hier stärker als Mädchen in die Aktivitäten der Nachbarschaften involviert und so in benachteiligten Stadtteilen entsprechenden Submilieus ausgesetzt. Sie haben dadurch aber auch die Chance, an quartiersbezogenen Aktivitäten zu partizipieren, und können so eher Ressourcen nutzen, die von der Gemeinschaft bereitgestellt werden, als Mädchen, die gerade in „gefährlichen" Stadtteilen konsequenter im Haus gehalten werden.

2. Eine wesentliche Benachteiligung des Aufwachsens in innerstädtischen Armutsmilieus sieht Luthar darin, dass diese Kinder und Jugendlichen *vom mittelschichtgeprägten Werte-Mainstream abgekoppelt* würden. Besonders folgenschwer könne sich eine solche Abkoppelung im Hinblick auf die Schullaufbahn *und die Erwerbsperspektive* auswirken, wenn diese zu einem milieubeeinflussten Desinteresse an Schule und Bildung führe. Die Beeinflussung durch diese innerstädtischen Milieus könne aber auch noch zu zunehmender *Involviertheit in Devianz und Kriminalität* führen. Diesbezügliche Gefahren zeigten sich vor allem bei Jungen und männlichen *Jugendlichen aus ethnischen Minderheiten.* Jungen seien so empfänglicher für antisoziale Einflusse der Strasse und des weiteren sozialen Umfeldes.

   In der Tat weisen verschiedene Studien nach, dass männliche Kinder und Jugendliche aus Armutsmilieus schlechtere Schulleistungen bringen als Mädchen aus diesen Milieus, und dass sich Jungen stärker als Mädchen den pädagogischen Bemühungen von Schule und Lehrerschaft entziehen.[66]

Wegweisend für eine Weiterführung des Resilienz-Diskurses sind die theoretischen und methodischen Überlegungen, die Luthar aus der Übersicht zum bisherigen Forschungsstand ableitet, und ihre Schlussfolgerungen für die Weiterentwicklung von praktischen Interventionen. Interessant erscheint mir vor allem ihre grundsätzliche Erörterung, was genau im Kontext von Armut als Maßstab für eine „normale Entwicklung" zu gelten habe. So gibt Luthar zu bedenken, dass die klassischen psychologischen Entwicklungskonzepte in der Regel mittelschichtorientiert seien und es erst einer angemessenen Weiterentwicklung bedürfe,

---

66 Auf die Fülle der im Detail von Luthar zusammengetragenen Erkenntnisse kann hier nur verwiesen werden.

wenn man sich mit Kindern in Armut befasse. Hier gelte es die Benachteiligung durch das Milieu, etwa das Leben in sozialen Ghettos, aufzuarbei-
ten.[67]

Mit Bezug auf Garcia Coll et al.(1996) und ihr integratives Modell,
das für Studien zu Jugendlichen aus ethnischen Minderheiten entwickelt
wurde und sozialstrukturelle Aspekte berücksichtigt, referiert Luthar acht
wichtige Merkmale, die ihres Erachtens ein solches Entwicklungskonzept
beinhalten müsste:

- Variablen, die die soziale Position berücksichtigen (z.B.: Ethnizität,
  Klasse, Gender),
- Erfahrungen von Rassismus und Diskriminierung,
- Erfahrung von Segregation (bezogen auf Wohnen, Einkommen, so-
  ziale und psychische Aspekte),
- Aspekte wie förderliche/hinderliche Umwelten (Schule, Nachbar-
  schaft and gesundheitliche Versorgung),
- Berücksichtigung von kulturellen Aspekten (Traditionen und kultu-
  relles Erbe),
- Eigenschaften des Kindes (körperliche Eigenschaften, Alter, Tempera-
  ment),
- Berücksichtigung von familiären Werten und Überzeugungen,
- entwicklungsbezogene Kompetenzen (kognitive und sozialemotio-
  nale Entwicklung, z.B. auch Bikulturalismus (Luthar 1999, S. 76).

Ein solches Modell entspricht ihrer generellen Forderung nach angemessener Berücksichtigung des „öko-kulturellen Kontexts" von Kindern.
Luthar warnt vor zu leichtfertigen Verallgemeinerungen von Forschungsergebnissen, da dies zu weitreichenden Fehlinterpretationen im Hinblick
auf vulnerable Zielgruppen führen könne, deren Lebensbedingungen
häufig durch ein kulturell spezifisch geprägtes Milieu gekennzeichnet
seien.[68]

---

[67] „There is, however, a need to expand such theories by explicitly incorporating major
contextual themes that are powerful in the lives of disadvantaged children, including
forces such as societal classism and residential segregation." (Luthar 1999, S. 75). Bezüglich eines solchen Diskurses verweist sie auf den eigenen Beitrag :"Sociodemographic
disadvantage and psychosocial adjustment: Perspectives from developmental psychopathology", in: Luthar et al.: Developmental Psychopathology: Perspectives on adjustment, risk, and disorder, New York 1997, S. 459–485 und vor allem auf: Garcia Coll
et al.: An integrative model for the study of developmental competencies in minority
children, in: Child Development, 67, 1996, S. 1891–1914.

[68] „In short, influences that are largely specific to ecocultural context of poverty can early
result in varying patterns of ‚normative' socio-emotional development." (Luthar 1999,
S. 77)

In diesem Zusammenhang weist Luthar darauf hin, dass bestimmte Merkmale, die generell als Indikatoren für eine psychische Erkrankung oder Dysfunktion gelten mögen, für Kinder in sozial benachteiligten Lebensverhältnissen nicht als solche interpretiert werden könnten, da sie dann der Überlebensfähigkeit dieser Kinder dienen und angemessene Bewältigungsstrategien in einem bestimmten gesellschaftlichen Kontext darstellen können. Dies erläutert sie am *Beispiel der Teenagerschwangerschaften*: Diese würden generell als Risiko für die weitere Entwicklung der jungen Mütter interpretiert. Es seien aber positive Entwicklungsaspekte nicht auszuschließen – wie etwa die möglicherweise entstehende enge Bindung zum Kind, eventuell auch zum Vater des Kindes, der dadurch erreichte Erwachsenenstatus, die vielleicht auch erfahrene Unterstützung im engeren oder weiteren sozialen Umfeld. All diese Auswirkungen könnten für Kinder bzw. Jugendliche, die in Armutsverhältnissen aufgewachsen sind, Schutzfaktoren für die weitere Entwicklung darstellen. An der Stelle betont Luthar ein weiteres Mal – ein Aspekt, der für die weitere Erörterung der Resilienz-Thematik in dieser Publikation von Bedeutung sein wird –, dass es darauf ankomme, „gerade auch" die Perspektive der Betroffenen („people's own perceptions") zu berücksichtigen.

Auch die Publikation von Luthar gibt in ihrem Ausblick *Empfehlungen für Interventionen*: Besonders betont wird die Wirksamkeit von ökologisch (im Sinne von Bronfenbrenner) und vielschichtig konzipierten Maßnahmen, unter Einbeziehung der Familien und des Gemeinwesens. Solche Maßnahmen seien zusätzlich zu spezifischen Interventionen, die auf eine Verbesserung des Wohlbefindens einzelner Kinder abzielten, erforderlich, um die zu Selbsthilfe befähigenden Ressourcen solcher benachteiligter Gemeinwesen zu fördern. Dadurch könnten längerfristige Wirkungen erzielt werden als nur durch isolierte Programme, die allein die Kinder im Blick hätten.

Als Lehrende in einem Hochschulbereich, in dem zukünftige pädagogische Fachkräfte ausgebildet werden, ist es Luthar ein wichtiges Anliegen, dass die *Armutsproblematik in der Ausbildung dieser Fachkräfte* einen höheren Stellewert bekomme und die Curricula entsprechend angereichert werden. Dabei gehe es nicht nur darum, den neuesten wissenschaftlichen Kenntnisstand zu vermitteln, sondern durch eine realitätsnahe Auseinandersetzung mit den Lebensbedingungen und biografischen Verläufen von in Armut aufwachsenden Kindern ein entsprechendes Verständnis zu wecken. Last but not least sollten die mit diesen Kindern arbeitenden Fachkräfte auch ihre Möglichkeiten der politischen Einflussnahme nutzen (Luthar 1999, S. 93 f.).

Insgesamt kommt Luthar in ihrer Studie zu wichtigen Erkenntnissen für die *Übertragung des Resilienzkonzeptes auf die Armutsproblematik*, die für die weitere Auseinandersetzung mit der Fragstellung von zentraler Bedeutung sind: Luthar betrachtet Armut als eine multi-faktorielle Risikokonstellation, was die Ermittlung von differenziellen Schutzfaktoren zwar erschwert, aber überhaupt erst möglich macht. Gleichzeitig betont sie – und damit wird sie auch anschlussfähig an die „neue Kindheitsforschung", dass es nicht nur darum gehe, die Ergebnisse von Entwicklung in der längerfristigen Perspektive zu beurteilen. Vielmehr müsse auch die Gegenwartsperspektive der Kinder, ihr Wohlbefinden im Hier und Jetzt in den Blick genommen werden. Damit bietet die Studie von Luthar eine Fülle von Anknüpfungspunkten, die im Folgenden für die Weiterführung des Resilienzdiskurses aufgegriffen werden können. Mit Blick auf die zukünftige Forschung zu Resilienz – insbesondere im Armutskontext – verweist Luthar auf die Notwendigkeit von interdisziplinärer Zusammenarbeit, um die Erkenntnisse aus Psychologie, Anthropologie, Epidemiologie, Kinderpsychiatrie und Sozialer Arbeit zu integrieren. Auch genetische, biologische und neuropsychologische Faktoren seien zu berücksichtigen, wenn es um die sozial-emotionale Entwicklung der Kinder gehe (Luthar 1999, S. 93).

Resümee:

Die vorgestellten Resilienzstudien, deren Auswahl einleitend begründet wurde, haben sich alle sehr intensiv mit der Frage auseinandergesetzt, wie Kinder und Jugendliche ein „Aufwachsen in Armut" oder „ökonomischer Deprivation" bewältigen und was sie dabei stärkt. Diese Studien berücksichtigen verschiedene historische und regionale Kontexte und sind auch methodisch und in den von ihnen jeweils verfolgten Fragestellungen sehr unterschiedlich angelegt. Ihre jeweiligen Erkenntnisse wurden hier relativ detailliert nachgezeichnet, weil in der Fachliteratur häufig sehr selektiv darauf zurückgegriffen wird. Dadurch wird ihr tatsächlicher Beitrag zu dem zu führenden Diskurs verständlicherweise – wenn auch unbeabsichtigt – geschmälert. Gleichzeitig sollten dabei Entwicklungslinien aufgezeigt werden, aus denen sich Schlussfolgerungen für die aktuelle Diskussion zur Resilienzförderung ziehen lassen – und zwar konkret zur Frage, ob Resilienzförderung eine adäquate Antwort für diejenigen Kinder ist, die hier und heute in der Bundesrepublik in Armut leben. Betrachtet man resümierend die sich in beiden Diskussionssträngen – von

Elder zu Schoon ebenso wie von Werner/Smith zu Luthar – abzeichnende Weiterführung der Erkenntnisse, dürfte dies für all jene, die vor allem interessiert sind, daraus praktische Konsequenzen für resilienzfördernde Konzepte abzuleiten, sehr ermutigend sein.

3. Von der Kinderarmutsforschung hin zur Resilienzperspektive

> *„Das soziale Kapital der Herkunftsfamilie und die damit verbundene soziale Unterstützung entscheidet, konträr zur öffentlichen Chancengleichheitsrhetorik, über die zukünftigen Chancen der Partizipation am öffentlichen Reichtum."* (Opp/Fingerle 2007)

3.1 Kinderarmutsforschung in der Bundesrepublik

3.1.1 Kinderarmut – ein gesellschaftspolitisches Thema

Kinderarmut gehörte in der Bundesrepublik lange Zeit zu den ignorierten Themen, dies gilt für die öffentliche politische Debatte ebenso wie für die sozialwissenschaftliche Forschung. Die in den 1980er Jahren im Anschluss an internationale Diskurse sich etablierende „neue soziologische Kindheitsforschung" interessierte sich zunächst nicht für die Armutsproblematik, und der sich ebenfalls in jenen Jahren entwickelnden sozialwissenschaftlichen Armutsforschung fehlte der spezifische Blick auf die Kinder. Erst *seit etwa zehn Jahren* scheint dieses Desinteresse überwunden zu sein: Armut von Kindern ist mittlerweile zu einem prominenten Thema der sozialwissenschaftlichen Forschung avanciert und die Problematik in Armut lebender Kinder beschäftigt heute die Politik wohl gleichermaßen wie die sozial-/pädagogische Praxis.

Diese neue Aufmerksamkeit ist sicherlich darauf zurückzuführen, dass es sich hier um ein strukturelles Problem handelt, das sich seit 1990 kontinuierlich verschärft hat. Die konkreten Zahlenangaben variieren zwar, je nachdem welche Armutsgrenze zu Grunde gelegt wird. Laut UNICEF-Report von 2005 betrug zum Erhebungszeitpunkt der Anteil von Kindern und Jugendlichen, die in Deutschland von relativer Armut betroffen waren 10,2% (UNICEF 2005). Dabei ist in der Bundesrepublik seit 1990 diese Zahl stärker angestiegen als in anderen Industrienationen.[69] Neueste Zahlen, die die Entwicklung nach der Einführung der Hartz IV-Gesetze berücksichtigen, hat das Bremer Institut für Arbeitsmarktfor-

---

[69] Vgl. UNICEF 2005: Es handelt sich um einen Anstieg um 2,7%, womit Deutschland an 12. Stelle von 20 Ländern stand, und somit einen mittleren Platz einnahm. Die niedrigsten Kinderarmutsquoten wiesen die skandinavischen Länder auf, die höchsten Italien, USA und Mexiko. Als relativ arm galten Kinder, die in einem Haushalt mit einem Einkommen lebten, das weniger als die Hälfte des nationalen Durchschnittseinkommens betrug.

schung und Jugendberufshilfe im April 2007 veröffentlicht. Demzufolge haben 2006 im Jahresdurchschnitt 1,88 Millionen Kinder unter 15 Jahren in einer „Hartz IV-Bedarfsgemeinschaft" gelebt, was einen beträchtlichen Anstieg von Kindern in Armutshaushalten signalisiert.[70]

Alarmierender noch wirkt die Einschätzung des UNICEF-Berichts (UNICEF 2005), dass Deutschland das Problem auf der politische Ebene nur mäßig wirksam bekämpft. Reinhard Schlagintweit – Vorsitzender von UNICEF Deutschland – kommentierte die Ergebnisse des Reports: „Die Bundesregierung sollte mehr tun, um ein Auseinanderdriften der Gesellschaft zu verhindern – auch auf dem Gebiet der Bildung."[71]

Für die politische Debatte brachte bereits die Veröffentlichung des 10. Kinder- und Jugendberichtes der Bundesregierung (1998), in dem die beteiligten Sachverständigen mit Nachdruck auf Kinderarmut als brisantes gesellschaftliches Problem hingewiesen haben, einen Wendepunkt (BMFJG 1998)[72]. Seitdem war Kinderarmut ein öffentliches Thema, und die Problematik wurde auf verschiedenen Ebenen von Bund, Ländern und Kommunen in der politischen Berichterstattung aufgegriffen[73]. Eine zusätzliche Sensibilisierung für die Problematik erfolgte in einer Verschränkung von politischen und wissenschaftlichen Debatten über die gesellschaftliche Rolle und Stellung von Kindern, über Kinderrechte und deren Realisierung, über Ursachen und Folgen eines Aufwachsens in Armut. Allerdings wurde die Auseinandersetzung um politische Lösungsstrategien ziemlich bald schon von einer eher demografisch motivierten Zielsetzung von Familienpolitik- bzw. von Überlegungen zu Familien- und indirekt zu „Geburtenförderung" überlagert.

Explizite Impulse für eine sozialpolitische Bekämpfung von Familien- und Kinderarmut gehen derzeit von der europäischen und der UN-Ebene aus. Stellvertretend sei hier auf die Initiative der EU zur Erstellung nationaler Aktionspläne zur „Bekämpfung von Armut und Ausgrenzung", auf die Aktivitäten des Netzwerkes „A Lobby for Children" sowie auf die schon erwähnten UNICEF-Reporte zu Kinderarmut (UNICEF 2001 und 2005) hingewiesen. Die UNICEF-Reporte haben vor allem deshalb eine beachtliche Reichweite, weil sie die „Kinderarmutsproblematik" in ent-

---

70 Vgl. Die Zeit, Nr. 17, 2007. Nach einer aktuellen Statistk der Bundesagentur fü Arbeit ist die Zahl der Kinder (bis 14 Jahre), die in SGBII-Bedarfsgemeinschaften leben, bis April 2009 geringfügig (auf 1,73 Millionen) gesunken.

71 Siehe: http://www.unicef.de/kinderarmut.html, 11.08.2007.

72 Vgl. Materialienband 1 zum 10. Kinder- und Jugendbericht: Lepenies, Anette u.a. 1999.

73 Vgl. Expertise zum 7. Kinder- und Jugendbericht, MFJFG 2000, vgl. auch: Kommunale Kinderarmutsberichte der Stadt Düsseldorf (1999) und der Stadt Münster (2002), Armuts- und Reichtumsberichte der Bundesregierung BMAS 2001 und BMGS 2005.

wickelten Wohlfahrtsstaaten weltweit auf die politische Agenda setzen. Die Frage ist natürlich, inwieweit Berichte von UN-Institutionen tatsächlich die Handlungsorientierung der jeweils politisch Verantwortlichen, also der nationalen Regierungen, zu beeinflussen vermögen. Jedenfalls gehen von diesen Berichten wichtige Impulse zur inhaltlichen Diskussion aus, insbesondere seit neuerdings die Kategorie des kindlichen Wohlbefindens (Child Well-Being) in die Reporte aufgenommen wurde (UNICEF 2007). Besonders bedeutsam für den politischen Diskurs erscheint mir dabei nicht nur, dass die Armutsproblematik – und zwar weltweit – in Verbindung mit der Frage nach dem kindlichen Wohlbefinden gebracht wird, sondern dass Kinderarmut im Zusammenhang mit nicht-realisierten Kinderrechten gesehen wird.

Die Verabschiedung der UN-Kinderrechtskonvention, der eine zehnjährige Erörterung (seit 1979) in den zuständigen Gremien vorausgegangen ist, und die in der Tradition einer langen Vorgeschichte politischer Initiativen für eine verbindliche Verankerung der Rechte von Kindern steht,[74] hat schlussendlich die *Kinder als Subjekte und Träger von Grundrechten* auf die internationale politische Bühne treten lassen. Verfolgt man die Entwicklungslinien der politischen Diskussionen, die zu diesem Schritt geführt haben, dann wird deutlich, dass die eigentlichen Impulse dazu von den in der praktischen „Kinderrechtsarbeit" stehenden Bewegungen ausgegangen sind. Inhaltlich beziehen sich die mit der UN-Kinderrechtskonvention kodifizierten Rechte auf folgende Dimensionen:

– „die *‚survival rights‘*, die Rechte des Kindes auf Überleben, Nahrung, Wohnen und medizinische Grundversorgung,
– die *‚protection rights‘*, die jedes Kind vor Ausbeutung, Vernachlässigung, Missbrauch und willkürlicher Trennung von der Familie schützen,
– die *‚provision rights‘*, die den Staat verpflichten, für ausreichende Bildungschancen, Betreuungsangebote, Gesundheitsvorsorge etc. zu sorgen,
– die *‚development rights‘*, die jedem Kind das Recht auf eine angemessene Entwicklung, auf Spiel, Erziehung, Schule und Gedankenfreiheit einräumen,
– die *‚participation rights‘*, die dem Kind umfassende Rechte auf freie Meinungsäußerung und Mitsprache einräumen." (Fesenfeld o. J., S. 20)

Armut von Kindern wird in dieser Perspektive als *Einschränkung des kindlichen Wohlbefindens* verstanden, was sich auf das gegenwärtige

---

74 Z. B.: der „Genfer Erklärung über die Rechte des Kindes" von 1924, (vgl. Fesenfeld o. J.)

Erleben der betroffenen Kinder ebenso wie auf ihre jeweiligen Entwicklungschancen bezieht. Konkret wird „kindliches Wohlbefinden" mit Blick auf die ökonomischen, sozialen und kulturellen Standards des jeweiligen Landes definiert – wie ja auch Armut jeweils zu diesen Standards in Relation gesetzt, d.h. relativ gemessen wird. Auf detaillierte inhaltliche Aspekte dieses Konzeptes werde ich an späterer Stelle noch eingehen.

3.1.2 Entwicklungslinien der Kinderarmutsforschung

Auch die wissenschaftliche Auseinandersetzung mit der Thematik hat in den letzten zehn Jahren eindeutige Fortschritte vorzuweisen, womit sich eine zeitliche Parallelität zum öffentlichen gesellschaftlichen Diskurs abzeichnet. Welche Ebene hier jeweils die andere beeinflusst – oder um es salopper zu formulieren – zum Tragen jagt, lässt sich nicht exakt nachvollziehen. Tatsache ist, dass sich die verschiedenen Diskursebenen gegenseitig befruchten.

Die deutsche Kinderarmutsforschung ist – im Vergleich zu den USA oder Großbritannien – ein ausgesprochen junger Forschungszweig, was im Übrigen generell für die bundesrepublikanische Armutsforschung zutrifft. Während die Armutsforschung in den USA auf historische Vorläufer (in den 1920er und 1930er Jahren) Bezug nimmt, ist die neuere – vorwiegend qualitativ orientierte – Kinderarmutsforschung in der Bundesrepublik weitgehend ohne Rückbesinnung auf eine historische Forschungstradition gestartet. Auch gibt es in der Bundesrepublik keine umfassenderen Längsschnittstudien zu Kinderarmut wie beispielsweise in den USA; zu den dortigen Projekten zählen unter anderen die hier vorgestellten Studien von Elder und Werner.[75] Solche Längsschnittbeobachten wurden dort durch eine entsprechend kontinuierliche Datenerhebung wie z.B. die PSID-Daten ermöglicht.[76] Außerdem fehlen in der Bundesrepublik so wirkungsmächtige Institutionen zur Armutsforschung wie das „Townsend Centre of Poverty Research" oder das „Chronic Poverty Research Centre" in Großbritannien.

Dieser Rückstand beispielsweise zu den USA lässt sich nur teilweise damit erklären, dass Kinderarmut – quantitativ betrachtet – in der Bun-

---

75 Vgl. dazu Übersichten in: Werner 2000. In der Bundesrepublik gibt es bisher eine einzige Längsschnittstudie zu Kinderarmut, die vom Institut für Sozialarbeit und Sozialpädagogik in Frankfurt von 1997–2004 durchgeführt wurde, worauf an späterer Stelle noch ausführlicher eingegangen wird.
76 Panel Studies of Income Dynamics (PSID) seit 1968, seit 1997 mit einem speziellen Child Development Supplement.

desrepublik erst zu einem späteren Zeitpunkt (in den 1990er Jahren) als zunehmend brisantes Problem aufgetreten bzw. wahrgenommen worden ist. Dass dabei historische Vorläufer schlichtweg übersehen wurden, ist wohl eher darauf zurück zu führen, dass die Sozialwissenschaften in den angelsächsischen Ländern ein ungebrocheneres Traditionsbewusstsein haben, während in Deutschland die durch den Nationalsozialismus bedingte Zäsur nie richtig aufgearbeitet wurde. Auf diese Weise geriet etwa ganz in Vergessenheit, dass es auch im deutschsprachigen Raum in der empirischen Armutsforschung Vorläuferinnen gab wie z.b. Hildegard Hetzer (1929) mit ihrer Studie „Kindheit und Armut", die 1929 in Leipzig erschienen ist. Diese Studie ist u. a. deshalb interessant, weil sie die Notwendigkeit einer Verknüpfung von Armutsforschung, Psychologie und Armutsbekämpfung betont und zudem ein Plädoyer für die präventive Bekämpfung von Armut liefert.[77]

Kinderarmut wurde von der deutschen Armutsforschung *in den 1980er Jahren* zunächst nicht als eigenständiges soziales Problem thematisiert. Genauer gesagt: Kinder wurden allenfalls als Ursache von Familienarmut, als Angehörige von einkommensarmen und sozial benachteiligten Haushalten, kaum jedoch als eigenständige Subjekte in ihrer spezifischen Betroffenheit von Armutslagen in den Blick genommen. Dies änderte sich erst zu Beginn der 90er Jahre, als Armut von Kindern und Jugendlichen – im Kontext von Sozialberichterstattung – in der Fachöffentlichkeit zunehmend in ihrer sozialpolitischen und sozialpädagogischen Brisanz zur Kenntnis genommen wurde. Inzwischen wird im Deutschen Jugend-Institut mit dem „Kinderpanel" eine Berichterstattung zu Kindern durchgeführt, die einerseits ihre Lebenslagen differenziert beschreibt und andererseits die „Einflüsse unterschiedlicher Lebenslagen auf die Persönlichkeitsentwicklung der Kinder" nachzeichnet, so die Projektbeschreibung. Damit liegen sehr informative Vergleichsdaten vor, auf die sich Kinderarmutsforschung beziehen kann (Alt 2005 und 2007).

Seit Beginn der 1990er Jahre ist auch eine Reihe von Publikationen erschienen, die sich aus der Sicht unterschiedlicher Disziplinen mit Kinder- und Jugendarmut auseinandersetzen (vgl. Otto 1997, Klocke/Hurrelmann 1998, Mansel/Neubauer 1998, Weiß 2000, Butterwegge 2000, Butterwegge/ Klundt 2002, Beisenherz 2002, Holm/Schulz 2002). Die in der Bundesrepublik vorliegenden Studien haben sich zunächst vor allem auf Einzelaspekte von kindlichen Armutslagen wie Einschränkungen bei Konsum, Kinderkultur und Freizeitgestaltung, auf eingeschränkte räumliche Er-

---

77 Zur Studie von Hildegard Hetzer vgl.: Zander 2005, S. 111 ff.

fahrungsmöglichkeiten und ungenügende Lernanreize, Differenzwahrnehmungen und Ausgrenzungserfahrungen sowie Folgewirkungen für die kindliche Entwicklung konzentriert. Dabei wurden u.a. folgende Problemlagen herausgearbeitet.[78]

- mögliche gesundheitliche Beeinträchtigungen infolge von armutsbedingtem Ernährungs- und Gesundheitsverhalten,
- Auswirkungen auf die Bildungs- und Schulleistung sowie die Schullaufbahn,
- Auswirkungen auf die Selbsteinschätzung, das Selbstbild und das Wohlbefinden von Kindern, insbesondere von Jugendlichen,
- Auswirkungen auf das Problem- und Sozialverhalten sowie auf soziale Kontakte, insbesondere auf Gleichaltrigenkontakte.

An dieser Stelle sei noch einmal daran erinnert, dass *familiäre Armutslagen nicht allein durch das Einkommensniveau*, sondern auch durch die Wohnsituation, den Bildungsstatus der Eltern (bzw. der allein erziehenden Mütter), die soziale Isoliertheit der Familie, Erwerbslosigkeit oder prekäre Erwerbssituation, Krankheit oder Behinderung geprägt sein können. Auch das Wohnumfeld und seine soziale Infrastruktur haben Einfluss auf das familiäre und kindliche Alltagsleben. In der Tat gibt es auch sozialräumliche Studien, die sich mit der spezifischen Problematik der benachteiligten Lebenslagen von Kindern in sozialen Brennpunkten auseinandersetzen, wobei der Aspekt der dauerhaften und kumulativen Belastung in verfestigten Armutsformen besondere Aufmerksamkeit verdient. Die neueste Studie dazu wurde von Karin Holm und Volker Eichener in einer Ruhrgebietsstadt (Essen) durchgeführt; dabei wurde untersucht, inwiefern das Milieu armutsgeprägter Sozialräume den „Habitus" von Kindern beeinflusst und inwiefern dadurch – in der Sprache von Pierre Bourdieu – ihre Chancen beeinträchtigt werden, soziales und kulturelles „Kapital" zu erwerben (vgl. Holm/Eichener 2007).

Parallel zur wissenschaftlichen und politischen Thematisierung ist die Sensibilität und die Aufmerksamkeit für die Armutsproblematik auch in pädagogischen Institutionen wie Frühförderung (vgl. Weiß 2005), Kindertagesstätten (vgl. Gleich 2005, BETA/Diakonie 2006), Schule (vgl. Itzke/Ulonska/Bartsch 2002), aber auch im Gesundheitswesen (vgl. Trabert 2006, Richter 2005) sowie im Bereich der Sozialen Arbeit (vgl. Zander 2000) ge-

---

78 Zum folgenden Absatz vgl.: Zander: Kindheits- und Armutsforschung im Wandel, in: Butterwegge/Holm/Zander 2004, S. 42–74. Dort sind auch weitere Titel aufgeführt, die zu den einzelnen Aspekten bis 2004 erschienen sind.

stiegen. Zudem sind in den letzten Jahren eine Reihe von Monografien erschienen, die Kinder- und Jugendarmut systematisch erörtern, indem sie deren Ursachen und Auswirkungen sowie Handlungsmöglichkeiten in verschiedenen Praxisbereichen thematisieren (vgl. Palentien 2004, Schniering 2006, Weimann 2006, Kamensky/Heusohn/Klemm 2000).

Besonders zu erwähnen sind an dieser Stelle einige *Monographien*, die Ergebnisse von empirischer Forschung zur Kinderarmutsproblematik darstellen und auf die ich im Kapitel zur kindlichen Bewältigung von Armutsfolgen noch näher eingehen werde (vgl. Kap. 4.4). Es handelt sich dabei um Studien, die Kinderarmut als multidimensionale Lebenslage verstehen, die auf Befragungen von betroffenen Kindern – vorwiegend im Grundschulalter – basieren und die die Bewältigungsformen der Kinder in den Mittelpunkt ihrer Erörterung stellen. Die erste Publikation in der zeitlichen Reihenfolge stammt von Antje Richter (2000) und kann für den bundesrepublikanischen Raum als Pilotstudie bezeichnet werden. Sie ist *im ländlichen Raum* angesiedelt und berücksichtigt insbesondere auch geschlechter-differente Formen von Bewältigung. Zwei weitere Studien, an denen die Verfasserin dieses Buches beteiligt war, haben kindliche Bewältigungsformen von Armut jeweils im *Stadt- und Land-Vergleich* untersucht, einmal in Ostdeutschland in der Region von Jena und im Saale-Holzland-Kreis (vgl. Chassé/Zander/Rasch 2005 und 2007), und einmal in Westdeutschland in Münster und im Westmünsterland (vgl. Butterwegge/Holm/Zander 2004).[79] Die einzige bundesrepublikanische Studie mit Langzeitbeobachtung ist aus einem mehrjährigen Forschungsprojekt (1997 bis 2004) des *Institutes für Sozialarbeit und Sozialpädagogik* in Frankfurt (vgl. ISS-AWO-Studien) hervorgegangen.[80] In verschiedenen Etappen wurden hierbei zunächst Kinder im Vorschulalter in den Blick genommen, und in der Folge blieb ein guter Teil dieser Kinder bis zum Ende der Grundschulzeit weiter in Beobachtung. Der Endbericht der letzten Projektphase ist unter dem Titel „Zukunftschancen für Kinder!? – Wirkung von Armut bis zum Ende der Grundschulzeit" (vgl. Holz u.a. 2005) erschienen; er hebt vor allem auf die Bildungsbenachteiligung der untersuchten Kinder ab und kommt dabei u.a. zu dem Resümee: „Der enge Zusammenhang zwischen Armut und Bildung wird erneut bestä-

---

79 Auf das Münsteraner Projekt bezieht sich insbesondere das Kapitel: „Strategien der Kinder zur Bewältigung von Armut im Stadt/Land-Vergleich, in: Butterwegge/Holm/Zander u.a 2004, S. 255–270. Als Mitarbeiterinnen waren in dem Projekt Gisela Wuttke und Barbara Imholz beteiligt.

80 Die Forschungsergebnisse dieser Studien wurden in mehreren Bänden publiziert: vgl. Hock u.a. 2000a, Hock u.a. 2000b, Holz/Skoluda 2003, Holz/Puhlmann 2005.

tigt: Ohne materielle Sicherheit und kulturelles Kapital der Eltern sind die Bildungschancen gering." (Holz u.a. 2005, S. 11).

Insgesamt ermöglichen die mittlerweile vorliegenden Erkenntnisse aus der empirischen Forschung so fundierte Annäherungen an die Problematik des Aufwachsens in benachteiligten Lebenslagen, dass man diesen Abschnitt zum Forschungsstand guten Gewissens mit der Aufforderung abschließen kann: An Wissen mangelt es nicht, es ist Zeit zum Handeln!

3.1.3 Konzeptionelle Prämissen aus Kindheits- und Sozialisationsforschung

Die bundesrepublikanische Kinderarmutsforschung hat sich – mit unterschiedlichen disziplinären Zugängen – aus der Armutsforschung heraus entwickelt. Dennoch war sie in ihrer theoretischen und konzeptionellen Fundierung auf Anleihen aus anderen Theorie- und Forschungssträngen angewiesen. Als naheliegenden Bezugspunkt dafür bot sich die „neue Kindheitsforschung" an, die in den letzten 20 Jahren vor dem Hintergrund gesellschaftlichen Wandels „neue" soziologische Perspektiven auf Kinder und Kindheit entwickelt hat.[81] Diese Richtung der soziologischen Kindheitsforschung, die sich international den „New Social Childhood Studies" verbunden fühlt, unterliegt ihrerseits wiederum unterschiedlichen theoretischen Akzentuierungen. Dennoch lässt sich als Ausgangspunkt ein gemeinsamer Fundus von Betrachtungsweisen von Kindern und ihrer gesellschaftlichen Stellung ausmachen. Es handelt sich dabei um grundsätzliche Positionen, die in Abgrenzung zu den theoretischen Orientierungen der „etablierten Kindheitswissenschaften" formuliert worden sind und somit einen fundamentalen Paradigmenwechsel ausgelöst haben (Hengst/Zeiher 2005, S. 9). Kennzeichnend für die „neue Kindheitsforschung" ist die Sicht auf Kinder als eigenständige soziale Akteure und der Gegenwartsbezug, die Betonung kindlicher Autonomie als Subjekte und ihres Anspruchs auf gesellschaftliche Partizipation.

Kinder werden in erster Linie als „*Seiende", in ihrer gegenwärtigen Lebenssituation und Befindlichkeit* und nicht nur in ihrer Entwicklungsperspektive betrachtet. *Kindheit wird als eigenständige Lebensphase* und nicht primär als Übergangsstadium zum Erwachsenwerden begriffen. Damit hat sich die „neue Kindheitsforschung" insbesondere gegen die

---

81   Vgl. Hengst, Heinz/Helga Zeiher 2005, S. 9 ff. Dieser Bezug auf die „neue Kindheitsforschung" soll hier nicht generalisiert werden. Sie trifft aber beispielsweise für die AWO-ISS-Studien, die Studie von Chassé/Zander/Rasch 2005 und Butterwegge/Holm/Zander 2004 zu.

Sozialisationsforschung abgegrenzt, gegen die sie den Vorwurf erhoben hat, Kinder nur einseitig bezogen auf ihre Entwicklungsperspektive als spätere Erwachsene zu sehen. Kindheit werde so lediglich als Vorbereitungsphase für die spätere Rolle als Erwachsene aufgefasst und damit der *Eigenwert dieser Lebensphase* übersehen. Auch unterschätze die Sozialisationsforschung die Eigenaktivität der Kinder, indem sie zu sehr den Einfluss von Umweltfaktoren auf die Sozialisation der Kinder betone (vgl. Zinnecker 1996). Die Sozialisationsforschung erhebt ihrerseits allerdings den Anspruch, anthropologische, biologische, gesellschaftliche, kulturelle und psychische Sichtweisen auf die Entwicklungsprozesse von Kindern zu integrieren und somit über ein sehr umfassendes theoretisches Konzept zu verfügen (vgl. Bründel/Hurrelmann 1996).

Mittlerweile lassen sich hinsichtlich dieser Auseinandersetzung zwischen soziologischer *Kindheits- und Sozialisationsforschung* in der bundesrepublikanischen Wissenschaftsdebatte durchaus vermittelnde Positionen erkennen. So hält z.B. Hans-Rudolf Leu einerseits die Kritik an der Sozialisationsforschung insofern für berechtigt, als diese stärker auf die Formulierung theoretischer Konzepte hin orientiert sei und dabei die reale Lebenswelt der Kinder aus den Augen zu verlieren drohe (vgl. Leu 1996): Er hält aber andererseits die isolierte (d.h. von Erwachsenen abgekoppelte) Betrachtungsweise von Kindern, wie sie teilweise von der Kindheitsforschung gefordert wurde, ebenfalls für wenig realitätsgerecht. Mit Blick auf die Alltagserfahrung plädiert er dafür, das Verhältnis von Kindern und Erwachsenen in ihrer wechselseitigen Bezogenheit und ebenso in ihrer gegenseitigen Abhängigkeit zu betrachten. Auch im Hinblick auf die Entwicklung der kindlichen Persönlichkeit formuliert Leu – in Anlehnung an Hurrelmann – eine vermittelnde Position, indem er das Modell des „produktiv realitätsverarbeitenden Subjektes" aufgreift. Dieses Modell gehe von einer dialektischen Beziehung zwischen Subjekt und gesellschaftlicher Realität aus und vermöge so den interdependenten Zusammenhang von individueller Entwicklung und gesellschaftlicher Veränderung abzubilden (vgl. Leu 1996, Hurrelmann 1983).

Eine solche Sichtweise auf kindliche Sozialisation und Entwicklung erweist sich im Übrigen auch für die *Erörterung von Resilienz* als fruchtbar. Sie legt nahe, das *Kind als handelndes Subjekt* in den Mittelpunkt des Bewältigungsprozesses von Realität zu stellen. Das Kind ist nämlich nicht nur ein Bündel von Eigenschaften, auch ist es nicht einer komplexen Wechselwirkung von Risiko- und Schutzfaktoren ausgeliefert, sondern ist vielmehr selbst aktiv an dem Prozess beteiligt, dessen Ergebnis wir – im günstigen Fall – als gewonnene Resilienz bezeichnen.

Mit der Betonung der Gegenwartsperspektive des Kindes grenzt sich die „neue Kindheitsforschung" zudem gegen „entwicklungspsychologische Konzepte" ab, die im Resilienzdiskurs eine bedeutende Rolle spielen. Die entscheidende Frage ist in der Tat, ob das Resilienzkonzept auch das Wohlbefinden der Kinder „im Hier und Jetzt" zu berücksichtigen vermag, oder ob es nicht wiederum zu sehr auf die Entwicklungsperspektive der Kinder bezogen ist. Letzteres dürfte zumindest bei den am Lebensverlauf orientierten Längsschnittstudien der Fall sein. Dass Resilienz-Studien den Aspekt des kindlichen Wohlbefindens einbeziehen sollten, hat übrigens auch Luthar in ihrer Zusammenschau des bisherigen Forschungsstandes angemahnt (vgl. Luthar 1999). Zumindest muss sich die Resilienzforschung fragen lassen, ob sie nicht zu fixiert auf die „Selbstreparatur" unsäglicher Umstände sei und dabei die aktuelle Befindlichkeit des Kindes aus den Augen verliere. Natürlich geht es dabei nicht nur, ja nicht einmal vorrangig um eine Forschungsfrage. Der Gegenwartsbezug und der Aspekt des kindlichen Wohlbefindens hat eine eminent praktische Bedeutung, wenn es darum geht, auf der Basis von wissenschaftlichen Erkenntnissen Konzepte zur Förderung der „seelischen Widerstandsfähigkeit" von Kindern in der Praxis zu entwickeln.

Ein weiterer Aspekt, den es – wenn man den Prämissen der „neuen Kindheitsforschung" folgt – ebenfalls stärker in den Resilienzdiskurs aufzunehmen gilt, ist sicherlich die Subjektrolle des Kindes. Es stellt sich wirklich die Frage, ob in den verschiedenen Modellen zur komplexen Wechselwirkung von Risiko- und Schutzfaktoren nicht das Kind als fühlendes und handelndes Subjekt in seiner Eigenaktivität etwas unterbelichtet bleibt.

Meines Erachtens unterstreichen die dargestellten Auseinandersetzungen die Notwendigkeit von interdisziplinären Herangehensweisen, wie sie u.a. auch Luthar gefordert hat. Selbst wenn sich die „neue soziologische Kindheitsforschung" in vieler Hinsicht explizit von den „etablierten Kindheitswissenschaften" abgrenzt, muss dies nicht zwangsläufig zu einer gegenseitigen Abschottung führen. Es ist vielmehr anzunehmen, dass sich durch gegenseitige konzeptionelle Anleihen und die Entwicklung von vermittelnden Positionen interdisziplinär neue Orientierungen und fruchtbare Erkenntnisse gewinnen lassen.

In diesem Sinne scheint es mir auch zwischen Kinderarmuts- und Kindheitsforschung ein grundsätzliches Problem zu geben, das noch einer Klärung oder Vermittlung bedarf. So dürfte die Tatsache, dass Kinderarmut in der „neuen soziologischen Kindheitsforschung" allenfalls marginal als Thema auftaucht, kein Zufall sein. Vielmehr ist dies der spezifischen Sichtweise geschuldet, die diese Forschungsrichtung auf die gesellschaftliche Position von Kindern und insbesondere von Kindheit im generationellen Verhältnis entwickelt hat.

Ausgehend vom Postulat der „Emanzipation des Kindes", wird seine Positionierung in der Gesellschaft nämlich in der Generationenperspektive vorgenommen und „die Frage nach der Eigenständigkeit der Kinder als Frage nach den Herrschaftsverhältnissen zwischen den Generationen gestellt, als Frage nach der Art und Weise der Einbindung der Bevölkerungsgruppe Kinder in gesellschaftliche Arbeitsteilungen und als Frage nach ihrem Zugang zu Ressourcen und Rechten." (Hengst/Zeiher 2005, S. 11) .Viele Kindheitssoziologen verstehen sich in diesem Sinne als „Advokaten" der Kinder, aber eben „der Kinder", die sie als eigenständige „soziale Gruppe" in der Gesellschaft betrachten. Eine sozialstrukturelle Differenzierung dieser Gruppe würde dazu führen, ihre ausschließliche Positionierung im Generationenverhältnis aus den Augen zu verlieren. Das heißt: Die neue Kindheitssoziologie hat es bisher vermieden, das Thema Kinderarmut explizit aufzugreifen, wohl weil dies zu einer Überlagerung von unterschiedlichen Sichtweisen – soziale Ungleichheit versus generationelle Ungleichheit – auf die gesellschaftliche Position von Kindern führen würde. So wird in dem neuesten von Heinz Hengst und Helga Zeiher herausgegebenen Sammelband, der wohl den aktuellsten Stand der „neuen Kindheitsforschung" repräsentiert, nur in einem einzigen Beitrag die Armutsproblematik von Kindern überhaupt aufgenommen (vgl. Hengst/Zeiher 2005).

Aber auch in diesem Beitrag von Helmut Wintersberger (2005), welcher die zunehmende relative Armut von Kindern und den historischen Wandel von Kinderarbeit thematisiert, werden diese Phänomene in der Perspektive der „generationalen Arbeits- und Ressourcenteilung" interpretiert. Kinderarmut wird demzufolge nicht als Lebenslage einzelner Kinder berücksichtigt, sondern als „aktuelles Symptom" im Rahmen der Ressourcenverteilung zwischen den Generationen. Ebenso wird Kinderarbeit in erster Linie als Abweichung von der „generationalen Arbeitsteilung" wahrgenommen, d.h. als Abweichung von dem Kindheitsentwurf der Moderne, welcher eigentlich die Freistellung der Kinder von Erwerbsarbeit und ein diesbezügliches Verbot vorsieht.

Den Bezugspunkt bildet das historisch gewachsene Abhängigkeitsverhältnis zwischen Kindern und Erwachsenen, wobei insbesondere die Abhängigkeit der Kinder von der Familie und den Erwachsenen als Autoritäten einer kritischen Beurteilung unterzogen wird. Diese Dependenz wird als Machtverhältnis interpretiert, welches allerdings nicht nur für die Struktur der Familie, sondern auch für andere Institutionen, in denen Kinder sozialisiert werden, prägend sei. Konsequenterweise werden eine Stärkung der Kinderrechte in den kindlichen Lebenswelten, d.h. in Familie, Schule und kommunalem Umfeld sowie eine Ausweitung von Beteiligungsrechten von Kindern gefordert.

Demgegenüber interessiert die Kinderarmutsforschung in erster Linie die sozialstrukturelle Position von Kindern, die in materieller Armut leben, denn sie sieht sie im Vergleich zu solchen Kindern, die besser ausgestattet sind. Sie betrachtet Armut von Kindern als vertikale soziale Ungleichheit und nimmt damit einen anderen Blickwinkel ein. Allerdings – und dies kann als ein Paradoxon aufgefasst werden – ist es in gewisser Weise auch der „neuen Kindheitsforschung" zu danken, dass Kinderarmut überhaupt als besondere Form der Armut entdeckt wurde und als spezifisches soziales Phänomen analysiert wird (Beisenherz 2002, S. 247). So weist Beisenherz – der sich in seiner Publikation zu „Kinderarmut in der Wohlfahrtsgesellschaft" ebenfalls mit diesem Paradoxon auseinandersetzt – darauf hin, dass es erst des durch die neue Kindheitsforschung angestoßenen Paradigmenwechsels bedurft hatte, um Kinder „als eigenständige Individuen mit eigenem Anspruch auf ein Leben ohne Armut und damit auch mit eigenen Ansprüchen an die Politik und ‚die Gesellschaft'..." zu erkennen (Beisenherz 2002, S. 247). Aus dieser Sichtweise leitet die neue Kindheitsforschung auch die Forderung nach einem sozialen Grundeinkommen für Kinder (vgl. Olk/Mierendorff 1998) ab, oder wie es Wintersberger aus ökonomischer Sicht formuliert, nach einer Entlohnung für Arbeit, die Kinder für die Gesellschaft durch die ihnen abverlangten Bildungsbemühungen leisten (vgl. Wintersberger 1998).

Inwiefern sich mit einer solchen politisch-pragmatischen Wendung das skizzierte Dilemma zwischen Kindheits- und Kinderarmutsforschung auflösen lässt, kann hier nicht abschließend beantwortet werden. Aber: Auch Forschungsrichtungen sind keine statischen Konstrukte, und sozialwissenschaftliche Forschung hat ja u.a. den Auftrag, gesellschaftliche Entwicklungen analysierend nachzuvollziehen. So greift die „Soziologie der Kindheit" auf ihrer kommenden Jahrestagung nun doch das Armutsthema auf, wenngleich in der ihr eigenen Lesart mit dem Titel: „Akteure oder fremdbestimmt – Kinder und Eltern in gesellschaftlichen Randgruppen."[82]

---

82 Jahrestagung der Sektion „Soziologie der Kindheit" in der DGS, am 5./6. Oktober 2007
    in München.

3.2 Armut als gesellschaftliches Problem und kindliche Lebenslage

3.2.1 Kinderarmut in der Wohlfahrts- und Risikogesellschaft

Für die vorwiegend qualitativ orientierte Kinderarmutsforschung steht die spezifische Lebenslage von Kindern, die in Armutsverhältnissen aufwachsen, im Fokus ihrer Analysen. Dabei betrachtet sie selbstredend „Armut" in erster Linie in ihren Auswirkungen auf Kinder, aber immer auch als gesellschaftliches Problem. Kinderarmut ist – historisch betrachtet – wirklich kein neues Phänomen. Im Gegenteil, die Armut von Kindern war immer schon Bestandteil der gesellschaftlichen Armutsproblematik und der Geschichte von Fürsorge, sobald diese im heutigen Sinne aufkam.[83] Ihre spezifische Thematisierung als eigenständiges Problem war aber erst möglich, seit mit der Moderne „Kindheit als separierte Lebensphase" konzipiert wurde und Kindern damit eine besondere Position in der Gesellschaft zugewiesen wurde. Ursachen, Erscheinungsformen und Auswirkungen von Kinderarmut sind daher auch nur im jeweiligen gesellschaftlichen Kontext zu begreifen.

Einen – wie mir scheint – angemessenen Interpretationsrahmen für die gegenwärtige Armut von Kindern in Wohlfahrtsgesellschaften bietet die Modernisierungstheorie, weil sie Kinder und Kindheit im aktuellen gesellschaftlichen Wandel betrachtet. Mit dieser Bezugnahme bin ich den Erkenntnissen und vor allem den theoretischen und konzeptionellen Prämissen verbunden, die in der gemeinsamen Forschungstätigkeit mit Karl August Chassé und Konstanze Rasch erörtert worden sind. In der Einleitung zu unserer gemeinsamen Kinderarmutsstudie haben wir das wie folgt formuliert:

> „Wir gehen unsererseits von der Grundthese aus, dass Kindheit aktuell im Kontext von gesellschaftlicher Modernisierung neu reguliert wird, d.h. dass die gesellschaftlichen Rahmenbedingungen, in denen sich Kindheit konstituiert, epochalen Veränderungen unterworfen sind: Dies betrifft sowohl die Lebenswelt der Kinder (Familie, Schule, Peers, Institutionen) als auch die Sicht auf Kinder und Kindheit und den gesellschaftlichen Umgang mit Kinderleben (auch durch die Politik). Weiterhin gehen wir von einer wachsenden Ungleichheit zwischen „guter" und „benachteiligter Kindheit" aus." (Chassé/Zander/Rasch 2005, S. 31)

Es gilt also, die Lebenssituation von Kindern im *aktuellen* gesellschaftlichen Kontext zu begreifen und gleichzeitig den Blick auf die sozialen Ungleichheiten zu lenken, die durch die jeweiligen Lebenslagen von Kin-

---

83 Vgl. z.B. Schilderungen zu Kinderarmut in der aufkommenden Industrialisierung: Balkenhol 1976

dern und Familien bedingt sind. Das heißt: Es ist immer eine *zweifache Perspektive* einzunehmen, aus der heraus einerseits die Kinder als Gesamtheit in der sich wandelnden Gesellschaft gesehen werden, zugleich aber andererseits auch die unterschiedlichen Ausgangsbedingungen der Kinder in dieser Gesellschaft betrachtet werden.

Für die erste Perspektive möchte ich mich auf Lange/Lauterbach (2000) beziehen, die den Wandel von Kindheit, wie er sich in den letzten vier Jahrzehnten vollzogen hat, an Hand von vier wichtigen Bereichen verdeutlichen:

1. die Vorstellungen über die Entwicklung und die Erziehung von Kindern, (ein Beispiel: Die autoritär geprägte Kinderziehung der 50er Jahre hat sich auf liberale Erziehungsmodelle und eine Pluralität der Erziehungsstile zu bewegt),
2. die alltägliche Lebenswelt der Kinder, in deren Ausgestaltung sich beispielsweise stark Wohlstandsentwicklung und gesellschaftlicher Wertewandel bemerkbar gemacht haben,
3. die Familienstrukturen, etwa die Pluralisierung von familiären Lebensformen, aber auch Veränderungen im alltäglichen Leben von Kernfamilien,
4. die gesellschaftliche Wahrnehmung von Kindern, wie sie sich beispielsweise in der bereits diskutierten neuen Stellung der Kinder im rechtlichen, politischen und gesellschaftlichen System spiegelt (vgl. Lange/Lauterbach 2000).

Ähnlich analysieren Heidrun Bründel und Klaus Hurrelmann in ihrer „Einführung in die Kindheitsforschung" (1996) den Wandel von Kindheit vor dem *Hintergrund des gesellschaftlichen Individualisierungs- und Pluralisierungsprozesses.*[84] Diese gesellschaftlichen Prozesse wirkten sich zum Einen indirekt über die Veränderungen im Leben der Erwachsenen auf die Kinder aus; zum Anderen erlebten auch die Kinder unmittelbar die damit einhergehenden Prozesse der „sozialen Freisetzung" und der „Enttraditionalisierung" – und zwar in ihrer Doppelwirkung von vergrößerten Chancen und Risiken, ebenso wie es Ulrich Beck (1986) für die Erwachsenen formuliert hat. Auch die Kinder hätten, so das Autorenteam, angesichts einer Vielfalt von Wertorientierungen sowie von Lebens- und Erziehungsstilen, von institutionellen Angeboten sowie einer vielfältig sich entwickelnden Kinderkultur eben nicht nur mehr Optionen: Sie sä-

---

84 Zur folgenden Erörterung zu Kindern im Modernisierungsprozess vgl.: Chassé/Zander/Rasch 2005, S. 36 ff.

hen sich vielmehr in dem Maße, in dem ihnen Wahlfreiheiten und eigenständige Entscheidungen ermöglicht würden, verstärkten Zwängen ausgeliefert, und trügen damit stärker das Risiko einer falschen Wahl. Die *neue Offenheit bedinge auch neue Unsicherheiten*, für Kinder seien damit nicht nur Entfaltungs- und Kreativitätschancen verbunden, sondern eben auch neue Formen von Belastungen und teilweise eine Überforderung ihrer Bewältigungskapazitäten.

Von modernisierungstheoretisch geleiteten Gesellschaftsanalysen (Beck 1986) beeinflusst, gehen neuere soziologische Studien zu Kindheit davon aus, dass der gesamtgesellschaftliche Wandel zu entsprechenden Strukturveränderungen von Kindheit geführt hat. So hat beispielsweise das Autorenteam Du Bois-Reymond, Büchner und Krüger (1994) die Auswirkungen des gesellschaftlichen Modernisierungsdrucks und *gesellschaftlicher Modernisierungsfolgen im Kinderleben* untersucht. Dabei haben sie sich schwerpunktmäßig auf drei Aspekte konzentriert:

1. die kinderkulturelle Praxis, d.h. außerschulische kindliche Aktivitäts- und soziale Beziehungsprofile,
2. die Entwicklung des Generationenverhältnisses, also Formen und Regeln des familiären Zusammenlebens von Eltern und Kindern,
3. kindliche Biografieverläufe, wie sie nämlich den Prozess der kindlichen Verselbstständigung und die Ausprägung von Lebensentwürfen aufzeigen.

Dies sind in der Tat die relevanten Aspekte, die für eine Betrachtung von Kindern in unserer als „modern" bezeichneten Gesellschaft – Beck spricht von der „zweiten Moderne" (vgl. Beck 1997)[85] – ausschlaggebend sind. Mit der Einführung des Begriffs der „zweiten Moderne" wird die Radikalisierung von gesellschaftlichen Entwicklungen wie Individualisierung, Rationalisierung und Pluralisierung betont. Gleichzeitig bildet die „Unrevidierbarkeit der entstandenen Globalität" ein wesentliches Unterscheidungsmerkmal zur „Ersten Moderne", einem Phänomen, das sich in der zweiten Hälfte des 20. Jahrhunderts abgezeichnet hat. In einer derart akzentuierten Gesellschaftssicht werden stärker die horizontalen gesellschaftlichen Ungleichheitsstrukturen betont – die sogenannten „neuen Ungleichheiten", wie die zwischen Geschlechtern und Generationen oder die Ethnisierung von Ungleichheiten. Die Problematik des „Aufwachsens in Armut" – wie Armut überhaupt – wäre m. E. in diesem Kontext als Ver-

---

85 Siehe dazu die Edition zur „Zweiten Moderne", die von Ulrich Beck und Anthony Giddens herausgegeben wird, z.B.: Beck (1997 und 2007).

schränkung von alten, vertikalen, d.h. sozialstrukturellen Ungleichheiten mit neuen horizontalen Ungleichheiten anzusiedeln. Gesellschaftlicher Wandel vollzieht sich in Prozessen, die in der Regel gar keine abrupten Zäsuren schaffen, er zeigt sich vielmehr in eher fließenden Übergängen. Hier gilt es zudem, diesen Diskurs aus der *Perspektive von Kindern, die in Armut leben,* zu erweitern. Kinder, die in Armut aufwachsen, profitieren – infolge der Enge und Begrenztheit ihrer Lebensperspektiven – eben gerade nicht oder seltener von den positiven Seiten der sich abzeichnenden gesellschaftlichen Individualisierung, die sonst generell als neue Freiheit und Offenheit interpretiert wird. Die Handlungsalternativen und Optionen dieser Kinder sind – wie wir noch sehen werden – eher begrenzt: *Chancen und Risiken sind im Modernisierungsprozess* auf unterschiedliche gesellschaftliche Gruppen „ungerecht verteilt" – dies trifft selbstredend auch für die Kinder zu.

Ich möchte diesbezüglich noch einmal die schon zitierte Studie zur „Modernisierung von Kindheit" anführen, in der Du Bois-Reymond u.a. (1994) eine Typologie entwickelt haben, welche zeigt, dass das aktuelle Kinderleben unterschiedliche Grade von Modernisierung aufweist: Sie unterscheiden zwischen *hochmodernen, teilmodernen und traditionalen Kindheiten*. Dabei gehen sie von einem erweiterten Modell „lebensweltlicher Sozialmilieus" in einer „pluralisierten Klassengesellschaft" aus (Du Bois-Reymond u.a. 1994, S. 274). Ihre Ausgangsthese ist, dass unterschiedliche Modernisierungsgrade mit ungleichen Zugangschancen zu sozialen, kulturellen und biografischen Ressourcen verbunden sind. Du Bois-Reymond u.a. berücksichtigen insofern auch vertikale Ungleichheiten, als ein gewisser Wohlstand des Elternhauses für eine Modernisierung von Kindheit vorausgesetzt wird. Sie kommen allerdings zu der Feststellung, dass Kindern in der aktuellen Moderne Handlungsspielräume zur Verfügung stehen, die nicht nur durch ihre Herkunft, sondern gerade auch durch die „Öffnung des sozialen Raums" bestimmt werden. In diesem Zusammenhang sprechen sie sogar von einer partiellen Entkoppelung sozialer Lagen und Mentalitäten (Du Bois-Reymond u.a. 1994, S. 275).

Aber trotz der von ihnen betonten gewachsenen Offenheit der gesellschaftlichen Situation gelangen sie letztlich zu dem Ergebnis, dass sich bei den untersuchten Kindern neben einer Gruppe von *Modernisierungsgewinnern auch Modernisierungsverlierer* ausmachen lassen. Bei letzteren handele es sich um Kinder aus Familien, welche die entsprechenden persönlichen und materiellen Ressourcen für ein gedeihliches Aufwachsen in modernisierten Kindheitsstrukturen nicht zur Verfügung stellen können. Offensichtlich überlagern sich in ihrer Sichtweise horizontale und vertikale Ungleichheitsmomente. Diesen Überlagerungsaspekt thematisieren auch Bründel und Hurrelmann (1996, S. 10), indem sie darauf hinweisen, dass eine ansehnliche Minderheit von Kindern – etwa 20% – in ihrer Lebenslage und Lebensweise eindeutig benachteiligt sei und weniger die Chancen als die Risiken der gesellschaftlichen Modernisierung zu tragen habe. Mit den neuen *Offenheiten und Unsicherheiten* sehen sie für Kinder nicht nur Entfaltungs- und Kreativitätschancen verbunden, sondern auch *neue Formen von Belastungen und teilweise eine Überforderung ihrer Bewältigungskapazitäten.*

Indem wir über Armut und insbesondere Kinderarmut sprechen, lenken wir die Aufmerksamkeit nicht nur, aber vor allem auf die Schattenseiten des gesellschaftlichen Wandlungsprozesses, da wir in erster Linie die Gruppe der Modernisierungsverlierer im Blick haben. Da sich die Lebenslage von Kindern nicht autonom gestaltet, sondern Kinder in ihrer generationalen Abhängigkeit und damit in ihrer Abhängigkeit von der familiären Lebenslage zu betrachten sind, wirken sich die Risiken (und Chancen) der Erwachsenen, die Art und Weise, wie diese für sich oder für die ganze Familie damit umgehen, auch auf die Kinder aus. Allerdings kann sich die konkret erlebte kindliche Lebenslage im familiären Kontext als abweichend von der Lebenssituation der Erwachsenen darstellen. Hierfür spielen innerfamiliäre Ressourcenzuteilung und Bewältigungsformen der Eltern ebenso eine Rolle wie die kindliche Wahrnehmung, Deutung und Bewältigung. In diesem Sinne wird an späterer Stelle „Armut" als kindliche Lebenslage und multidimensionales Entwicklungsrisiko zu erörtern sein.

Die modernisierungstheoretische Interpretation mit ihrem Topos von der Risikogesellschaft (Beck 1986) bietet sich im Übrigen als naheliegender Anknüpfungspunkt für eine an Resilienz orientierte Sicht auf die Kinder an. Wie wir bereits gesehen haben (vgl. Kapitel 1.7), beziehen sich Opp und Fingerle (2007) in ihrer gesellschaftlichen Verortung von „Erziehung zwischen Risiko und Protektion" ebenfalls auf die Becksche Gesellschaftsanalyse. Sie heben dabei die Rolle von Sozialpolitik hervor und verweisen auf aktuelle sozialpolitische Tendenzen, die den Risikocharakter der gesellschaftlichen Entwicklung verschärfen:

> „Gegenläufig zu den wachsenden sozioökonomischen Problemen moderner Gesellschaften scheint sich der Staat immer mehr von sozialstaatlichen Sicherheitsgarantien (Soziales Netz) zurückzuziehen." (Opp/Fingerle 2007, S. 8)

Lebensrisiken würden so „re-individualisiert", wodurch das Wagnis individueller Lebensführung und gleichzeitig die Verantwortung für das eigene Leben deutlich anstiege. Sie räumen dabei allerdings mit einem häufig in diesen Debatten anklingenden Missverständnis auf, wenn sie betonen, dass „Risiko" nicht gleichzusetzen sei mit „Gefahr". Vielmehr impliziere der Begriff des „Risikos" den möglichen Umgang mit Gefahren, wobei sowohl Kosten als auch Gewinne einkalkuliert würden. Risiken seien unvermeidlich, denn jede Entscheidung sei mit Risiken verbunden. Die Erweiterung von Entscheidungsspielräumen und der dadurch ausgelöste gleichzeitige Anstieg der Entscheidungszwänge in der modernen Gesellschaft habe eine Erhöhung der Wahrscheinlichkeit von Risiken zur Folge. In diesen Kontext eingebunden interpretieren Opp/Fingerle auch beispielsweise das Versicherungswesen oder sozialpädagogische Hilfen:

> „Die Verwandlung von Gefahren in Risiken ermöglichte die Entwicklung von sozialen Techniken der Risikobegrenzung, zu denen ein ausgebautes Versicherungswesen genauso gehört wie sozialpädagogische Hilfeangebote." (Opp/Fingerle 2007, S. 10).

Ähnlich wie schon andere angeführte Autorinnen und Autoren sehen auch Opp/Fingerle Differenzen bei den Auswirkungen auf die individuellen Lebens- und Entscheidungslagen, die durch neue oder alte soziale Ungleichheiten bedingt sind. Mit dem Blick auf Kinder formulieren sie diesen Zusammenhang so, dass „das soziale Kapital der Herkunftsfamilie und die damit verbundene soziale Unterstützung" entscheidenden Einfluss darauf habe, wie es Kindern in der „Risikogesellschaft" gelinge, den an sie gestellten Anforderungen zu entsprechen (Opp/Fingerle 2007, S. 11).

Dies zur Kenntnis genommen, wird es in Resilienzdiskursen, die sich auf „Armut als Risiko" für Kinder beziehen, immer wieder auch darum gehen, Missverständnissen entgegenzuwirken und zu betonen, dass selbst angesichts einer Verallgemeinerung von Risiken nach wie vor ihre in erheblichem Maße sozialstrukturelle Bedingtheit nicht übersehen werden darf. In diesem Sinne warnen Opp/Fingerle ebenfalls vor einer neoliberalen Deutung von gesellschaftlichen Risiken, die zu einer Verschiebung im sozialpolitischen Umgang damit führe. Ausgehend vom aktuellen Kenntnisstand in der Resilienzforschung unterstreichen sie die Abhängigkeit von Resilienzentwicklung vom Zugang zu sozialen Ressourcen und damit die Notwendigkeit, gesellschaftlich entsprechende Unterstützungssysteme bereitzustellen (Opp/Fingerle 2007, S. 16).

Der sozialpädagogischen Profession sowie ihren Beratungs-, Unterstützungs- und Hilfeangeboten kommt also in dieser gesellschaftlichen Konstellation eine sehr bedeutsame Funktion der Förderung und Unterstützung zu. Diese Aufgabe ist nicht neu, aber sie beinhaltet insofern eine neue Herausforderung als die sozialpädagogische Profession – angesichts der gewachsenen Unsicherheiten ihres Wirkens in der Risikogesellschaft – in gewisser Weise selbst in der Risikofalle sitzt (vgl. Kap. 1.7).

3.2.2 Armut als Lebenslage – individuelle und strukturelle Problematik

Es gibt unterschiedliche Konzepte, wie Armut gemessen und als gesellschaftliches Phänomen begriffen werden kann. Neben dem Lebenslagekonzept und dem „dynamischen Armutsverständnis", die im Folgenden ausführlicher berücksichtigt werden, wird die Armutsdiskussion auf internationaler Ebene an Hand weiterer Konzepte geführt. Erwähnt seien hier nur die gebräuchlichsten wie das der „sozialen Ausgrenzung" („Sozial exclusion" – Frankreich und EU), der „Urban underclass" (USA) oder der von Amartya Sen (2007) formulierte „Capability-Ansatz", der Armut mit verweigerten Verwirklichungschancen gleichsetzt.

Die in der Übersicht zur bundesrepublikanischen Kinderarmutsforschung aufgeführten empirischen Studien (vgl. 3.1.1)[86] legen alle das „Lebenslagekonzept" zugrunde. Sie knüpfen damit an die bundesrepublikanische Tradition der Armutsforschung an, in der dieses Konzept eine spezifische Rolle spielt. Dies gilt es mit Blick auf die internationale Armutsforschung zu betonen, bei der dieses Konzept wohl auf Interesse stößt, aber keine Entsprechung findet. M. E. gibt es für den Begriff der „Lebenslage" auch keine adäquate Übersetzung z.B. ins Englische.[87]

Das Lebenslagekonzept ist zunächst nicht für die empirische Sozialforschung, und schon gar nicht für die Kinderarmutsforschung konzipiert worden. Eingeführt wurde dieses Konzept von Otto Neurath, dem es bereits zu Beginn des 20. Jahrhunderts darum ging, das „Wohlergehen" von Individuen innerhalb einer Gesellschaft, aber auch in verschiedenen Gesellschaften, zu vergleichen (Leßmann 2006, S. 31 f.). Gerhard Weisser, Professor für Sozialpolitik an der Universität Köln, hat diesen Begriff der „Lebenslage" in den 1950er Jahren wieder aufgenommen und als zentrales Konstrukt seiner sozialpolitischen Theorie ausformuliert. Somit ist dieses Konzept ursprünglich in ein Armutsverständnis eingebettet, das den gesellschaftspolitischen Charakter der Armutsproblematik betont und Armut in erster Linie als Phänomen von sozialer Ungleichheit betrachtet. Weissers Intention war es, Kriterien für eine sozialpolitische Handlungsorientierung vorzugeben, die auf eine Überwindung bzw. Minderung von sozialer Ungleichheit abzielt (Chassé/Zander/Rasch 2005, S. 52 f.).

Die Folge davon ist, dass das Lebenslagekonzept in der von Weisser ausgearbeiteten Form eine Reihe von Problemen bei seiner Anwendung

---

86   Vgl. Richter (2000), Chassé/Zander/Rasch (2005), Butterwegge/Holm/Zander (2004) und die AWO-ISS-Studie (1997–2004).
87   Entsprechende Erfahrung konnte ich auf verschiedenen internationalen Kongressen, insbesondere den internationalen Kongressen der Kindheitssoziologie sammeln.

aufwies, so dass es sich zunächst in der empirischen Armutsforschung nur schwer handhaben ließ. Aber trotz dieser in der Fachwelt diskutierten methodischen Schwächen hat dieses Konzept für die Ableitung eines Armutsverständnisses – wie es in dieser Publikation im Weiteren zu Grunde gelegt werden soll – eine Reihe von Vorteilen:

– Es ist ein *multidimensionales Konzept*, das nicht allein die Einkommenssituation betrachtet, sondern Unterversorgung in verschiedenen Lebensbereichen *berücksichtigt*.

– Es ist ein Konzept, das sich dazu eignet, die *individuelle Armutslage im Kontext struktureller gesellschaftlicher Rahmenbedingungen* zu betrachten.

– Vor allem in seiner späteren Weiterentwicklung als *„Spielräume-Konzept"* werden armutsbedingte Einschränkungen als Beeinträchtigung der individuellen Handlungsmöglichkeiten und Optionen interpretierbar.

– Es ermöglicht zudem, die *Wechselwirkungen zwischen den verschiedenen Lebensbereichen* in den Blick zu nehmen.

– Es berücksichtigt auch die *subjektive Perspektive* der Wahrnehmung und Bewältigung von Lebenslagen.

In den 1970er Jahren hat Ingeborg Nahnsen, Professorin für Sozialpolitik an der Universität Göttingen, dieses Konzept weiter konkretisiert und so seine Verwendbarkeit für die empirische Forschung erhöht. Bei prinzipieller Konzepttreue hat Nahnsen versucht, „die methodischen Voraussetzungen für eine praktische Anwendbarkeit des Lebenslagekonzeptes" zu schaffen. Allerdings hatte sie dabei keine spezifische Zielgruppe im Blick, sondern generell menschliche Individuen in ihrer Zugehörigkeit zu einem jeweils konkreten historischen gesellschaftlichen Kontext.[88] Wie Weisser ist auch Nahnsen sozialpolitisch orientiert, und damit an der Grundidee, dass es um die *Erfüllung von menschlichen „Grundanliegen"* als Ziel von Gesellschaftspolitik geht. Diese Grundanliegen – die in modernisiertem Verständnis auch als menschliche Grundbedürfnisse interpretiert werden könnten – beziehen sich auf verschiedene *„Lebensbereiche"* oder *„Spielräume"*:[89]

---

88 Diese Tradition der sozialpolitischen Orientierung findet auch in der aktuellen Lebenslagen- und Armutsforschung ihre Fortsetzung: vgl. z.B. Lompe 1987, Andretta 1991, Hanesch u.a. 1994.

89 Zum Weisserschen Lebenslagekonzept und seiner Weiterentwicklung durch Nahnsen vgl.: Chassé/Zander/Rasch 2005, 53 ff.

1. den Einkommens- und Versorgungs-,
2. den Lern- und Erfahrungs-,
3. den Kontakt- und Kooperations-,
4. den Muße- und Generations-,
5. den Entscheidungs- und Dispositionsspielraum eines Menschen.

Nach Vorstellung von Nahnsen lassen sich diese menschlichen „Grundbedürfnisse" durch das von ihr formulierte „Spielräume-Konzept" erfassen. Die Ausstattung der einzelnen Spielräume mit entsprechenden Ressourcen bildet die Lebenslage eines Menschen ab. In diesem Sinne versteht Nahnsen „Lebenslage als Lebensgesamtchance" der Individuen. Die individuelle Interessenentfaltung und -realisierung wird durch die quantitative und qualitative Beschaffenheit und Ausgestaltung der verschiedenen Lebenslagebereiche abgesteckt, die (Handlungs-)Spielräume der Subjekte werden also durch diese Ausstattung vorstrukturiert. Allerdings sind dabei die verschiedenen Lebenslagebereiche und die jeweils gegebenen Spielräume in ihren Wechselbeziehungen, d.h. in ihrem interaktiven Zusammenwirken, zu betrachten (Chassé/Zander/Rasch 2005, S. 55).

So verstanden, kann das Konzept dazu benutzt werden, *die individu-ellen Lebenslagen der untersuchten Subjekte und ihre Handlungsmöglich-keiten* zu analysieren. Gleichzeitig liegt damit ein Analysekonzept vor, das auch auf die gesamtgesellschaftliche Ebene angewandt werden kann. Indem dieses Analysekonzept den jeweils möglichen Zugang zu materi-ellen und immateriellen Ressourcen berücksichtigt, welche die *Lebenslage eines Individuums, einer sozialen Gruppe oder Klasse* entscheidend prägen, stellt es prinzipiell die Verbindung der beiden Ebenen (Individuum und Gesellschaft) her. Mit anderen Worten: Das Lebenslagekonzept kann auch zur sozialstrukturellen Analyse einer Gesellschaft genutzt werden, indem man damit anhand von empirisch ermittelten Daten abbildet, wie sich die Ausstattung der einzelnen Lebenslagebereiche gesellschaftlich verteilt. Die Sozialberichterstattung – und insbesondere die Armuts- und Reich-tumsberichterstattung der Bundesregierung – folgt diesem Konzept.[90]

Auf der gesellschaftlichen Makroebene zeichnen sich bei einer derar-tigen Analyse vielfältig ausgeprägte Lebenslagen ab, die sich miteinander in Bezug setzen lassen. Dabei lässt sich auch die im gesellschaftlichen Ver-gleich *durchschnittliche Ausstattung von Lebenslagen* ablesen, die als *ge-*

---

90 Dies lässt sich bereits am Titel der mittlerweile vorliegenden drei Berichte erkennen: Bundesministerium für Arbeit und Sozialordnung (Hrg.): Lebenslagen in Deutschland. Der erste Armuts- und Reichtumsbericht der Bundesregierung, Bonn 2001. Der zweite Armuts- und Reichtumsbericht (2. ARB) ist 2005 und der dritte ARB 2008 erschienen.

sellschaftliche Normalität definiert wird. Die Lebenslage „Armut" weicht insofern von dieser gesellschaftlichen Normalität ab, als sie durch eine Unterversorgung in den verschiedenen Lebensbereichen wie Einkommen, Erwerbsarbeit, Wohnen, Gesundheit, Bildung und soziokulturelle Teilhabe gekennzeichnet ist. Der Grad der Abweichung, der vorliegt, wenn von Armut gesprochen wird, mithin die Armutsschwelle wird bei der „relativen Armutsdefinition" politisch festgelegt. „Relative Armutsdefinitionen" werden in entwickelten Wohlfahrtsstaaten – sowohl auf nationaler wie EU-Ebene als auch im Rahmen der OECD – auf politischer Ebene vereinbart. Auf das Einkommen bezogen, sind derzeit Armutsschwellen von 50 bzw. 60% des durchschnittlichen gewichteten Nettoeinkommens üblich[91]: Menschen, die über ein Einkommen verfügen, das unterhalb dieser Niveaus liegt, werden also als „relativ arm" (50%) bezeichnet bzw. bei 60% spricht man von einer „prekären Lebenslage." Ähnlich lassen sich für die anderen Lebensbereiche – bzw. Dimensionen von Armut – Versorgungsgrade definieren; allerdings müssen dafür jeweils Kriterien entwickelt werden. Das heißt: Es ist eine Verständigung darüber erforderlich, welche Merkmale diese Lebensbereiche wie Erwerbsarbeit, Bildung, Wohnen, Gesundheit sowie soziale und kulturelle Teilhabe aufweisen müssen, damit man jeweils im Hinblick auf gesellschaftlich durchschnittliche Standards von Unterversorgung sprechen kann.

Das Lebenslagekonzept ist somit als ein Analyseinstrument zu verstehen, das zum einen geeignet erscheint, die *individuelle Lebenslage einer Person in ihrer Vielschichtigkeit* zu beschreiben und diese vergleichend zu den in der jeweiligen Gesellschaft gegebenen Standards in Beziehung zu setzen. Zum anderen können damit auch Aussagen über die Reichtums- und Armutsverhältnisse in einer Gesellschaft gemacht werden, weil die sozialstrukturellen Verhältnisse einer Gesellschaft und soziale Ungleichheiten auf diese Weise sichtbar werden.

3.2.3 Armut als kindliche und familiäre Lebenslage

Das Lebenslagekonzept war ursprünglich nicht auf die spezifischen Belange von Kindern zugeschnitten; es ist aber mittlerweile in verschiedenen Studien zu Kinderarmut auf die Analyse von kindlichen Lebenslagen übertragen worden.[92] Ausgehend von *kindlichen Grundbedürfnissen*

---

91 Ende 2006 lag die offizielle Armutsschwelle von 50% des durchschnittlichen Nettoeinkommens bei 856 Euro. Im 2. ARB (2005) wurde die Armutsrisikogrenze (= 60% des Nettoäquivalenzeinkommens) mit 938 Euro angegeben.

und gedeihlichen Bedingungen kindlicher Sozialisation, können in der Tat entsprechende messbare Merkmale (= Indikatoren) aufgestellt und den oben angeführten Spielräume-Ebenen des Lebenslagekonzeptes zugeordnet werden. Im Folgenden sollen die fünf Spielräume-Ebenen dieses Konzeptes mit Blick auf die kindliche Lebenslage kurz charakterisiert werden:[93]

1. *„Einkommens- und Versorgungsspielraum": Wie ist es um die materielle (Grund-) Versorgung des Kindes bestellt?*

Die kindliche Versorgung mit materiellen Gütern wird weitgehend über das elterliche Einkommen und die familiäre Haushaltswirtschaft gewährleistet. Deshalb ist der Einkommens- und Versorgungsspielraum des Kindes in seiner Abhängigkeit von der familiären Lebenslage zu betrachten. Allerdings geht es dabei darum, die spezifische Wahrnehmung des Kindes und seinen Umgang mit der Situation zu berücksichtigen. Auch nehmen Kinder in dem für sie typischen „Eigen-Sinn" teilweise andere Bewertungen von materiellen Umständen vor.

2. *„Lern- und Erfahrungsspielraum": Welche emotionalen, kognitiven und sozialen Entfaltungsmöglichkeiten hat das Kind?*

Der Zugang des Kindes zu Lern- und Erfahrungsmöglichkeiten ist für sein Wohlbefinden und seine Entwicklung von zentraler Bedeutung. Eine der wichtigsten Entwicklungsaufgaben von Kindern ist es, sich „innere und äußere Realität" anzueignen, „soziales und kulturelles Kapital" (Bourdieu 1992) zu erwerben. Materielle Notlagen können eingeschränkte Lern- und Erfahrungsräume für das Kind zur Folge haben, es nämlich in seinem Erfahrungsbedürfnis und in der Entfaltung seiner Fähigkeiten einengen, und damit für den späteren Entwicklungsverlauf prägend sein.

3. *„Kooperations- und Kontaktspielraum": Welche Möglichkeiten hat das Kind, soziale Kontakte (Freundschaften, Spielkameradschaften) zu knüpfen und zu pflegen?*

Soziale Kontakte und Netzwerke – insbesondere Beziehungen zu Gleichaltrigen wie enge Freundschaften, Schul- und Spielkamerad-

---

92 Vgl. dazu die schon erwähnten Studien von Chassé/Zander/Rasch 2005, Butterwegge/ Holm/Zander 2004; auch die AWO-ISS-Studien 1997–2004 beziehen sich auf das Lebenslagekonzept, wenn auch nicht in der Variante des Spielräumekonzepts und ebenso die Pionierstudie von Richter 2000.

93 Zur Übertragung des Spielräumekonzepts auf Kinder vgl. auch: Chassé/Zander/Rasch 2005, S. 59 ff.

schaften – spielen für die Entwicklung von Kindern eine wichtige Rolle. Auch hier können sich Wechselwirkungen mit den materiellen Rahmenbedingungen bemerkbar machen, die dazu führen, dass die Gleichaltrigenkontakte der Kinder beeinträchtigt werden, z.b. das immer wieder zurecht angeführte Problem, dass arme Kinder ihre Geburtstage häufig nicht feiern können und deshalb auch von andern Kinder nicht dazu eingeladen werden. Dabei könnten positiv erlebte soziale Kontakte und unterstützende Netzwerke eine wichtige Funktion bei der Bewältigung benachteiligter Lebenslagen spielen.

4. *„Muße- und Regenerationsspielraum": Wie sieht es mit den Erholungsmöglichkeiten des Kindes aus? Werden seine Fähigkeiten und Neigungen gefördert?*

Kinder haben in ihrem Alltag wichtige Entwicklungs- und Lernaufgaben – beispielsweise in der Schule, aber auch außerhalb – zu bewältigen, was sie häufig auch Mühen und Anstrengung kostet. „Muße und Regeneration", also Spiel, Freizeitbeschäftigung und Erholung, bilden für Kinder daher einen wichtigen Ausgleich. Die Frage nach Entspannungs- und Ruhemöglichkeiten ist somit aus der Kinderperspektive ebenso relevant wie für Erwachsene. Gerade in diesem Bereich müssen Kinder in Armutslagen erhebliche Einschränkungen hinnehmen, weil der „Spielraum" hier besonders eng ist. Dadurch werden Neigungen und Fähigkeiten oft nicht gefördert. In Armutsverhältnissen aufwachsende Kinder haben auch weniger Möglichkeiten sich zu erholen, obwohl sie es nötiger hätten.

5. *„Entscheidungs- und Dispositionsspielraum": Hat das Kind tatsächlich Wahlmöglichkeiten? Kann es Entscheidungen treffen und wird es ernst genommen?*

Der Entscheidungs- und Dispositionsspielraum kann als Gradmesser gesehen werden, inwiefern Kinder eigene Interessen und Wahlmöglichkeiten – gegenüber Erwachsenen, aber auch infolge armutsbedingter Knappheiten – realisieren oder nicht realisieren können. Grundsätzlich geht es dabei um die Frage nach kindlicher Autonomie sowie nach kindlichen Partizipations- und Gestaltungsmöglichkeiten. Wir haben in unseren Interviews immer wieder festgestellt, dass die Kinder sehr empfindlich auf die Einengung dieses „Spielraums" durch Erwachsene reagieren.

Zu bemerken ist hierzu, dass eine am Lebenslagekonzept orientierte Betrachtungsweise zunächst eher auf eine *Defizitperspektive* hin angelegt ist, dass also eher danach gefragt wird, wo Einschränkungen für das kindliche Wohlbefinden und seine Entwicklung vorliegen. Eine solche Herangehensweise liegt nahe, wenn man sich mit den Auswirkungen von Armut auf Kinder beschäftigt. Will man jedoch die kindliche Lebenslage in ihrer Gesamtheit erfassen, so muss die Perspektive dahingehend erweitert werden, dass auch die vorhandenen Ressourcen und die jeweils gegebenen *förderlichen Aspekte* in die Analyse mit einbezogen werden. In der Tat ist eine ganzheitliche Einschätzung der kindlichen Lebenslage nur möglich, wenn man beides erfasst. In dieser zweifachen Perspektive ergibt sich zudem eine Parallelität zum Resilienzkonzept: Wie es Risiken und Schutzfaktoren immer gleichzeitig in den Blick zu nehmen gilt, trifft dies auch für die Defizite und Ressourcen des Kindes zu.

Modernisierungstheoretisch betrachtet, erlangt das Spielräumekonzept im Übrigen durch seine *Akzentuierung des Entscheidungs- und Dispositionsspielraumes* eine zusätzliche Aktualität. Das besondere „Risiko" von Kindern, die in Armutsverhältnissen aufwachsen, wird ja in der Deutungssicht der Risikogesellschaft vor allem dadurch erkennbar, dass sich für diese Kinder – infolge ihres eingeschränkten Zuganges zu Ressourcen – auch generell ihr Entscheidungs- und Dispositionsraum verengt, was sich unmittelbar auf *ihre Handlungsfähigkeit und Entwicklungsmöglichkeiten* auswirkt.

Diese Tatsache lässt solche Kinder auch in einer Interpretation, die dem Modernisierungstheorem folgt, als „wahrscheinliche" Verlierer erscheinen. Das Wort „wahrscheinlich" ist der Erkenntnis geschuldet, dass Entwicklungsprozesse offen sind und somit Lebensverläufe nicht determiniert. Inwiefern eine solche kindliche Lebenslage, die infolge von Unterversorgung in mehreren Lebensbereichen als „arm" definiert wird, auch eine *Einschränkung des kindlichen Wohlbefindens* bedeutet, lässt sich nur insofern messen, als Wohlbefinden generell – aber auch wiederum bezogen auf die jeweilige gesellschaftliche Situation – an bestimmte Voraussetzungen geknüpft ist. Letztlich lässt sich Wohlbefinden jedoch nur unter zusätzlicher *Berücksichtigung der subjektiven Wahrnehmung des Kindes* feststellen. Aber selbst wenn sich keine apodiktischen Aussagen – weder zum Entwicklungsverlauf, noch zur aktuellen Befindlichkeit dieser Kinder – treffen lassen, so kann hinsichtlich der objektiven Rahmenbedingungen eindeutig eine *verschärfte Risikolage* angenommen werden, wenn man die ungleichen Ausgangsbedingungen in der Ausstattung der verschiedenen Lebensbereiche bzw. Handlungs- und Entwicklungsspielräume berücksichtigt.

So wichtig es jedoch ist, die Perspektive des Kindes und seine *Eigenständigkeit* in der Wahrnehmung seiner Lebenslage, seinen *Autonomie-*

anspruch und seine *individuellen Bewältigungsmöglichkeiten* zu betonen, ist die Lebenslage des Kindes immer auch *in einer gewissen Abhängigkeit von der familiären Lage* zu sehen. Diese kann sich auf alle Lebenslagebereiche des Kindes auswirken: Es liegt auf der Hand, dass die Versorgung des Kindes durch die Einkommenssituation der Familie in beträchtlichem Maße beeinflusst sein kann. Die sozialen Kontakte und Netze des Kindes können durch das familiäre Netzwerk mitgeprägt sein; selbst in der Gestaltung ihrer eigenen sozialen Kontakte können Kinder – je nach Alter mehr oder weniger – von der Unterstützung der Eltern abhängig sein. Der elterliche Bildungshintergrund spielt für den kindlichen Lern- und Erfahrungsspielraum, seinen Zugang zu kulturellen Ressourcen eine wichtige Rolle; ähnlich verhält es sich beim Muße- und Regenerationsspielraum. Und zu guter Letzt ist der kindliche Entscheidungs- und Dispositionsspielraum nicht nur durch den Ressourcenzugang, sondern auch durch die Eltern-Kind-Beziehung, Erziehungsstile und die *Position des Kindes in der generationellen Ordnung* – d.h. auch durch die mehr oder weniger „hierarchisch" ausgebildete Struktur der Familie – mit beeinflusst.

Die familiäre Lebenslage und die innerfamiliären Interaktionsprozesse bilden also einen wichtigen Rahmen für den Aktionsradius des Kindes, auf den sich auch seine Bewältigungsstrategien beziehen. Diese Relation findet im *Resilienzkonzept* eine Entsprechung, indem das *Kind immer auch in seinem familiären (und weiteren sozialen) Umfeld* betrachtet wird, was ja bedeutet, dass es diese Lebenswelten des Kindes sowohl hinsichtlich ihrer möglichen Risiko- als auch ihrer Schutzfaktoren zu berücksichtigen gilt.

3.2.4 „Dynamik" von Armut und Vielfalt ihrer Erscheinungsformen

Das Lebenslagekonzept eignet sich zur Analyse in der Querschnittperspektive, denn mit ihm wird eine *Momentaufnahme* gemacht. Dabei wird allerdings der zeitliche Aspekt, also die Dauer und die Verlaufsperspektive von Armut, zunächst vernachlässigt. Demgegenüber berücksichtigt die im Rahmen des Projektes zu „Sozialhilfekarrieren" an der Universität Bremen entwickelte „dynamische Armutsforschung" insbesondere *Armutsprozesse in ihrem Zeitverlauf*. Diese auf die zeitliche Dimension gerichtete Betrachtungsweise von „Armut" brachte wichtige Erkenntnisse, die auch für die weitere Erörterung von Resilienz im Armutszusammenhang von Bedeutung sein werden.[94]

---

94 Nicht weiter eingehen will ich hier auf die Kritik, die dieses Konzept ursprünglich in der Fachwelt ausgelöst hat und die nicht wiederholt werden soll. Vgl. dazu u.a.: Butterwegge 1996, Herrmann 1997.

Die stärkere Berücksichtigung der Zeitdimension, d.h. der Dauer von Armut, ließ erkennen, dass Armut kein statischer Zustand ist, sondern einen Prozesscharakter aufweist. Aus der biografischen Perspektive von Kindern oder Erwachsenen kann dies bedeuten, dass Armut eine zeitlich begrenzte Erfahrung im Lebensverlauf ist. Die dynamische Armutsforschung prägte in diesem Zusammenhang die Begriffe von „Verzeitlichung" und „Biografisierung" von Armut. Biografisierung meint, dass Armut als zeitlich begrenzter Abschnitt im Lebenslauf zu betrachten ist (vgl. Buhr 1995). Ein solches Verständnis von Armut widersprach zu Beginn der 1990er Jahre dem im Fachdiskurs vorherrschenden Armutsbild, das mit Armut vorwiegend eine dauerhafte Marginalisierung der betroffenen Gruppen oder zumindest die Gefahr einer solchen Marginalisierung verbunden sah.

Die Analyse der *zeitlichen Verläufe* von Armutslagen machte deutlich, dass es zwischen Kurz- und Langzeitarmut zu unterscheiden gilt. Tatsächlich beeinflusst die zeitliche Dauer von Armutslagen auch die Qualität und Quantität der damit verbundenen Auswirkungen. Gleichzeitig stellte sich mit der Berücksichtigung des Zeitaspektes eine weitere wichtige Erkenntnis ein, welche die Sicht auf gesellschaftliche Armutsverhältnisse erheblich erweiterte. Es wurde nämlich deutlich, dass Armutserfahrung in unserer Gesellschaft nicht auf bestimmte soziale Gruppen begrenzt ist, sondern dass dieses „Risiko" bis in die mittleren sozialen Schichten hinein wirken kann. Diesbezüglich folgte die „dynamische Armutsforschung" der Beckschen Gesellschaftsanalyse und übernahm den Begriff der *sozialstrukturellen Entgrenzung von Armut*. Wir haben es also – gesellschaftlich betrachtet – mit einer *„Ausweitung von Risikogruppen"* zu tun. Diese sozialstrukturelle Entgrenzung hat ebenso wie der Aspekt der teilweisen „Verzeitlichung" erhebliche Folgen für die Ausdifferenzierung der Erscheinungsformen von Armut, auf die noch einzugehen sein wird.

Ebenfalls von Bedeutung – gerade für die Erörterung der Resilienzfrage im Armutskontext – ist die von der Bremer Forschungsgruppe akzentuierte *Bewältigungs- und Ausstiegsperspektive*.[95] Weil diese Forschergruppe um Stephan Leifried und Lutz Leisering die Verlaufsformen von Armut in den Fokus ihrer Betrachtung gestellt hat, war es naheliegend, nicht nur nach den Ursachen von Verarmungsprozessen zu fragen, sondern ebenso die Gründe zu analysieren, die für einen Teil der beobachteten Armutspo-

---

95 Gemeint ist hiermit die Forschergruppe um Prof. Stephan Leibfried und Prof. Lutz Leisering, die Sozialhilfekarrieren im Rahmen des Sonderforschungsbereiches „Statuspassagen und Risikolagen im Lebensverlauf" an der Universität Bremen, gefördert durch die Deutsche Forschungsgesellschaft (1989–2001), untersucht hat.

pulation zu einem Ausstieg aus der Armutslage geführt haben. Die in diesem Zusammenhang entwickelten Typologien mögen in ihrer Charakterisierung strittig sein, allein die Begriffswahl ist schon problematisch – so unterschied man z.b. zwischen „subjektiven Überbrückern", „missglückten Überbrückern", „bewussten Langzeitbeziehern", „resignierten, alternativlosen Langzeitbeziehern" und quasi „automatischen Langzeitbeziehern" (vgl. Buhr 2005). Zweifellos weckt eine solche Typisierung Assoziationen mit individuellen „Schuldzuweisungen", die in jedem Fall – sollte sie intendiert oder nichtintendiert in den Bezeichnungen mitschwingen – zurückzuweisen wären. Man muss der dynamischen Armutsforschung jedoch zu gute halten, dass sie damit jedenfalls *offensiv die Bewältigungsfrage* – auch unter Berücksichtigung der subjektiven Perspektive – in den Armutsdiskurs eingebracht hat.

Mit der Unterscheidung zwischen *Kurz- und Langzeitbezug* sollte die Aufmerksamkeit jedoch nicht einseitig auf die Ausstiegsperspektive gelenkt werden. Die Ergebnisse der dynamischen Armutsforschung liefern auch ein differenzierteres Wissen über die soziale Zusammensetzung der Armutspopulation und lassen den Zusammenhang zur aktuellen Arbeitsmarktsituation deutlich erkennen. Sie bieten mit ihrem Bezug auf die Modernisierungstheorie zudem den theoretischen Bezugsrahmen für eine Ursachenanalyse, die allerdings vorwiegend auf die *neuen sozialen Risiken* (z.B.: Arbeitslosigkeit, Trennung und Scheidung. Alleinerziehen usw.) abhebt, und dadurch die Problematik von daneben weiterhin bestehenden *alten sozialen Risiken* (wie Krankheit, Behinderung, Alter, „soziale Vererbung" von Armut) aus dem Blickfeld geraten lässt. Außerdem kann die Fokussierung auf den Aspekt der „Verzeitlichung" die Tatsache in den Hintergrund treten lassen, dass sich neue soziale Abstiegsprozesse abzeichnen und damit neue Verfestigungsprozesse von Armut andeuten. Entscheidend scheint mir jedoch zu sein, dass eine differenzierte quantitative Analyse der bundesrepublikanischen Armutsdaten ein Nebeneinander von unterschiedlichen Erscheinungsformen von Armut erkennen lässt. Eine derartige Differenzierung legen beispielsweise auch die Daten des Zweiten Armuts- und Reichtumsberichtes der Bundesregierung nahe (vgl. BMGS 2005).

Möglicherweise ist eine Unterscheidung zwischen „alten" und „neuen" *Armutsformen* nicht die richtige Begriffswahl für die sich aktuell innerhalb der Armutspopulation abzeichnenden Ausdifferenzierungsprozesse; auch dürften die Übergänge teilweise fließend sein. Aus der hier zu erörternden Perspektive möchte ich dennoch den Blick auf unterschiedliche Ursachen und Erscheinungsformen von Armut lenken, weil die damit verbundene Merkmalsausprägung von Armut die Lebenslage von Kindern eindeutig mit beeinflusst. Als differenzierende Merkmale sollten dabei vor allem berücksichtigt werden:

- zeitliche Dauer in Verbindung mit der Ausstiegsperspektive,
- Grad und Ausprägung der Multidimensionalität von Armut,
- Art und Ausmaß der Verknüpfung mit anderen Risiken,
- soziales Milieu in Verbindung mit kulturellen und sozialen Ressourcen.

So betrachtet, erscheint Armut als Phänomen, das es in seinen quantitativen und qualitativen Ausprägungen differenziert zu sehen ist, wobei es zudem Wechselwirkungen zwischen den Unterversorgungen in den verschiedenen Bereichen zu berücksichtigen gilt. Je nach Ausprägung der konkreten Armutslage ist auch ihr Risikocharakter einzuschätzen. Dabei sei – mit Blick auf den Resilienzdiskurs – hervorgehoben, dass „chronische Armut" sicherlich bislang als eine Armutsform gegolten hat, die charakterisiert ist durch:

- lange zeitliche Dauer, mangelnde Ausstiegsperspektive,
- quantitativ und qualitativ weitreichende Einschränkungen in den verschiedenen Lebenslagebereichen,
- in der Regel in Verbindung mit anderen Risiken wie Trennung und Scheidung, Krankheit, Sucht, Gewalt, Beeinträchtigung des Erziehungsfähigkeit usw.,
- niedriges (formales) Bildungsniveau der Eltern, geringe kulturelle Ressourcen,
- begrenzte soziale Ressourcen.

Demgegenüber weisen *neuere Erscheinungsformen von Armut* – wie sie als Folge der *neuen sozialen Risiken* auftreten – quantitativ und qualitativ eine andere Merkmalszusammensetzung auf. Dies ist nicht zuletzt auf die schon angeführte *sozialstrukturelle Entgrenzung von Armut* zurückzuführen. Es ist naheliegend, dass sich die Armutslage einer Mittelschichtfamilie, die, bedingt durch Erwerbslosigkeit, vorübergehend oder auch längerfristig in Armut abrutscht, in vieler Hinsicht von dem oben skizzierten Prototyp von chronischer Armut unterscheidet. Allerdings ist hierbei zu beachten, dass *Verarmung als Prozess* zu sehen ist, der zunächst einen Bruch in den bisherigen Lebensverhältnissen darstellt. Je nach Dauer und Intensität, durch die Art und Weise der subjektiven und familiären Bewältigung sowie der dadurch ausgelösten Wechselwirkungen können auch solche Armutsformen ein – sicherlich unterschiedlich – ausgeprägtes

Risiko für die betroffenen Familien und Kinder darstellen. Dies haben nicht zuletzt die Studien von Elder und Schoon eindrucksvoll herausgearbeitet.

Da dies die Armutsformen sind, die zunehmend die gesellschaftlichen Verhältnisse prägen, ist es ein Anliegen dieser Publikation, sie verstärkt mit in den Blick zu nehmen.

3.3 Armut in der Bewältigungs- und Resilienzperspektive

3.3.1 Armut als multidimensionales Risiko für Kinder

Die Erkenntnisse der Armutsforschung zeigen, dass *Armut eine multidimensionale Lebenslage* ist, die im Einzelfall sehr unterschiedliche Merkmale aufweisen kann. Kinder, die in Armutslagen aufwachsen, haben im Vergleich zu materiell und immateriell besser gestellten Gleichaltrigen, *risikoreichere Ausgangsbedingungen*. Die durch Armut erzeugte Risikokonstellation kann eine solche Intensität und Reichweite haben, dass dadurch sowohl das aktuelle Wohlbefinden als auch die Entwicklungsmöglichkeiten der Kinder beeinträchtigt sein können. In Kategorien des Resilienzkonzeptes formuliert, haben wir es – je nach Ausprägung und Dauer der Armutslage – in der Regel mit einer „Kumulation von Risiken" zu tun. Außerdem stellt Armut in der entwicklungspsychologischen Betrachtungsweise ein „nicht-normatives Risiko" dar, im Gegensatz zu „normativen" Entwicklungsrisiken, die dem kindlichen Entwicklungsprozess inhärent sind.

Die Resilienzforschung hat bisher immer wieder darauf hingewiesen, dass *chronische Armut* ein zentrales Entwicklungsrisiko für Kinder bedeuten kann. Dem ist natürlich beizupflichten, dennoch darf nicht übersehen werden, dass auch *neue Armutsformen*, wie sie oben beschrieben worden sind, in ihrer Risikokonstellation für die Kinder zu beachten sind. Es wäre daher wünschenswert, wenn in Zukunft auch im Resilienzdiskurs eine differenziertere Betrachtung von Armut zugrunde gelegt würde.

Indem ich hier den Erkenntnisstand von Resilienz- und Armutsforschung zusammenzuführen versuche, gilt es die Erkenntnis in den Mittelpunkt zu rücken, dass *selbst eine Kumulation* von Risiken, *keine lineare Prognose* der weiteren Entwicklungsperspektive zulässt. Vielmehr sind gleichzeitig die möglichen Schutzfaktoren des Kindes, seines familiären und seines weiteren Umfeldes zu beachten. Diese Schlussfolgerung, die sich aus dem *Resilienzdiskurs* ergibt, wurde *in einigen Studien zu Kinder-*

armut quasi *als Prämisse* übernommen, und dementsprechend wurden auch Risiko- und Schutzfaktoren bzw. belastende und entlastende Faktoren bei Armutslagen herausgearbeitet; dies wird im nächsten Kapitel im Abschnitt zu den Bewältigungsstrategien von Kindern noch eingehender zum Thema gemacht werden. Soweit könnte man also von einer Parallelität der Erkenntnisse ausgehen; gleichwohl lassen sich m. E. auch *Differenzen in der Interpretationsweise* erkennen.

In den *Kinderarmutsstudien* wird die Aufmerksamkeit auf die *Art und Weise der Bewältigung* konzentriert, und die im Ergebnis herauskristallisierten unterschiedlichen Bewältigungsmuster werden mit dem Vorhandensein bzw. der Abwesenheit von protektiven Faktoren begründet (vgl. Chassé/Zander/Rasch 2005). Damit wird vor allem die *Handlungsperspektive des Kindes* – das Kind als agierendes Subjekt – herausgestellt, während im Resilienzdiskurs in erster Linie das *Ergebnis des Bewältigungsprozesses* – und zwar in bewertender Weise – betrachtet wird. Dieses Ergebnis wird beispielsweise mit Bezug auf mehr oder weniger offen gelegte psychologische Entwicklungskonzepte als „positive Entwicklung" (positive adjustment) oder „Fehlentwicklung" (maladaptive adjustment) bewertet. Dabei droht die Subjektperspektive des Kindes verloren zu gehen. Zwar stimmen die beiden Herangehensweisen darin überein, dass die *Wahrnehmung des Kindes* ausschlaggebend für das Erleben und die Bewältigung des Risikos ist. M. E. gilt es aber – dem Sozialisationskonzept von Hurrelmann folgend – zu betonen, dass dem Kind als seine „innere und äußere Realität verarbeitendem Subjekt" bei der Bewältigung der erlebten Risiken eine wesentliche Rolle zukommt.

Anschlussfähig bleiben die beiden Sichtweisen aber durchaus, wenn neuere Publikationen der Resilienzforschung wie z.B. Luthar (1999 und 2003) und Schoon (2006) fordern, dass es die Perspektive der Kinder einzubeziehen gilt, insbesondere bei der Beurteilung dessen, was als „gelungene Bewältigung" gelten soll. Luthar geht hier noch einen Schritt weiter, wenn sie sogar die *Normalitätsvorstellungen* verschiedener entwicklungspsychologischer Konzepte als mittelschichtorientiert entlarvt und eine stärkere Orientierung an der sozialen Lebensrealität der Kindern und Jugendlichen, die in Armutsverhältnissen aufwachsen, empfiehlt. Dies gilt im Übrigen auch für die Einschätzung von Risiko- und Schutzfaktoren, die sich letztlich nur kontextbezogen bestimmen lassen (Opp/Fingerle 2007, S. 14). Manche Verhaltensweisen, die sich in Armutsverhältnissen als „Überlebensstrategien" können, gelte im Mainstream pädagogischer und entwicklungspsychologischer Sichtweisen als Devianz, womit sich sicherlich ein kontrovers zu erörternde Position eröffnet.

In einer sozialpädagogischen Herangehensweise, bei der Bewältigung als Herstellung von Handlungsfähigkeit begriffen wird, ist die *Einbeziehung der Subjektperspektive* als unabdingbar anzusehen. Dennoch können sich auch aus einer solchen Perspektive moralische Dilemmata ergeben, da sozialpädagogisches Handeln ebenfalls an Zielvorstellungen, wie beispielsweise diejenige von der „sozialen Integration", gebunden ist und somit letztlich eine – mit Blick auf die moralische „Wertung" manchmal problematische – vermittelnde Position zwischen Subjektperspektive und gesellschaftlichen Anforderungen an das Subjekt einzunehmen hat.

Demgegenüber ist unverkennbar, dass die Resilienzforschung mittlerweile über wesentlich differenziertere Modelle zu den *Wechselwirkungen von Risiko- und Schutzfaktoren* verfügt, wenn sie beispielsweise zwischen moderierenden und vermittelnden Funktionen von Schutzfaktoren unterscheidet (vgl. Kap. 1.6). Die Armutsforschung betrachtet zwar auch Wechselwirkungen, wie etwa solche zwischen den verschiedenen Lebensbereichen (oder Spielräumen), hat diesbezüglich jedoch keine so ausdifferenzierten Modelle entwickelt. Allerdings basieren die verschiedenen Resilienz-Modelle – wie das Kompensations-, das Herausforderungs- oder Schutzfaktoren-Modell – vorwiegend auf den Ergebnissen psychologischer Studien, so dass an dieser Stelle wiederum die Notwendigkeit interdisziplinärer Herangehensweisen deutlich wird. Jedenfalls stößt eine soziologisch geführte und auf sozialpädagogisches Handeln hin konzipierte Kinderarmutsforschung hier offensichtlich an ihre Grenzen.

Tatsache ist aber auch, dass in dieser Frage die Resilienzforschung bisher nicht wirklich generalisierbare Erkenntnisse vorzuweisen hat und bezüglich der unterstellten Komplexität von Wechselwirkungen in *Erklärungsnot* gerät. Selbst auf die Gefahr hin, mir Defätismus vorhalten lassen zu müssen, möchte ich den Verdacht aussprechen, dass hier eine definitive Erkenntnis wohl auch in Zukunft nicht sehr wahrscheinlich ist: Dafür erscheinen mir die vielfältig und multidimensional zu berücksichtigenden Wechselwirkungen zu komplex. Es wäre im Übrigen nicht der einzige Bereich, in dem die Humanwissenschaften eine solche Erkenntnis nicht erlangen können. Ich erinnere zum Beispiel an das gerüttelte Maß an Unsicherheiten, mit denen sich die praktische Pädagogik bezüglich ihrer Wirkungen abzufinden hat.

Um ein erstes Zwischenfazit zu ziehen: Ich gehe davon aus, dass es Sinn macht, *Armut als spezifisches Risiko* für Kinder auch in der Resilienzperspektive zu erörtern. Deutlich geworden ist auch, dass Armut per Definition ein *multidimensionales Phänomen* ist und damit per se eine *Kumulation von Risiken* unterschiedlicher Qualität und Intensität beinhaltet, wobei zusätzlich der zeitliche Aspekt zu beachten ist. Gleichzeitig lassen sich „riskante Auswirkungen" von Armut auf einzelne Lebenslagebereiche wie z.b. den Zugang zu Bildung, Gesundheit und sozialen Kontakten beobachten. Dazu finden wir eine Entsprechung, wenn in Resilienzdiskursen etwa die Entwicklung von schulischer Leistungsfähigkeit als spezifischer Resilienzbereich untersucht wird (vgl. Schoon 2006, Walper 1988). Bezogen auf einzelne Bereiche liegen in der Resilienzforschung durchaus Ergebnisse für *differenzielle Schutzfaktoren* vor, aus denen sich praktische Konsequenzen für eine Förderung von Resilienz ableiten lassen.

3.3.2 Armutsbewältigung als politisches und gesellschaftliches Problem

Ehe jedoch Möglichkeiten und Grenzen von Resilienzförderung im Armutskontext erörtert werden, scheint mir eine grundsätzliche *Klärung des gesellschaftlichen und sozialpädagogischen Umgangs mit Armut* angesagt. Wie ist der Bewältigungsbegriff im Hinblick auf „Armut" zu verstehen? Wenn wir Armut als gesellschaftliches Phänomen und gleichzeitig als individuelle Lebenslage betrachten, gilt es eine *doppelte Perspektive* einzunehmen und eine Verbindung zwischen den beiden Sichtweisen herzustellen – zwischen dem subjektiven Wahrnehmen und Bewältigen auf der einen Seite sowie der gesellschaftlichen Wahrnehmung und dem gesellschaftlichen Umgang mit der Problematik auf der anderen Seite.

Armut – wie immer man sie definieren mag – als „Unterversorgung" in den verschiedensten Lebensbereichen, als extreme „Erscheinungsform von sozialer Ungleichheit" oder als „gesellschaftlichen Ausschluss" – ist in erster Linie ein gesellschaftliches Problem. Insofern liegen die Ursachen wie auch die Möglichkeiten von „Armutsvermeidung" in gesellschaftspolitischer Verantwortung. Ehe wir von Armutsbewältigung sprechen, wäre also auf politischer Ebene die Frage nach „Armutsprävention" oder Armutsvermeidung zu stellen.

In dieser Diktion ist auf internationaler Ebene der schon zitierte UNICEF-Report (UNICEF 2005) zu Kinderarmut in entwickelten Wohlfahrtsstaaten zu lesen, der die Aufmerksamkeit darauf lenkt, wie unterschiedlich „effizient" in den sozialstaatlichen Systemen Kinderarmut bekämpft wird (UNICEF 2005, S. 1–4). In diesem Vergleich rangiert die Bundesrepublik mit einer Kinderarmutsquote von ca. 10% zwar im oberen Mittelfeld, verglichen mit den skandinavischen Ländern, die wesentlich niedrigere Armutsquoten (2%–6%) aufweisen und Staaten wie den USA und Mexiko, oder auch Italien, die mit ca. 20% die traurige „Spitze" bilden. Allerdings schneidet die Bundesrepublik hinsichtlich der *Effektivität ihrer*

Armutsbekämpfung relativ schlecht ab, denn die eingesetzten Mittel und Instrumente der Kinder- und Familienförderung dienen nur sehr bedingt dem Ziel der Armutsvermeidung. Dabei bezieht sich der UNICEF-Report allerdings ausschließlich auf den Aspekt der Einkommensarmut und der gegen sie in den OECD-Ländern entwickelten Bekämpfungsmaßnahmen. Da Armut jedoch ein multidimensionales Phänomen ist, bedarf es auch eines multidimensionalen Konzeptes zu ihrer Bekämpfung.

Armut und somit Kinderarmut stellt in den entwickelten Wohlfahrts-staaten nach wie vor – teilweise sogar zunehmend – eine *gesellschaftliche Realität* dar; daher ist es angezeigt, sich auch mit Bewältigungsformen auseinanderzusetzen und daraus entsprechenden sozialpolitischen und sozialpädagogischen Handlungsbedarf abzuleiten. Lothar Böhnisch (1994), dessen Begriff der Lebensbewältigung eingangs eingeführt wurde, hat in seinem Buch über die „Gespaltene Normalität. Lebensbewältigung und Sozialpädagogik an den Grenzen der Wohlfahrtsgesellschaft" die *individuelle Bewältigung* von Lebensrisiken im gesellschaftlichen Kontext betrachtet und so auch die Möglichkeiten der Sozialen Arbeit in der Begleitung solcher Prozesse aufgezeigt. Dabei versteht er „Bewältigung" als „subjektive Möglichkeit von Lebensgestaltung" unter „den jeweils gegebenen gesellschaftlichen Rahmenbedingungen.

In diesem Sinne meint „Bewältigung von Armut" als individueller Lebenslage, dass Lebensbewältigung unter den Bedingungen eingeschränkten Zugangs zu materiellen und immateriellen Ressourcen, des sozialen Ausschlusses und sozialer Ungleichheit stattfinden muss. Armut kann so als „kritische Lebenslage", als Risiko für eine gelingende autonome Lebensgestaltung erlebt werden. Dabei wäre sicherlich – wie wir gesehen haben – zwischen Armut als vorübergehender oder chronischer Lebenslage zu unterscheiden; gleichzeitig gilt es Prozesse der Verarmung und des Ausstiegs aus der Armut zu berücksichtigen. Mit Blick auf Kinder ist Lebensbewältigung zudem – stärker als bei Erwachsenen – in einer doppelten zeitlichen Perspektive zu sehen:

– es geht um den *Aspekt des kindlichen Wohlbefindens* im Hier und Jetzt (Child Well-Being),
– und um die kindlichen *Entwicklungsmöglichkeiten*, um gelingende Sozialisation und gesellschaftliche Integrationsperspektiven.

Indem wir das *Bewältigungshandeln von Kindern zum Ausgangspunkt* von Überlegungen für sozialpolitisches oder auch sozialpädagogisches Handeln betrachten, stellen wir folgende Fragen in den Mittelpunkt konzeptioneller und programmatischer Überlegungen:

– Wie bewältigen Kinder Armut? Wie gehen sie mit den Auswirkungen von Armut auf ihre aktuelle Lebenslage und ihre Entwicklungsperspektiven um?
– Welche gesellschaftliche Unterstützung brauchen Kinder (und ihre Familien), um die negativen Auswirkungen von Armut auf ihr aktuelles Wohlbefinden und ihre zukünftigen Entwicklungsmöglichkeiten zu vermeiden oder zumindest zu vermindern?

Dabei steckt – zugegebenermaßen – bereits in der Formulierung der Fragestellung ein scheinbares Paradoxon:

Warum machen wir uns Gedanken über gesellschaftliche Unterstützung von Armutsbewältigung? Warum nicht gleich auf Armutsvermeidung setzen?

Dieses Paradoxon kann nicht aufgelöst, es kann nur interpretiert werden. In einer „Risikogesellschaft" gibt es letztlich keinen gesellschaftlichen Konsens, Armut zu beseitigen, da das Risiko – auch das sozio-ökonomische und existenzielle Risiko – als Prämisse eines solchen gesellschaftlichen Konstruktes gedacht ist. Demgegenüber scheint es einen – wenn auch mit Blick auf die zur Verfügung gestellten Mittel und Instrumente begrenzten – sozialpolitischen Konsens zu geben, „Armut als gesellschaftliches und individuelles Risiko" abzufedern, was im Übrigen auch für andere Risiken gilt (siehe u.a. die „prosperierenden Versicherungszweige"). Mit anderen Worten: Eine Gesellschaft, die darauf angelegt ist, Risiken unterschiedlichster Art, nicht nur soziale – man denke etwa nur an die ökologischen – zu produzieren, sieht sich gleichzeitig in der Pflicht, Ressourcen bereitzustellen, um Schutzfaktoren gegen die selbst, nämlich gesellschaftlich, erzeugten Risiken zu generieren. Jedenfalls erscheint mir diese Argumentation als ein keinesfalls abwegiges Erklärungsmuster.

Kehren wir zum Resilienzparadigma zurück: „Resilienz" bedeutet „Widerstandsfähigkeit" – „psychische Widerstandsfähigkeit" meint die psychologische Disziplin. Wenn wir nun aber Armut als soziales und gesellschaftliches Risiko betrachten, sollte man dann nicht von „gesellschaftlicher Widerstandsfähigkeit" sprechen? Ich meine „gesellschaftliche Widerstandsfähigkeit" in der doppelten Perspektive: Dass eine individualisierte Gesellschaft dieser „Widerstandsfähigkeit" bedarf, um als zivilisierte Gesellschaft bestehen zu können und dass die vom Armutsrisiko bedrohten und betroffenen Individuen dieser Widerstandsfähigkeit bedürfen, um in dieser Gesellschaft ihre Lebensbewältigung meistern zu können.

3.3.3 Prävention von Armut und/oder Förderung von Resilienz?

Wenden wir uns nun den praktischen Konsequenzen zu, die sich aus der Zusammenführung von Kinderarmuts- und Resilienzforschung ableiten lassen. Zumindest soll ein erster Versuch gewagt werden. Prävention und Resilienzförderung sind m. E. nicht als Alternativen zu betrachten, wohl aber gilt es ihr wechselseitiges Verhältnis zu klären. Vor allem ist der Begriff „Prävention" im Armutskontext ebenso erläuterungsbedürftig wie der Begriff der Bewältigung. Zum einen ist die *Ebene zu klären, auf die Prävention abzielt*, ob nämlich auf die individuelle oder die gesellschaftliche Ebene. Prävention heißt „Vermeidung/Verhinderung". Dass Armut als gesellschaftliches Phänomen – trotz bestehender „Armutsbekämpfungsprogramme" auf unterschiedlichen Ebenen – nicht „wirklich" verhindert wird, ist schon erörtert worden. Das bedeutet leider auch, dass individuelle Betroffenheit von Armut eine gesellschaftliche Realität ist, und wir wohl auch in Zukunft mit diesem Problem konfrontiert sein werden. Dies darf aber nicht dazu führen, dass das *Postulat an die Politik*, Armut zu „bekämpfen" oder in den gegebenen Ausmaßen – quantitativer und qualitativer Art – zu vermindern, hier nicht aufrechterhalten wird. Dieses Postulat heißt: Prävention!

Prävention wäre also eine originär politische Herausforderung. Dabei gilt es – so die Präventionsforschung – zwischen unterschiedlichen Stufen von Prävention zu unterscheiden, die sich auch auf Armutsprävention übertragen lassen: *Primär-, Sekundär- und Tertiärprävention* (vgl. Zander 2004).

1. *Primärprävention*

   Sie verfolgt das Ziel, das Eintreten eines Risikos zu vermeiden; in unserem Fall würde das bedeuten: Kinderarmut zu vermeiden, also erweiterte Zugangsmöglichkeiten zu Armut vermeidenden Ressourcen (Einkommen, Erwerbsarbeit, Bildung, Gesundheit, Wohnen, soziale und kulturelle Teilhabe) zu schaffen. In diesem Sinne stellt Armutsprävention eine originär politische Herausforderung dar, die formal alle Ebenen von Politik – von der kommunalen, über die Landes- und Bundesebene bis hin zur europäischen Ebene – betreffen würde. Tatsächlich richtet sich diese Herausforderung an die gesamte Gesellschaft, einen entsprechenden politischen Konsens herzustellen.

2. *Sekundärprävention*

   Sie geht von einer Situation aus, in der das Risiko – in unserem Fall das Armutsrisiko – eingetreten ist und somit bereits eine akute Gefährdung vorliegt. Prävention bedeutet in diesem Kontext, akute oder potenzielle Folgen der Gefährdung abzuwehren, um negative Auswirkungen auf das aktuelle Kinderleben und die zukünftige Entwicklung der betroffenen Kinder zu vermeiden oder wenigstens zu minimieren.

3. *Tertiärprävention*
   Ziel dieser Präventionsform ist es, Vorkehrungen gegen das wiederholte Eintreten eines Risikos zu treffen. Bezogen auf Armut als Lebenslage würde dies bedeuten, dass die Gefahr einer *Verstetigung von Armut* oder sogar *ihrer sozialen Vererbung* von einer Generation auf die nächste abgewandt werden soll.
   Die entscheidende Frage für die tertiäre Prävention lautet daher: Wie kann der sogenannte „Teufelskreis der Armut" durchbrochen werden? Welche Möglichkeiten gibt es, darauf hinzuwirken, dass Kinder, die in verstetigten Armutsverhältnissen aufwachsen, einen Weg aus der Armut finden?

Zugegebenermaßen handelt es sich bei der zuletzt genannten Präventionsform um einen Bereich, auf den traditionell sozialarbeiterische und sozialpädagogische Angebote ausgerichtet sind. Insofern geht es hier nicht in erster Linie darum, neue Konzepte zu entwerfen, sondern die präventive Wirkung vorhandener Konzepte (z.B.: stadtteilorientierter Projekte) zu evaluieren bzw. zu schärfen, um sie in ein abgestuftes Gesamtkonzept von Armutsprävention einzubinden.

Folgen wir der vorgeschlagenen Differenzierung von Präventionsstufen, wären Projekte zur Armutsprävention – wie sie im Fachdiskurs der Sozialpädagogik diskutiert werden – auf der Ebene sekundärer oder/und tertiärer Prävention anzusiedeln; ihr Ziel wäre vor allem, die negativen Auswirkungen von Armut auf Kinder und Familien zu begrenzen. Ähnlich werden im *Resilienzdiskurs zwei grundsätzliche Zielsetzungen* formuliert:

– Es sollen nach Möglichkeit Risiken vermindert werden.

– Es sollen insbesondere Schutzfaktoren und Resilienzfähigkeit gefördert werden, wobei sowohl die subjektive wie auch die strukturelle Ebene von protektiven Faktoren im Blick sind.

Entscheidend ist die Erkenntnis, dass nicht nur Resilienz beim Kind im Einzelfall gefördert werden kann, sondern gerade auch generell resilienzförderliche Bedingungen hergestellt werden sollen. Damit lässt sich *Resilienzförderung als ein spezifisches methodisches Konzept in den*

Grundgedanken von Prävention einbinden und somit auf der Ebene von sekundärer und tertiärer Prävention verorten. Wie noch zu zeigen sein wird, gibt es entwickelte Konzepte zur Förderung von Resilienz, die auch in unterschiedlichen Zusammenhängen bereits praktiziert werden. Die spannende und zu klärende Frage wäre nun, ob es mit Blick auf Armut als Risiko für Kinder, im Vergleich zu anderen Risiken eines gesonderten Konzeptes zur Resilienzförderung bedarf.

Diese Frage verweist uns auf den aktuellen Kenntnisstand zu den Wechselwirkungen zwischen Risiko- und Schutzfaktoren und auf die bereits zitierte Erkenntnis, dass sich letztlich eben keine definitiven Aussagen zur differenziellen Wirkung von Schutzfaktoren machen lassen. Dies ist jedoch m.E. kein Grund zur Entmutigung. Zunächst gibt es in der Resilienzforschung mittlerweile genügend empirisch *abgesicherte Erkenntnisse zu generellen Schutzfaktoren* – hier wäre z. B. an das von Lösel/Bender bzw. von Garmezy zusammengestellte Set von generellen Schutzfaktoren zu erinnern (vgl. Kapitel 1.4). Zugegebenermaßen handelt es sich dabei um allgemein anerkannte förderliche Entwicklungsfaktoren, aber die meisten Konzepte zur Förderung von Resilienz orientieren sich an diesen oder ähnlichen Leitideen.

Außerdem lassen die bisherigen Erkenntnisse zu den Wechselwirkungen von Risiko- und Schutzfaktoren durchaus Schlussfolgerungen für eine an Resilienzförderung orientierte Praxis zu.
Folgende Leitsätze können immerhin aus den verschiedenen Modellen abgeleitet werden:

1. Schutzfaktoren mindern die Auswirkung von Risiken, also auch des Armutsrisikos.

2. Die positive Bewältigung von Risiken fördert die weitere Resilienzfähigkeit, hier sei nur an das Bild der nach oben führenden Wendeltreppe erinnert.

3. Schutzfaktoren haben beim Vorhandensein von Risiken eine verstärkte Wirkung.

Anknüpfend an diese generellen Erkenntnisse – insbesondere der verstärkten Wirkung von Schutzfaktoren im Risikofall – liegen m.E. ausreichende Hinweise vor, um resilienzfördende Konzepte für den pädagogischen und sozialpädagogischen Umgang mit Kinderarmut zu legitimieren. Wie solche Konzepte konkret aussehen und in welcher Weise sie in die pädagogische und sozialpädagogische Praxis eingeführt werden können, wird an späterer Stelle darzulegen sein.

Betont sei bereits an dieser Stelle, dass sich das Resilienzkonzept aus sozialpädagogischer Sicht auch deshalb anbietet, weil es sowohl in der Analyse von Risiko- und Schutzfaktoren als auch in seiner Handlungsperspektive *auf drei Ebenen ansetzt*:

- beim Kind selbst,
- in seinem unmittelbaren sozialen Umfeld (Familie/Ersatzfamilie),
- in seinem weiteren sozialen Umfeld (Nachbarschaft, Kita, Schule usw.).

Auf all diesen Ebenen kann Resilienzförderung angesiedelt sein und dabei *jeweils sowohl am Einzelfall als auch an den jeweiligen strukturellen Bedingungen ansetzen*. Dies sind auch genau die Ebenen, auf denen Soziale Arbeit tätig wird: Diese Kompatibilität bestärkt nur die Gewissheit, dass sich Resilienzförderung als brauchbares Konzept für die Soziale Arbeit im Armutskontext erweisen kann.

Resümee

In diesem Kapitel stand das Problem der Kinderarmut als gesellschaftliches Phänomen und die Klärung der politischen und fachlichen Verantwortlichkeiten im Mittelpunkt der wissenschaftlichen Erörterung. Zu klären war zudem, ob und wie ein gesellschaftspolitisches Problem wie Kinderarmut in den eher psychologisch und pädagogisch dominierten Resilienzdiskurs und perspektivisch in die Resilienzförderung einbezogen werden kann.

Die Kinder als handelnde Subjekte und ihre Bewältigung von Armut sind dabei eher im Hintergrund geblieben; dies soll sich im folgenden Kapitel ändern!

4. Armut mit den Augen der Kinder – Die mittlere Kindheit im Fokus

> *„Arm ist ...*
> *...wenn man nicht unter einem Dach lebt,*
> *...wenn man nicht genug Licht ins Haus bringen kann,*
> *...wenn man keine Stifte hat für Hausaufgaben,*
> *...wenn man keinen Fotoapparat hat, für Erinnerungen."*
> *(Nathalie, 9 Jahre)*

In diesem Kapitel sollen nun vor allem die Kinder im Mittelpunkt stehen und auch teilweise selbst zu Wort kommen. Wie nehmen Kinder (im Grundschulalter) Armut, die eigene und die von anderen, wahr und wie gehen sie damit um? In den Überblick über den aktuellen Erkenntnisstand zu kindlichen Bewältigungsstrategien werden dabei die wichtigsten Ergebnisse aus der bundesrepublikanischen Kinderarmutsforschung mit einbezogen. Dabei wird ausschließlich auf Forschungsvorhaben zurückgegriffen, die die Kinderperspektive berücksichtigen.

In den beiden Unterkapiteln (4.1 und 4.2) stütze ich mich auf empirisches Material, das in zwei qualitativ ausgerichteten Forschungsprojekten zu Kinderarmut im Grundschulalter erhoben wurde, an denen ich beteiligt war. Zu den Ergebnissen dieser Projekte, die in Jena und im Saale-Holzland-Kreis sowie in Münster und im Westmünsterland durchgeführt wurden, liegen bereits Publikationen vor.[96] Die dort veröffentlichten Ergebnisse sollen nicht wiederholt, hier soll lediglich das erhobene Material zur Veranschaulichung der zu erörternden Fragen herangezogen werden: Wie lässt sich *Armut als Risiko* für das Wohlbefinden und die Entwicklung von Kindern konkreter fassen? Welche spezifischen Belastungen sind damit für die betroffenen Mädchen und Jungen verbunden? Was kann sie bei der Bewältigung von Herausforderungen stärken und schützen?

Wie schon erwähnt, soll dabei das Grundschulalter, entwicklungspsychologisch gesehen die „mittlere Kindheit", in besonderer Weise berücksichtigt werden: Zum einen ist dies durch meine eigene bisherige

---

96 Projekt „Benachteiligung in den Lebenslagen von Kindern" in Jena und Umland, zusammen mit Prof. K.A. Chassé und Dr. Konstanze Rasch; Projekt „Soziale Bewältigungsstrategien von Kindern in benachteiligten Lebenslagen" in Münster und Umland, zusammen mit Barbara Imholz und Gisela Wuttke.
Vgl. Chassé/Zander/Rasch, 2. Aufl. 2005 sowie Butterwegge/Holm/Zander, 2. Aufl. 2004, S. 223–269.

Forschungstätigkeit bedingt, die sich vorwiegend auf diese Altersgruppe bezogen hat. Zum anderen lässt sich diese Schwerpunktsetzung aber auch inhaltlich begründen. Denn: Obwohl es sicherlich nach wie vor geboten ist, präventive Hilfen und Interventionen so früh wie möglich – im Kleinstkindalter – anzusetzen, sollte dies keinesfalls zu einer „Vernachlässigung" der hier im Mittelpunkt stehenden Altersgruppe bei derartigen Überlegungen führen. Darauf weisen vor allem auch neuere Erkenntnisse aus der Entwicklungspsychologie und der neurobiologischen Forschung hin (vgl. Zach/Kinsemüller, in: Online-Familienhandbuch). Dies zu betonen, erscheint mir umso wichtiger, als es immer wieder Verfechter und Verfechterinnen der Auffassung gibt, dass die ersten drei Lebensjahre letztlich entscheidend für die Entwicklung eines Kindes seien.[97] Ursula Nuber, Diplompsychologin und verantwortliche Redaktorin von „Psychologie heute" schreibt dazu:

> „Resilienz ist eine Fähigkeit, die jeder Mensch lernen kann. Je früher er sie erwirbt, umso besser. Am leichtesten lernen Menschen resiliente Eigenschaften in den ersten 10 Lebensjahren. Doch auch Erwachsene sind zu jedem Zeitpunkt ihres Lebens grundsätzlich in der Lage, ihre Widerstandsfähigkeit zu schulen." (Nuber 1999, S. 7)

4.1 Einige Zitate: Wie sehen Kinder Armut?[98]

In der Bundesrepublik haben wir – spätestens seit der offiziellen Armuts- und Reichtumsberichterstattung der Bundesregierung (BMAS 2001, BMGS 2005 und BMAS 2008) – einen öffentlichen Diskurs, der Armut als gesellschaftliches Problem und politischen Handlungsauftrag thematisiert. Dennoch stellt *Armut in einem reichen Wohlfahrtsstaat* aus der Sicht der Betroffenen nach wie vor ein *Tabuthema* dar, da diese Lebenslage gesellschaftlich mit Ausgrenzungstendenzen und subjektiven Schuldzuweisungen verbunden ist. Vor diesem Hintergrund sind auch die im Folgenden präsentierten Sichtweisen der Kinder einzuordnen, da diese in einer komplexen Wechselwirkung von *Selbst- und Fremdwahrnehmung* entstanden sein dürften. Gesellschaftliche Armutsbilder entfalten insofern eine prägende Wirkung, als sie sich in direkter Nähe der Kinder, nämlich in den unmittelbaren kindlichen Lebenswelten von Familie, Schule, Hort, Nachbarschaft und Gleichaltrigenbeziehungen artikulieren.

---

97 Vgl. z. B. das Interview mit dem Neurobiologen Gerhard Roth im Spiegel, Nr. 35, 27.8.2007.
98 Die Zitate der Kinder in diesem Abschnitt stammen aus Kinderinterviews des Münsteraner Projektes.

In den eingangs erwähnten Projekten wurden Kinder im Grundschulalter in sehr ausführlichen Interviews, in denen sie Auskunft über ihre Lebenslage gaben, u.a. auch danach gefragt, *wie sie Armut sehen und wer für sie „arm" ist.* Generell ergeben die Antworten der interviewten Mädchen und Jungen ein sehr vielfältiges Bild ihres Armutsverständnisses, wobei zunächst die Mehrheit (in beiden Untersuchungen) Armut mit *„Mangel an Geld"* assoziiert. Teilweise verbindet sich damit für die Kinder auch die Vorstellung, dass *„grundlegende Bedürfnisse"* nicht ausreichend befriedigt werden können wie Essen, Kleidung und Wohnbedürfnisse.

> „Armut ist, wenn ...
> – jemand ganz wenig Geld hat und ein schlechtes Leben führt ... (Alex)
> – jemand nicht genügend zum Essen und Trinken hat, zu wenig Geld, um die Miete zu bezahlen ... (Mika),
> – jemand nichts zu essen hat, kein Haus, kein Geld ... (Songoku).[99]

Solche Armutserfahrungen dürften die Kinder nur ansatzweise selbst gemacht haben. Die Grundbedürfnisse der von uns befragten Kinder schienen in den meisten Fällen befriedigt – wobei es auch Fälle gab, in denen der Kühlschrank öfter leer war, und nicht selten fehlte beispielsweise das Geld für das Schulessen.

Teilweise reproduzierten die Mädchen und Jungen Armutsbilder, die als klischeehaft gelten können und die *Armut mit Randgruppenzugehörigkeit* verbinden. So wurden als äußeres Indiz für Armut häufig „schmutzige, alte, nicht wärmende oder kaputte Kleider" angeführt und Obdachlosigkeit genannt.

> „Armut ist, wenn ...
> – jemand kein Geld hat, kein Dach über dem Kopf und unter der Brücke schlafen muss ... (Jeannette),
> – jemand gar kein Geld hat, nur kaputte Klamotten ... (Robi),
> – jemand obdachlos ist, alte Kleidung anhat ... (Picasso)."

Diese assoziative Verbindung von Armut mit Randgruppen und gesellschaftlichem Ausschluss erklärt die *Abwehrhaltung der Kinder* gegenüber der Frage, ob sie ihre Familie als arm einstufen würden.[100] Armut wird als abstoßend und bedrohlich wahrgenommen. Von einer derart negativ gefärbten Vorstellung von Armut ausgehend, nahmen die befragten

---

99 Die Namen der Kinder wurden vom Forschungsteam geändert bzw. im Münsteraner Projekt konnten sich die Kinder selbst Fantasie-Namen geben.

100 Inzwischen gibt es in der Kinderarmutsforschung eine Diskussion darüber, ob man Kinder direkt danach fragen sollte. Wir haben in unserem Jenaer Projekt damals die Kinder danach gefragt, ob sie denken, dass ihre Familie arm ist und denken, dass wir mit dieser Frage den Kindern nicht zu nahe getreten sind.

Mädchen und Jungen ihre eigene Situation als eindeutig different, d.h. als „*nicht-arm*" wahr. Dies ermöglichte ihnen eine Abgrenzung (nach unten), die sie ihre eigene Situation „als nicht so schlimm" erleben lässt.

In eine ähnliche Richtung wies das erkennbare Bestreben der Kinder, Armut *räumlich möglichst weit weg* von sich zu verorten: in Bosnien, Tschernobyl oder Afrika.

> „Arm sind ...
> – Menschen, die in Afrika leben oder im Krieg ... (Robi),
> – Menschen in Tschernobyl oder im Kosovo ... (Elisabeth)."

Auch hiermit reproduzierten Robi und Elisabeth – die hier stellvertretend für ähnliche Antworten zitiert werden – offensichtlich gesellschaftlich gängige Vorstellungen von Armut, vor allem auch die von den Medien immer wieder kolportierten Bilder. Armut wird dabei in den Kontext von *lebensbedrohlichen Situationen* gerückt bzw. als „absolute Armut" *wahrgenommen*, durch die das Überleben gefährdet ist. Wir haben es hier mit dem Denkmuster: „Arm sind die Anderen" zu tun; dieses häufig anzutreffende Selbstbild entsprach wiederum aber auch der subjektiven Wahrnehmung der meisten befragten Kinder, da sie selbst zumindest genug zum Überleben hatten.

Angesichts dieser vorwiegend negativ geprägten Armutsbilder verwundert es nicht, dass die Kinder ihre eigene Situation und die ihrer Familien nicht als „arm" einstuften. Zum einen nahmen die Kinder ja eine deutliche Differenz zwischen der eigenen Lebenslage und dem gezeichneten Armutsbild wahr. Zum anderen wäre – angesichts der eindeutig negativ gefärbten Armutsbilder – die Selbsteinschätzung als „arm" einer nur schwer erträglichen *Selbststigmatisierung* gleichgekommen. Während allerdings im Jenaer Projekt sechs Kinder ihre Familie unumwunden als „arm" bezeichnet hatten, bejahten dies im Münsteraner Projekt lediglich drei von 25 Kindern, zwei gaben an, dass ihre Familie „manchmal arm" sei.

Da wir eine solche Reaktion der Mädchen und Jungen vermutet hatten, haben wir sie zusätzlich mit weniger direkten Fragen ihre familiäre Lebenslage einschätzen lassen, indem wir sie gefragt haben, *ob ihre Familie genügend Geld zum Leben* habe oder ob sie in der Familie die Sorge wahrnehmen würden, dass das Geld nicht reichen könnte. Darauf fielen die Antworten erheblich differenzierter aus, bei manchen Kindern zeigten sich sogar Widersprüche in der Beantwortung der aufeinander bezogenen Fragen. Auffallend war allerdings, dass im Alter zwischen 6 und 10 Jahren die meisten Mädchen und Jungen keine sehr konkreten Vorstellungen davon haben, wie viel Geld eine Familie zum Leben braucht.

Als ziemlich konsistent stellte sich bei den *Jenaer Kindern* eine Gruppe heraus, die angab, dass ihre Familie nicht genug Geld habe, dass ihre Eltern Geldsorgen hätten und (...) sie das traurig mache. Dass dies dieselbe Gruppe von Kindern war, die ihre Familie als „arm" bezeichnet hatte, liegt auf der Hand. In der *Münsteraner Kinderbefragung* stellte sich heraus, dass die Mädchen und Jungen durchweg nicht darüber Bescheid wussten, dass ihre Familie von Sozialhilfe lebte. Allerdings war auch hier die Anzahl der Kinder nicht unerheblich, die angaben, dass *ihre Familie nicht genug Geld habe* (8 und 4 sagten manchmal), ihre Mütter/Eltern manchmal die Sorge hätten, das Geld könne nicht reichen (15 und 2 sagten manchmal) und immerhin 7 Kinder kreuzten an, es mache sie traurig, dass ihre Familie zu wenig Geld habe. Mit anderen Worten: Ein Teil der Mädchen und Jungen nahm die Geldknappheit der Familie wohl wahr, deutete sie aber nicht als „Armut".

Die auffällige – wenngleich nicht als repräsentativ deutbare – Unterschiedlichkeit zwischen den Antworten der Kinder in Jena und Münster könnte möglicherweise auf *differente gesellschaftliche Wahrnehmungsmuster* infolge unterschiedlicher gesamtgesellschaftlicher Ausgangssituationen zurückgeführt werden. Jedenfalls könnten diese Unterschiede auf ein Erklärungsmuster hindeuten, demzufolge Verarmung im Osten – ca. 10 Jahre nach der Wende[101] – eher mit den Folgen des *kollektiv* erfahrenen Transformationsprozesses in Verbindung gebracht wurde, während im Westen Armut *eher als individuelles „Schicksal"* betrachtet werden dürfte. In einem gesellschaftlichen Kontext, in dem Armut als Folge eines kollektiven Schicksals erfahren wird, erzeugt dies zweifellos eine andere gesellschaftliche Konnotation als in einem Kontext, in dem die Zuschreibung von Selbstverschuldung – zumindest unterschwellig – immer präsent ist. Solche Interpretationsmuster dürften sich über die elterliche Wahrnehmung und das elterliche Erleben auf die Kinder übertragen.

Dem entspricht im Übrigen, dass in den meisten Familien *die materielle Situation nicht kommuniziert* wurde. In der Tat wussten die meisten Kinder nicht (in der Münsteraner Untersuchung so gut wie keines), dass die Familie von Sozialhilfe lebte. Umgekehrt gingen die meisten Eltern im Interview davon aus, dass ihre Kinder die materiell eingeschränkte Situation der Familie nicht wahrnehmen würden. Sie waren der Auffassung, dass es ihnen gelingen würde, die materielle und immaterielle Versorgung der Kinder so abzufedern, dass diese davon nicht tangiert wären.

---

101 Die Laufzeit des Jenaer-Projektes erstreckte sich von 1997 bis Ende 2000, die meisten Interviews fanden also zwischen 1998 und 1999 statt.

Dennoch zeigten sich eine Reihe von Müttern/Eltern besorgt, dass die Kinder unter der materiellen Knappheit der Familie leiden könnten und äußersten die Vermutung, dass dies mit zunehmendem Alter der Kinder ein wachsendes Problem werden könnte.

Bemerkenswert ist, dass die Wahrnehmung der meisten interviewten Kinder nicht auf das häufig angesprochene äußere Erscheinungsbild oder auf den Mangel an Geld begrenzt blieb. „Arm sein" wurde von den Kindern auch mit *psychosozialen Folgen und Befindlichkeiten* assoziiert:

> „Arm ist, wenn ...
> – jemand nicht so viel Geld hat und traurig ist, weil man andere sieht, die Sachen haben, die man nicht hat ... (Shakira)
> – jemand ganz viele Wünsche hat, die er sich nicht erfüllen kann und nicht von allen verehrt wird ... (Vincent)
> – jemand etwas Wichtiges verliert ... (Arni)."

Die befragten Mädchen und Jungen haben mit Armut bestimmte Gemütszustände und Befindlichkeiten verbunden, die Empathie erkennen und eigene Erfahrung vermuten lassen. Dabei ist es ihnen in den Interviews offensichtlich wesentlich schwerer gefallen, über die selbst erfahrenen sozialen und emotionalen Auswirkungen zu sprechen, während materielle Einschränkungen durchaus benannt wurden. Wie die oben angeführten Antwortbeispiele zeigen, wurden von den Kindern folgende *immaterielle Dimensionen des Erlebens* mit Armut assoziiert:

– *Verzicht*, also sich keine „teuren Dinge" leisten zu können oder viele (unerfüllte) Wünsche haben zu müssen;
– *Verlust*, also etwas Wichtiges zu verlieren, z.B. in Trennungs- und Scheidungssituationen;
– *Krankheit*, als psychophysischer Ausdruck von Armut;
– *Traurigkeit*, als emotionale Befindlichkeit infolge gesellschaftlichen Ausschlusses.

Thematisiert wurden auch *soziale Interaktionserfahrungen*, die mit Armut in Zusammenhang gebracht wurden, so z.B.:

– eingeschränkte Handlungs- und Mobilitätsmöglichkeit, etwa eingeschränkte räumliche Mobilität, die soziale Kontakte beengt;
– Differenzwahrnehmung gegenüber anderen Kindern, nämlich ihnen gegenüber materiell wie immateriell nicht mithalten zu können;
– und Erfahrung von sozialem Ausschluss, also beispielsweise seinen Geburtstag nicht feiern zu können und auch von anderen nicht eingeladen zu werden.

Von einigen Kindern wurde Armut auch in ihrer *reziproken Wirkung* gesehen, d.h. als *verweigerte Anerkennung* durch andere und damit als selbst erfahrene Ablehnung durch diese anderen. In den Worten der Kinder wurde dies folgendermaßen formuliert:

„Arm ist, wenn ...
– man nichts machen kann...(Picasso),
– man von den Reichen gehasst wird ... (Picasso),
– man nicht von anderen verehrt wird ... (Vincent).

Zusammenfassend ergibt sich aus der Sicht der Kinder ein ausgesprochen negatives Bild von Armut, und zwar sowohl, was die äußere Erscheinungsform als auch, was die innere Verfassung und die gesellschaftliche Stellung von in Armut lebenden Menschen betrifft. Es liegt nahe, dass solche Armutsbilder bei den Kindern unweigerlich das Bedürfnis auslösen, jene Vorstellung, womöglich selbst dazu zu gehören, schnell zu verbannen und mit allen zur Verfügung stehenden Mitteln zu verhindern, dass sie selbst von anderen als „arm" wahrgenommen werden. Dieses Bestreben erfordert entsprechende Ressourcen und Strategien und geht für die betroffenen Mädchen und Jungen in der Regel mit psychosozialen Belastungen einher. Die Frage ist – und in der Resilienzperspektive muss man sie stellen –, ob dadurch gleichzeitig auch Kräfte mobilisiert und Kompetenzen entwickelt werden, die „positive" Bewältigungsstrategien ermöglichen.

4.2 Wie nehmen Kinder im Grundschulalter ihre eigene Lebenslage wahr?[102]

4.2.1 Die methodische und interpretatorische Herausforderung

Die in beiden Projekten befragten Kinder und ihre Familien lebten zum Zeitpunkt des Interviews in prekären materiellen Verhältnissen; überwiegend bezogen sie Sozialhilfe – nach dem Verständnis der Forschungsteams lebten sie in relativer Armut. Dabei sind wir von einem Armutsbegriff ausgegangen, der Armut als multidimensionales Phänomen erfasst und materielle wie immaterielle Aspekte in ihren Wechselwirkungen betrachtet.

---

102 Die hier zugrunde gelegten Erkenntnisse zur kindlichen Wahrnehmung der eigenen Situation beziehen sich auf die Ergebnisse beider Forschungsprojekte. Dabei wird darauf verzichtet, auf Unterschiede einzugehen, die sich durchaus für die jeweiligen Ergebnisse der beiden Projekte herausarbeiten ließen. Hier sollen jedoch nur exemplarisch Erkenntnisse herangezogen werden, die dazu dienen, Armut als Risiko für kindliches Wohlbefinden und kindliche Entwicklung zu charakterisieren.

Als Analyseraster haben wir das schon vorgestellte „*Lebenslagekonzept*" zugrunde gelegt, demzufolge Armut als Unterversorgung in unterschied lichen Lebensbereichen verstanden wird. Mit der Befragung der Kinder wollten wir in Erfahrung bringen, wie die Mädchen und Jungen selbst ihre Ressourcen in den verschiedenen Lebensbereichen einschätzen, aber auch wo und wie sie diesbezügliche Defizite wahrnehmen. Dem Konzept von Armut als Lebenslage folgend, wollten wir so feststellen, inwiefern die befragten Mädchen und Jungen ihre *Handlungs- und Entwicklungs- spielräume* durch die Armutslage der Familie eingeschränkt erleben, ob also ihr aktuelles Wohlbefinden und ihre Entfaltungsmöglichkeiten dadurch beeinträchtigt sind.[103]

Als Maßstab dafür, ob und wie weitgehend dies der Fall war, können einerseits *die objektiv feststellbaren Ausprägungen von Unterversorgung* in den verschiedenen Lebensbereichen der Kinder hinsichtlich ihrer Grundversorgung, Lern- und Erfahrungsmöglichkeiten, sozialen Kontakte und Netzwerke, Freizeit- und Erholungs- sowie Partizipations-, Wahl- und Entscheidungsmöglichkeiten herangezogen werden (vgl. Kap. 3.2.2). Andererseits spielt die *subjektive Wahrnehmung und Bewältigung der Lebenslage* durch die Mädchen und Jungen (und ihre Familien) eine wichtige Rolle. Ob die subjektive Wahrnehmung letztlich sogar ausschlaggebend für die tatsächlich eingetretene/eintretende Einschränkung ist – wie teilweise im Resilienzdiskurs angenommen wird –, muss an dieser Stelle eine offene Frage bleiben. Jedenfalls sind m.E. die beiden Sichtweisen jeweils abwägend mit einzubeziehen.

Legt man die objektiven Kriterien und Maßstäbe nach dem Lebenslagekonzept zugrunde, so hat die *Analyse der verschiedenen Spielräume der Kinder* ergeben, dass diese Spielräume tatsächlich in vielerlei Hinsicht von armutsbedingten Auswirkungen betroffen waren, weil sie Unterversorgungsmerkmale aufwiesen. Dabei waren wir bemüht, diese Einschränkungen möglichst aus der Sicht und Wahrnehmung der Kinder nachzuvollziehen, und haben daher vorwiegend die *Antworten der Kinder* zugrunde gelegt, obwohl wir auch Informationen der Mütter [104] zur familiären Lebenslage eingeholt hatten. Dennoch ist es sicherlich angebracht, einen methodischen Vorbehalt zu äußern: Letztlich werden auch hier die geäußerten Wahrnehmungen der Kinder durch die *Brille der Erwachse-*

---

103 Vgl. dazu ausführlich: Chassé /Zander/Rasch 2005, S. 112 ff.
104 An den Elternbefragungen haben sich – mit wenigen Ausnahmen – nur die Mütter beteiligt; dies gilt auch für die Familien, in denen die Kinder mit beiden Eltern zusammenlebten.

nen, nämlich der beteiligten Forscherinnen und Forscher selbst, gesehen. Der Ablauf der Befragung, das Setting, die Fragerichtung ist durch das Forschungsteam vorkonzipiert, selbst wenn das Kind in der Befragungssituation ganz im Mittelpunkt steht. Ähnliche Vorbehalte betreffen auch die Auswertung der Antworten: Sie erfolgte zwar jeweils gemeinsam mit den Befragungsteams, welche die Kinder in mehreren Treffen interviewt und in der Regel ein sehr einprägsames Bild von den Mädchen und Jungen gewonnen hatten. Dennoch ist Forschung eine von Erwachsenen konzipierte „Veranstaltung", die – bei allem Bemühen, die „Kindersicht" so weit wie möglich einzufangen – letztlich durch die Interpretation der Erwachsenen gefiltert wird. Hier könnte sicherlich die neuerdings diskutierte Überlegung, die Kinder in die Auswertung mit einzubeziehen, ein Stück weit mehr originäre Kindersicht einbringen (Vgl. Behnken 2004).

Im Folgenden sollen nicht systematisch die Ergebnisse zur Versorgungslage der Kinder in den einzelnen Spielräumen wiedergegeben,[105] vielmehr sollen exemplarisch einzelne von den Kindern mitgeteilte Wahrnehmungen zu ihrer Lage näher beleuchtet werden. Dabei wird vor allem herausgearbeitet, inwiefern die von den Kindern auf Grund der materiellen Knappheit erfahrenen Einschränkungen ihr Wohlbefinden und ihre Entwicklungsmöglichkeiten beeinträchtigten. Im Fokus der Betrachtung steht also der Aspekt der damit verbundenen *psychosozialen Belastungen der Kinder*. Dies erfolgt mit der Absicht, die Frage zu klären, inwiefern „Armut" in ihren Folgewirkungen für die betroffenen Mädchen und Jungen ein „Risiko" im Sinne der Resilienzforschung darstellte bzw. von ihnen in dieser Weise erlebt werden könnte. Diese vorsichtige Formulierung ist der Einsicht geschuldet, dass sich zweifellos wieder die Erwachsenenperspektive mit „einschleichen" kann, wenn es darum geht, die Einschätzung von *„Armut als Risiko"* im Sinne des Resilienz-Konzeptes vorzunehmen.

4.2.2 Von der sozialen Symbolik der Dinge – Differenz- und Ausgrenzungserfahrungen[106]

Die Grundversorgung der von uns interviewten Kinder war in den meisten Fällen gesichert, auch wenn in Einzelfällen durchaus die Erfahrung gelegentlicher Engpässe gegeben war. Dies ist aber keineswegs als zu ver-

---

105 Dies ist bereits in den aufgeführten Studien zu Kinderarmut verschiedentlich erfolgt und kann beispielweise für die hier zugrunde gelegten Hintergrundmaterialien nachgelesen werden in: Chassé/Zander/Rasch 2005.
106 Vgl. auch zum Folgenden: Chassé/Zander/Rasch 2005, S. 115 ff.

4. Armut mit den Augen der Kinder

allgemeinernde Aussage über die Beschaffenheit von Grundversorgung in bundesrepublikanischen „armen Familien" anzusehen, da in einer qualitativen Studie eine nur sehr begrenzte Anzahl von Fällen erfasst wird. So kommt beispielsweise die AWO-ISS-Studie, die in ihrer Kombination von quantitativer und qualitativer Befragung ca. 900 Kinder beobachtet hat, zu dem Ergebnis, dass bei etwa der Hälfte der als „arm" eingestuften Kinder Mängel in der Grundversorgung feststellbar waren (vgl. Holz u.a. 2005, S. 66)[107]. Die Einschätzung, dass die Grundversorgung der von uns befragten Kinder weitgehend gesichert erschien, bedeutet ebenfalls nicht, dass von den Kindern aus ihrer Sicht nicht auch wahrgenommene Defizite bezüglich *Essenversorgung, Wohnen, Kleidung* benannt worden wären. So antwortete beispielsweise ein Mädchen auf die Frage, woran sie merke, dass ihre Familie arm sei: „... indem der Kühlschrank häufig leer ist." Oder ein Junge, der offensichtlich immer hungrig war, beklagte sich darüber, dass er in der Schule kein Mittagessen bekomme, wenn die Eltern mal wieder das Geld dafür nicht aufgebracht hätten. Und das Vorhandensein einer Versorgung besagt schon gar nichts über die Qualität dieser Versorgung, ob etwa die Essensversorgung aus ernährungsphysiologischer Sicht ausreichend und qualitativ vollwertig war. Im Gegenteil, die meisten Mütter sahen sich gerade in dieser Hinsicht gezwungen zu sparen, indem sie nach Möglichkeit billige Lebensmittel einkauften.

In der Wahrnehmung der Kinder hat dieser Aspekt insofern jedoch eine untergeordnete Rolle gespielt, als sie das Essen wohl eher danach begutachteten, ob es ihnen schmeckt oder nicht und ob sie satt werden. Fakt ist, dass es v.a. Kinder aus sozial benachteiligten Familien sind, die an den Folgen von Fehlernährung leiden, siehe die aktuellen öffentlichen Diskussionen über „zu dicke Kinder". Dies führt in der Tat zu einem „Leiden" der Kinder, weil sie gehänselt werden, bei sportlichen Aktivitäten nicht mithalten können, öfter krank sind, sich hässlich fühlen und nicht selten ausgegrenzt werden. Als Problem wurde von den Kindern auch wahrgenommen, wenn die Eltern/Mütter das Essensgeld für den Mittagstisch in der Schule – sofern Ganztagsschule – nicht aufbringen konnten. Dadurch können Kinder in peinliche Erklärungsnot geraten, weil es ja einem Offenbarungseid gleichkäme zuzugeben, dass die Eltern so knapp bei Kasse sind. Auch diese Problematik wird aktuell mit der Ausweitung der Ganztagsschulen (z.B.: der OGTS in NRW) zunehmend öffentlich sichtbar.

---

107 Dabei handelt es sich um den Endbericht des mehrjährigen Forschungsprojektes, das als AWO-ISS-Studie bekannt geworden ist: Holz u.a. 2005.

Des Weiteren rückt aus der Perspektive der Kinder *die kinderkulturelle Symbolik von Kleidung oder Spielzeug* bzw. von *Partizipation an bestimmten Aktivitäten* in den Vordergrund. Für die meisten der befragten Kinder verbanden sich mit den erlebten und von ihnen benannten Einschränkungen *Differenzerfahrungen* (v.a. bei der Kleidung), *Beeinträchtigungen ihrer Kontaktmöglichkeiten* (z.b. durch zu beengtes Wohnen, eingeschränkte Mobilität) bis hin zu *Ausgrenzungserfahrungen* im schulischen Bereich, wenn etwa Geburtstage nicht gefeiert werden konnten und diese Kinder dann wiederum auch von anderen nicht eingeladen wurden. Das Problem ist dabei nicht die Erfahrung von Differenz als solcher, sondern dass die Erfahrung von Differenz mit einer negativen sozialen Einstufung einhergeht, die zudem mit sozialer Ausgrenzung verbunden sein kann.

Unterschiedliche Wahrnehmungen und Bewertungen der in den Familien angetroffenen Einschränkungen *zwischen Kindern und Erwachsenen* ließen sich zudem in mancher Hinsicht feststellen. In der Regel teilten die Kinder nicht die *funktionale* Sichtweise der Erwachsenen, wie sich gut am *Beispiel Kleidung* festmachen lässt: Während die Erwachsenen Kleidung häufig in ihrer Funktionalität (z.B.: der Witterung angemessen, pflegeleicht, haltbar) bewerten, haben für die Kinder bestimmte Kleidungsstücke einen hohen sozialen *Symbolgehalt* (z.B. Sportkleidung, modische Trendkleidung). Sicherlich gilt hier (m.E. sogar zunehmend): „Kleider machen Leute", bestimmte Kleidungsstücke fungieren als *„Eintrittskarte" zu sozialen Zusammenhängen*. Ähnlich verhält es sich, um das Beispiel noch einmal aufzugreifen, wenn das Essensgeld für den Mittagstisch in der Schule nicht aufgebracht werden kann. In solchen Fällen sahen sich Kinder „genötigt", Umdeutungen vorzunehmen und Erklärungen dafür zu erfinden – wie etwa die Ausrede, dass ihnen das Essen nur zu Hause schmecke. Auch hier geht es wohl in erster Linie darum, das *„Sichtbarwerden" eines gesellschaftlichen Ausschlusses* zu vermeiden.

Zumindest teilweise dürfte diese unterschiedliche Wahrnehmung zwischen Kindern und Erwachsenen auch die häufig festgestellte *Diskrepanz zwischen elterlicher Einschätzung und kindlicher Wahrnehmung* erklären. Während die meisten befragten Mütter der Auffassung waren, dass ihre Kinder die materielle Knappheit der Familie nicht „merkten", bejahten die meisten Mädchen und Jungen die Frage, ob sie den Eindruck hätten, dass ihre Eltern sich sorgten, das Geld könne nicht reichen. Hierzu sei ausdrücklich angemerkt, dass es für die Kinder den Umgang mit der materiellen Knappheit erleichtert, wenn darüber in der Familie offen gesprochen wird und so gemeinsame Strategien des Umgangs überlegt werden können.

4.2.3 Schulische und außerschulische Lern- und Erfahrungsräume in armutsgeprägter Wechselwirkung[108]

Schule haben wir als kindliche Lebenswelt betrachtet – in der nicht nur Aneignungsverhalten und schulische Leistung zählen, sondern wo auch soziale Kontakte zu Erwachsenen (Lehrerinnen und Lehrern) und insbesondere zu Gleichaltrigen eine wichtige Rolle für das Wohlbefinden und die Entwicklung der Kinder spielen. Schule ist für die Kinder also auch ein Ort, an dem soziales Lernen im Umgang mit Gleichaltrigen stattfindet und wo *Anerkennung und soziale Integration*, im negativen Fall aber *Versagen und Scheitern* oder *Ablehnung und Ausgrenzung* erfahren werden. Zudem werden hier nicht nur die Weichen für schulischen Erfolg und die spätere berufliche Ausbildung gestellt, vielmehr geht es im umfassenderen Sinne um den *„Erwerb von kulturellen und sozialen Kapitalien"* sowie um die *Aneignung von Fähigkeiten zur Lebensbewältigung*.

So verstanden ist Schule mehr als nur der Ort formaler Bildung – und Bildung findet nicht nur in der Schule statt. Daher ist die *Frage des Zugangs zu Bildung* für die Kinder im Zusammenspiel der verschiedenen Lebenswelten zu sehen, in denen sie sich bewegen: Hier spielen die familiäre und außerhäusliche Lebenswelt (z.b. Nachbarschaft und soziales Umfeld), der institutionelle Bereich (z.b. Kindergarten, Schule, Hort) sowie die Zugangsmöglichkeiten zu kinderkultureller Infrastruktur (z.b. sportliche Aktivitäten in Vereinen) in ihrer Verschränkung die entscheidende Rolle. Dabei haben die verschiedenen Lebenswelten kompensatorische Funktionen, denn gerade bezogen auf Kinder, die in der Familie auf geringere Bildungsressourcen zurückgreifen können, haben die öffentlichen Orte eine größere Verantwortung.

Angesichts der Vielfalt von Funktionen, die Schule wahrzunehmen hat, gestaltet sich auch das Verhältnis der Mädchen und Jungen zur Schule sehr vielschichtig. Demzufolge hatten wir ein breit gefächertes Spektrum von Antworten auf die Frage nach ihrem Erleben von Schule vorliegen.[109] Nur schwierig ließ sich herausfiltern, welchen Einfluss die materielle Situation der Kinder darauf hat, ob sie sich in der Schule wohl fühlen, dort sozial integriert sind und leistungsmäßig zurechtkommen oder ob andere Faktoren dafür ausschlaggebend sind. Solche Zusammenhänge lassen

---

108 Vgl. auch hierzu: Chassé/Zander/Rasch 2005, S. 134 ff.

109 Insgesamt fällt im Vergleich der beiden Projekte auf, dass die Münsteraner Kinder das Lernklima in der Schule weitgehend – bis auf einige Ausnahmen – positiv einschätzen. Dabei beklagen sich vor allem die Mädchen über verbale Anmache und Übergriffe durch die Jungen; diese wiederum scheinen vor allem die Härte der Auseinandersetzungen mit ihresgleichen zu fürchten.

sich an Hand von repräsentativen Untersuchungen – wie das DJI-Kinderpanel – eindeutiger und verlässlicher nachweisen (Beisenherz 2007, S. 204 ff.). Dennoch möchte ich exemplarisch einige Aspekte aus unseren qualitativen Studien aufgreifen, für die sich durchaus ein *Zusammenhang zwischen familiärer Armutssituation, Wohlfühlen in der Schule und schulischem Leistungserfolg* herstellen lässt.

Es überrascht sicherlich nicht, dass Schule vor allem für diejenigen Jungen und Mädchen *negativ* besetzt war ("ich hasse Schule"), die sich *leistungsmäßig* durch die Schule überfordert fühlten. Nahe liegt sicherlich ebenso, dass dies diejenigen Jungen und Mädchen waren, welche zur Bewältigung ihrer familiären Lebenslage (meist handelte es sich dabei nicht "nur" um Armut, sondern um Multiproblemlagen) *weniger sozial verträgliche Bewältigungsmuster* entwickelt hatten. Nicht selten waren dies wiederum diejenigen Kinder, die in ihren sozialen *Kontakten zu Gleichaltrigen stark eingeschränkt*, die im Klassenverbund eher isoliert waren und für die es schwierig zu sein schien, Freundschaften anzubahnen und zu pflegen. Natürlich kann dies nicht eindimensional auf die materielle Lage der Familie zurückgeführt werden. Es lässt sich jedoch bei der Einzelfallanalyse eindeutig ein *Zusammenhang zwischen der Mehrfachbelastung* der Mädchen und Jungen *durch armutsbedingte familiäre Multiproblemlagen* und ihren *schulischen Schwierigkeiten* herstellen.

Wie später noch ausführlicher zu erörtern sein wird, kann Schule für Kinder aus belastenden und armutsgeprägten häuslichen Verhältnissen *einerseits* in vieler Hinsicht als *Schutzraum*, aber andererseits auch als *Ort der physischen, psychischen und sozialen Überforderung* erlebt werden. Ein Teil der von uns befragten Kinder kam in der Schule gut zurecht, leistungsmäßig wie sozial. Es gab sogar vereinzelt Kinder, die angaben, sich in der Schule oder im Hort am wohlsten zu fühlen, aber eben auch andere, die Schule ebenso wie den Hort hassten, unter anderem auch wegen der handgreiflichen Auseinandersetzungen, in die vor allem ein Teil der befragten Jungen dort verwickelt war. Obwohl Schule auf der einen Seite als *sozialer Begegnungsraum* wahrgenommen wurde, an dem die meisten Freundschaften geknüpft werden konnten, berichteten die befragten Kinder auch über dort erfahrene und ausgeübte *Aggressionen*, über *Ausgrenzung und Stigmatisierung*. Und solche Erfahrungen wurden von den Kindern – wenngleich eher zurückhaltend, weil es ihnen schwer fiel, darüber zu sprechen – durchaus mit der familiären Situation in Verbindung gebracht.

Gleichzeitig ist Schule – und wohl vor allem – auch *der Ort, der kognitive Leistungen* fordert und fördert. Dabei geht es nicht nur um die klassischen Kulturtechniken des Schreibens, Lesens und Rechnens, vielmehr kommt ein wesentlich *breiteres Spektrum von Fähigkeiten und Neigungen* für den Leistungserfolg in Schule zum Tragen. Hier bilden auch die außerschulisch – vor allem im Freizeitbereich – erworbenen Fähigkeiten eine wichtige Ressource. In anderen Lebenswelten erworbene Kompetenzen musischer, sportlicher oder sonstiger Art können gewinnbringend in die Schule eingebracht werden. Ebenso kann die förderliche Haltung und Unterstützung, die manche Eltern ihren Kindern in schulischen Angelegenheiten zukommen lassen, einen Vorteil für das „Erreichen des Klassenziels" darstellen. Genau dies sind aber die Bereiche, in denen sich die mitgebrachten Ressourcen der Kinder – je nach sozialer Lage und bildungsmäßigem Hintergrund der Familie – mitunter krass unterscheiden. *Außerhäusliche (kinderkulturelle) Freizeitangebote* können von Kindern aus finanziell knappen Haushalten in der Regel nur dann in Anspruch genommen werden, wenn sie kostenfrei und leicht erreichbar sind. Folglich ergibt sich hier ein *starkes Gefälle* im Vergleich zu jenen Kindern, die eine typische – mittelschicht-geprägte – moderne Kindheit leben.

Der damit verbundene Aspekt des *Nicht-Mithalten-Könnens* wurde von den befragten Mädchen und Jungen immer wieder artikuliert und auch konkret benannt, dass man etwa gerne ein Musikinstrument spielen, in die Tanzschule gehen, in den Ferien auch gerne verreisen würde. Auf die familiäre wie außerfamiliäre Freizeitgestaltung der Kinder hat sicherlich der jeweilige *Bildungshintergrund der Eltern*, insbesondere der Mütter, einen starken Einfluss. Aber meist und zugleich ergibt sich dabei ein sozialstrukturell geprägtes Gefälle, das anzeigt, wie sehr die Möglichkeiten zu außerschulischer Förderung von Fähigkeiten und Neigungen von Kindern aus Armutsverhältnissen in mehrfacher Hinsicht verengt sind: Zum einen sind hier ihre „Startchancen" für schulische Leistungen im Vergleich zu anderen Kindern beeinträchtigt – und zum anderen geht ihnen dadurch eine Quelle für *gestärktes Selbstbewusstsein* verloren, welches aber gerade diese Kinder stärken könnte. Dieses Ineinandergreifen von „ermöglichter" oder „verweigerter" *Entfaltung von Fähigkeiten und Neigungen* in den verschiedenen Lebenswelten verdeutlicht zudem den Charakter von „Armut als Mangel an Verwirklichungschancen", um einen von Amartya Sen geprägten Begriff aufzunehmen (vgl. Sen 2007).

4.2.4 Freundschaften und soziale Netze – Ressource für die einen, Handicap für die anderen

Kontakte und Beziehungen mit Gleichaltrigen aufzunehmen und zu pflegen, stellt eine der wichtigsten Entwicklungsaufgaben (vgl. Bründel/Hurrelmann 1996) für Kinder im Grundschulalter dar. Auch wenn in dieser Altersstufe *das familiäre soziale Netzwerk* immer noch einen wichtigen Bezugspunkt bildet, lockert sich nach und nach diese Eingebundenheit, weil sich die schulpflichtigen Kinder zunehmend in eigenen, von den Eltern unabhängigen Lebenswelten bewegen. Der kindliche Aktionsradius erweitert sich, zunächst im Wohnumfeld, durch außerhäusliche Freizeitaktivitäten, aber auch auf institutionell vermittelte Orte wie Schule, Kindertagesstätte und Hort, wodurch sich den Kindern die *Möglichkeit zu eigenständigen Kontakten zu Gleichaltrigen, aber auch zu Erwachsenen* erschließt. Neben den Lehrkräften in der Schule sind es auch die pädagogischen Fachkräfte in den außerschulischen Einrichtungen, die von den Kindern als weitere erwachsene Bezugspersonen erlebt werden. Eine zentrale Bedeutung gewinnen die Beziehungen zu Gleichaltrigen, mit allen *Ambivalenzen*, die damit auch verbunden sein können. Selbstredend werden die Gleichaltrigenbeziehungen nicht nur positiv erlebt. Es kann auch belastend für die Kinder sein, wenn sich Freundschaften nicht ergeben oder nicht realisieren lassen, wenn statt der erhofften sozialen *Anerkennung und gegenseitigen Unterstützung Ablehnung oder sogar Ausschluss* und *Stigmatisierung* erlebt werden (vgl. Krappmann/Oswald 1995).

Neben *Spiel- und Schulkameradschaften*, also lockeren Formen von Beziehungen, gewinnen für Kinder dieser Altersstufe *engere Freundschaften* an Bedeutung. Einen besten Freund oder eine beste Freundin zu haben, erweist sich als wichtige soziale und emotionale Ressource, gerade auch in benachteiligten Lebenslagen (Vgl. Richter 2000). Dazu einige Begründungen, die die Mädchen und Jungen zur Charakterisierung ihrer besten Freundin bzw. ihres besten Freundes in unserer Münsteraner Befragung anführten:

- „weil sie gut miteinander spielen können,
- weil sie sich gut verstehen,
- weil sie die oder er der erste war, die in der neuen Schule auf sie zugekommen sind,
- weil sie oder er nett zu ihr oder ihm sind,
- weil sie sich nie streiten,
- weil sie sich nach einem Streit wieder vertragen,
- weil sie viel miteinander unternehmen können,
- weil sie die Freundin aufmuntert, wenn sie traurig ist,
- weil sie oder er sie nie im Stich lassen." [110]

---

110 Hierbei beziehe ich mich auf Antworten, die von den Kindern in der Münsteraner Untersuchung gegeben wurden. Vgl. auch: Imholz/Wuttke in: Butterwegge/Holm/Zander 2004, S. 233 ff.

Fast alle Kinder nannten einen besten Freund oder eine beste Freundin, obwohl es auch vereinzelt Mädchen oder Jungen gab, die diesbezüglich in Verlegenheit gerieten. Tatsächlich schien die Dichte der Beziehungen bei nicht wenigen der von uns befragten Kinder (auch Mädchen) eher bedenklich zu sein. So gaben im Münsteraner Projekt einige Mädchen und Jungen an, *nur wenige oder gar keine Freundinnen und Freunde zu haben*, weshalb sie die Nachmittage häufig alleine verbrachten. Zudem lag bei einigen Kindern die Vermutung nahe, dass es sich eher um „erträumte Freundschaften" handelte, weil der bestgenannte Freund oder die bestgenannte Freundin oft nicht oder wenig erreichbar für die Kinder war.

Allerdings gab der größere Teil der Mädchen und Jungen an, dass sie *viele Freundinnen und Freunde* hätten, hauptsächlich kannten sie diese aus der Schule, seltener aus der Nachbarschaft. Dies traf sowohl für Mädchen als auch für Jungen zu, obwohl sich für das, was sie dann jeweils unter Freundschaft verstanden und wie sie diese pflegten, *geschlechtstypische Unterschiede* abzeichneten. Fast alle Mädchen freuten sich auf die Schule, weil sie dort mit bestimmten Mitschülerinnen zusammen sein konnten, während die Jungen bei dieser Frage häufig uneindeutig blieben oder angaben, dass alle Schulkameraden ihre Freunde seien. Diese Beobachtung geht im Übrigen konform mit Erkenntnissen aus der Peerforschung und der Entwicklungspsychologie, denen zufolge Jungen ab dem 6. Lebensjahr eher größere gleichgeschlechtliche Cliquen bevorzugen und die meiste Zeit mit dieser verbringen (Zach/Künsemüller, in: Online Familienhandbuch, S. 10). Jungen im Grundschulalter scheinen in ihren Gleichaltrigenbeziehungen stärker interessengeleitet zu sein, nämlich mehrfache und wechselnde Freundschaften zu pflegen. Die Mädchen dieser Altersgruppe sollen demgegenüber wohl nur einen geringeren Teil ihrer Zeit in größeren Gruppen verbringen und stattdessen Zweier-Beziehungen und engere Freundschaften bevorzugen. Dabei überwiegen in dieser Entwicklungsphase sowohl bei Mädchen als auch bei Jungen generell gleichgeschlechtliche Kontakte.

Hier stellt sich erneut die Frage, inwiefern die *familiäre Ausgangslage* einen Einfluss auf die Gestaltung der Gleichaltrigenbeziehungen hat. Sicherlich spielen für diesen Umgang auch Eigenschaften der Kinder und ihre sozialen Kompetenzen eine wichtige Rolle, obwohl sich diese wiederum in den gelebten Kontakten und Beziehungen erst ausbilden. Dabei ist einerseits zu berücksichtigen, inwieweit es den Mädchen und Jungen gelingt, unterschiedliche Formen von Beziehungen und Freundschaften zu schließen und zu pflegen, andererseits aber auch generell das *Maß an sozialer Integration bzw. Ausgrenzung*, das die Kinder in den unterschiedlichen Lebenswelten erfahren. Hierbei fiel auf, dass gerade diejenigen Kinder bei ihren sozialen Kontakte zu Gleichaltrigen eingeschränkt waren (z.b. nicht so viele Freundinnen und Freunde haben), deren Familien durch die *materielle häusliche Situation* besonders beeinträchtigt waren und die auch sonst ein wenig förderliches familiäres Klima erlebten. Ähnliches galt für den erweiterten Zugang zu Kontakten über die Nutzung von außerhäuslichen Angeboten.

Die *Einschränkung der sozialen Kontakte* kann sowohl Folge zu engen Wohnraums und eingeschränkter räumlicher Mobilität, aber auch Folge von Scham und Rückzugstendenzen der Familie oder der Kinder sein. Ebenso fällt die Tatsache, dass Kinder aus sozial benachteiligten Familien weniger an außerschulischen Freizeitaktivitäten teilnehmen können, auch dadurch ins Gewicht, dass diese Kinder so noch weniger Gelegenheiten haben, Beziehungen einzugehen. In der Tat knüpften die von uns befragten Mädchen und Jungen ihre sozialen *Kontakte zu Gleichaltrigen fast ausschließlich in der Schule*, allenfalls noch in der Nachbarschaft. In den von uns eingesetzten Netzwerkspielen, mit denen sie ihre sozialen Beziehungen abbilden konnten, wurde einmal mehr deutlich, dass diese Kinder – sicherlich stärker als andere – ihre Beziehungen zu Gleichaltrigen vorwiegend, wenn nicht sogar ausschließlich, über den Sozialraum Schule realisieren, weil sie weniger Zugang zu anderen Begegnungsräumen im Freizeitbereich haben (vgl. Imholz/Wuttke 2002).

Ausschlaggebend dafür, dass sich Kinder außerhalb von Schule treffen und ihre Beziehungen dort vertiefen können, ist für diese Altersgruppe außerdem, *ob die Eltern die sozialen Kontakte ihrer Kinder fördern*, ideell, aber auch praktisch, wenn sie beispielsweise die Kinder in ihrer räumlichen Mobilität unterstützen. Dies schien in manchen Fällen nicht gegeben zu sein, vor allem in denjenigen Familien, die sozial eher isoliert lebten und den Kontakt nach außen eher gemieden haben. Welche Bedeutung Treffmöglichkeiten in der Wohnung für die soziale Integration von Kindern in Freundeskreise haben, wurde im Übrigen auch durch das DJI-Kinderpanel nachgewiesen. So resümiert S. Gioia ihre diesbezügliche Auswertung: „Zusammenfassend zeigen die Befunde eine hohe Abhängigkeit der Integration von der *Eignung der Wohnung zum Spielen, der Bildung der Mutter* und dem *positiven Selbstwert des Kindes.*" (Gioia 2005, S. 118). Mit dem positiven Selbstwert wird ein weiterer wichtiger Aspekt angesprochen, der gerade die soziale Integration für Kinder so bedeutsam macht.

„Suche dir einen Freund, und sei anderen ein Freund ..." – diesen Grundsatz hält beispielsweise Ursula Nuber für einen der Kernpunkte von Resilienzförderung.[111]

4.2.5 Optionsmöglichkeiten und Entscheidungsgrade – Welche „Spielräume" haben Kinder?

Kindliche Autonomie – natürlich altersgemäß gestuft zu betrachten, nach Erikson (1961) ein früher Baustein menschlicher Entwicklung – zeigt sich und kann in dem Maße wachsen, wie Mädchen und Jungen die Möglichkeit haben, ihren Alltag (mit) zu gestalten und in ihrem gesellschaftlichen Umfeld ihre *Interessen zu entfalten und zu realisieren* (vgl. Andretta 1991). Solche Gestaltungsmöglichkeiten verbinden sich im Erleben der Kinder auch mit der Erfahrung von Selbstwirksamkeit, ein für die Förderung von Resilienz – wie wir noch sehen werden – wichtiger Aspekt. Aus der Sicht der Kinder ist entscheidend, ob sie ihre eigenen Interessen und Wahlmöglichkeiten – auch gegenüber Erwachsenen – verfolgen können. Hierbei spielt das *intergenerative Verhältnis* (oder Machtgefälle) eine entscheidende Rolle – so liegt es etwa auf der Hand, dass Kinder bei einem verhandlungsorientierten Erziehungsstil der Eltern/Erziehungsberechtigten eher eigene Gestaltungsmöglichkeiten wahrnehmen können als bei Vorherrschen eines sogenannten „Befehlshaushaltes". Angemerkt sei hier aber, dass in Anbetracht der vielfältigen Erscheinungsformen von Armut (vgl. Kap. 3.2.4) keineswegs davon auszugehen ist, dass in materiell von Armut geprägten Familien einheitliche Erziehungsstile vorherrschen.

Die kindliche Erfahrung von Autonomie und Selbstwirksamkeit bezieht sich in der Altersphase, die hier betrachtet wird, im Übrigen nicht nur auf das familiäre Umfeld. Auch das erlebte Verhältnis zu Erwachsenen und Kindern in anderen wichtigen Lebenswelten wie beispielsweise der Schule, dem Hort und diversen Freizeitaktivitäten sind hier einzubeziehen. Es geht hierbei – in einem weiteren Sinne – um die *gesellschaftliche Stellung des Kindes* – um seine Rechte auf Partizipation, die nicht nur die intergenerative *Eltern-Kind-Beziehung* berühren, sondern in allen anderen kindlichen Lebenswelten ebenfalls als strukturierendes Prinzip zum Ausdruck kommen sollten. Es geht schlicht um die grundsätzliche Frage nach *den kindlichen Partizipations- und Gestaltungsmöglichkeiten*, wie sie auch von der UN-Kinderrechtskonvention proklamiert werden: Um die aktive Teilhabe des Kindes an seinem eigenen Leben.

Wir haben die Kinder in unseren Projekten gefragt, *was sie selbst entscheiden möchten und was sie selbst entscheiden können*, und ob sie an Entscheidungen der Erwachsenen, die sie betreffen, *beteiligt sind* und dabei

---

111 Hier unter Bezugnahme auf eine Leseprobe aus Büchern und Artikeln von U. Nuber: Resilienz: Immun gegen das Schicksal?,www.ursula-nuber.de/i/ursula_nuber_leseprobe_resilienz_schicksal, S. 5.

ernst genommen werden. Für Kinder, die in Armutsverhältnissen leben, gilt es zudem – oder in erster Linie, das ist eine Frage der Gewichtung – die *materiellen* (familiären) *Rahmenbedingungen* zu berücksichtigen. Wie viel Spielraum lassen diese den Kindern, ihren Alltag mit zu gestalten, wie viel Wahlmöglichkeiten und Alternativen haben sie dabei im Vergleich zu anderen Kindern? Wodurch werden sie eingeschränkt?

Dies ist sicherlich eine komplexe Frage – weil sich wiederum verschiedene Aspekte überlagern: der elterliche Erziehungsstil, die materielle Lage der Familie, Alter und Entwicklungsstand des Kindes. Wir haben eine Reihe von Fragen (vor allem auch an die Kinder) gestellt, die Rückschlüsse auf die elterlichen Erziehungsstile zulassen und die uns einen Einblick vermitteln konnten, in welche Richtung *kindliche Veränderungs- und Gestaltungswünsche* gehen, etwa bei der Nutzung der Wohnung oder des Wohnumfeldes, ob diese Kinder etwa Wahlmöglichkeiten beim Essen haben, ob ihre Wünsche bezüglich der Kleidung gehört werden, ob ihre Meinung bei familiären Entscheidungen gefragt ist usw. Letztlich lässt sich eine Einschätzung des kindlichen Entscheidungs- und Dispositionsspielraumes aber wohl nur – bezogen auf die einzelnen Fälle – als Resümee der Gesamtlebenslage geben.

Aus der Sicht der Kinder ging es dabei zum einen eher um alltägliche Dinge und um ihr Äußeres, so z.B. ums Essen, das Tragen und Kaufen von *Kleidung* oder um den *Haarschnitt*, um die Verwendung des *Taschengeldes* oder um den *räumlichen Bewegungsspielraum* der Kinder. Im Prinzip fanden es sowohl Mädchen wie Jungen wichtig, in solche Entscheidungen mit einbezogen zu werden, wobei „modische Kleidung" (Trendkleidung) nicht nur für Mädchen eine Rolle spielte. Allerdings war den Kindern durchaus bewusst, dass beim Kauf von Kleidung vor allem der Preis zu berücksichtigen war. Ohnehin trugen manche von ihnen „gebrauchte Kleider", entweder von größeren Geschwistern oder aus der Kleiderkammer, aus dem Second-Hand-Laden oder vom Flohmarkt. Zu einem echten Problem konnte sich z. B. die Auseinandersetzung über die Frisuren auswachsen: In diesem Punkt fühlten sich sowohl die Mädchen wie auch die Jungen, die nicht selbst über ihren Haarschnitt bestimmen konnten, verletzt und in ihrer Selbstbestimmung eingeschränkt.

Die Wahl- und Entscheidungsmöglichkeiten der Kinder tangieren aber auch *grundsätzlichere Aspekte*, ob sie nämlich auch dann mit einbezogen werden, wenn in der Familie Entscheidungen anstehen, die sie generell betreffen. In den Blick zu nehmen wären – wenn man von Regelungen des familiären Alltagsablaufs einmal absieht – etwa Umzüge oder, im Fall von Trennungen und Scheidungen, bei wem die Kinder in Trennungssituationen leben. Für den zuletzt genannten Aspekt gibt es mittlerweile rechtliche Regelungen, welche vorsehen, die Kinder mit einzubeziehen und die ihnen auch entsprechenden externen Schutz, etwa durch Verfahrenspflegschaften, vermitteln. Dass Kinder aber trotzdem durch *Trennungs- und Scheidungssituationen* stark in ihrer Befindlichkeit beeinträchtigt sein können und dass dabei ihre Wünsche und Vorstellungen häufig beschnitten werden, muss und kann hier nicht weiter ausgeführt werden. Dazu nur ein Hinweis: Kinder von Alleinerziehenden, insbesondere allein erziehenden Müttern, sind häufiger als andere von materieller Armut betroffen (vgl. Holz u.a. 2005). Häufig war es daher gerade auch diese Problematik, mit der sich die von uns befragten Kinder auseinander zusetzen hatten.

Kehren wir zu der grundsätzlichen Frage nach der *Autonomie und der Erfahrung von Selbstwirksamkeit* der Kinder zurück und damit zu der Frage, ob (und inwieweit) Armut hier als „Risiko" zu betrachten ist, weil sie sich einengend auf die kindliche Autonomie und die Erfahrung von Selbstwirksamkeit auswirkt. Natürlich wird hier die Gesamtbefindlichkeit von Kindern unmittelbar berührt. Sicherlich lässt sich nachweisen – und dies ist in der Auswertung des Jenaer Projektes auch im Detail erfolgt (vgl. Chassé/Zander/Rasch 2005) –, dass in Armutsverhältnissen lebende Mädchen und Jungen in den verschiedenen Dimensionen ihrer Lebenslage geringere Options- und Entscheidungsmöglichkeiten haben. Dennoch sollte man daraus keine pauschalierenden Schlussfolgerungen ziehen, weil die tatsächlich erlebte Einschränkung zum einen im Einzelfall von der Wahrnehmung der Kinder und ihrem Umgang mit der Situation, ihren Bewältigungsstrategien abhängt, sich zugleich aber die Sicht auf das Kind noch mit dem erlebten *familiären Klima*, der *Eltern-Kind-Beziehung* und den *elterlichen Erziehungsstilen* verschränkt.

Obwohl die Eltern-Kind-Beziehung in allen bisher behandelten Aspekten kindlicher Wahrnehmung der eigenen Lebenslage eine wichtige Rolle spielt, macht es Sinn, sie an dieser Stelle mit besonderem Nachdruck zu betonen. Die Erfahrung von *Bindung und Autonomie* ist, wie wir aus der Bindungstheorie wissen (Bowlby 1959) bestimmend für das kindliche Lebensgefühl.[112] Eine „*sichere Bindung*" bildet die Basis für eine psychisch gesunde Entwicklung des Kindes und eine förderliche Eltern-Kind-Beziehung. Sicherlich wären auch hier die differierenden elterlichen Erziehungsstile zu berücksichtigen, aber immer wird es um die Erfahrung

---

112 Laut LBS-Kinder-Barometer wird das Wohlbefinden der Kinder (zwischen 9 und 14 Jahren) in der Familie mit zwei Faktoren gemessen: Unterstützung durch die Familie und eingeräumte Autonomie (Beisenherz 2005, S. 163).

von emotionaler Zuwendung gehen, von Anerkennung und Unterstützung durch die Eltern oder ersatzweise durch andere Bezugspersonen. Daran müssen wir denken, wenn wir uns später jenen kindlichen Bewältigungsstrategien zuwenden, die wir für die Resilienzförderung aufgreifen können.

4.2.6 *Unterschiedliche Betroffenheit von Kindern und Erwachsenen – Armut als Kumulation von Risiken*

Geht man von der Wahrnehmung der Kinder aus, sticht hervor, dass Kinder und Erwachsene in den Familien ganz unterschiedlich von der materiellen Notlage betroffen sein können. Dabei macht sich die unterschiedliche Betroffenheit nicht nur an unterschiedlichen Einschätzungen und Sichtweisen von Kindern und Erwachsenen fest. Vielmehr zeigt sich an Hand der Fallstudien, dass Erwachsene und Kinder tatsächlich in unterschiedlicher Weise und in unterschiedlichem Maße von den Auswirkungen der familiären Armutssituation beeinträchtigt sind. Da Armut in der Regel als Kumulation von Belastungen und Risiken auftritt, materielle Armut aber meist mit zusätzlichen Problemlagen einhergeht, kann dies auch zur Folge haben, dass für Erwachsene und Kinder unterschiedliche Belastungsaspekte im Vordergrund stehen. So haben wir z.B. im Jenaer Projekt an Hand der Informationen, die wir von den Müttern/Vätern einerseits und den Kindern andererseits bekommen haben, eine Gegenüberstellung vorgenommen, wie sich das unterschiedliche Erleben in den untersuchten Familien für uns darstellte. Die gesamten uns bekannten Belastungen der Familien im Blick, haben wir an Hand der Äußerungen aus der Eltern- und der Kinderperspektive versucht nachzuvollziehen, welches uns jeweils das zentrale Problem oder die zentralen Probleme für die einen und die anderen zu sein schienen (siehe Tabelle auf S. 153).

Die aufgeführten Beispiele sollen hier nicht weiter kommentiert werden, sondern nur der Veranschaulichung dienen, zumal sie stark für sich selbst sprechen. Für eine tiefer gehende Analyse müsste die Aufstellung zudem an Hand der Einzelfälle nachvollziehbar interpretiert werden.

4.3 Armut als Risiko für kindliches „Wohlbefinden" – Erkenntnisse des DJI-Kinderpanel

Mit dem vom Deutschen Jugendinstitut im Auftrag des Bundesfamilienministeriums durchgeführten „Kinderpanel" gibt es erstmals eine für die gesamte Bundesrepublik repräsentative Längsschnitterhebung zur

Fall[113]	Zentrales Problem der Familie	Zentrales Problem des Kindes
Tina	Passivität der allein erziehenden Mutter	Mädchen möchte mehr erleben, hätte gerne mehr Freunde
Theo	Chancenlosigkeit der Mutter auf dem Arbeitsmarkt, drohender Verlust der Wohnung	Junge leidet unter der Strukturlosigkeit des Alltags, unter pädagogischer Vernachlässigung
Dorothee	Verschuldung durch Hauskauf	Mädchen leidet unter unterkühltem Familienklima, unter überforderndem Erziehungsstil
Rebecca	zu geringes Haushaltseinkommen, Eheprobleme und Gewalt	stark belastende familiäre Situation, materielle Einschränkungen
Torsten	Aussichtslosigkeit auf dem Arbeitsmarkt, soziale Vereinsamung	Junge hat keine Freunde, bekommt wenig Anregung und Förderung
Konstantin	Arbeitslosigkeit und materielle Einschränkungen	aus der Sicht des Jungen zu enger Wohnraum
Sarah	Überforderung der Mutter durch allein Erziehen	Mädchen wird gehänselt und ausgelacht, fühlt sich zu dick
Anja	Arbeitslosigkeit, Verschuldung, soziale Ausgrenzung, Vater war Alkoholiker	Mädchen hat keine Freundinnen, abgelegenes Wohnen, soziale Ausgrenzung und Stigmatisierung der Familie
Erik	Arbeitslosigkeit der Mutter, schwere Erkrankungen zweier Kinder	die schwere Krankheit der Schwester
Anton	Schichtarbeit der Mutter, materielle Engpässe	Kinder leiden unter erzwungener Selbstständigkeit durch die Schichtarbeit der Mutter
Karsten	Invalidität des Vaters, große Kinderzahl (9)	Junge fühlt sich alleine , wünscht sich mehr Freunde und Zuneigung
Frank	krasse materielle Notlage, mehrere Trennungen, mehrere Väter (einer in Erzwingungshaft), Gewalt	Junge hat keine Freunde, bekommt kaum Anregungen in der Familie, erfahrene „Vernachlässigung"
Steffi	Nachbarschaftsstreitigkeiten, soziale Ausgrenzung	Mädchen hat keine Freundinnen, soziale Stigmatisierung in der Schule, Ausgrenzung
Dennis	Arbeitslosigkeit der Mutter, viele Umzüge	Junge hat keine Freunde, wird vernachlässigt und überfordert, gehänselt und ausgelacht

Quelle: Diese Tabelle wurde im Jenaer Forschungsprojekt zusammengestellt. (Chassé/Zander/Rasch 2005, S. 245 ff.).

---

113 Die Namen der Kinder sind anonymisiert.

Lebenssituation zweier Kinderkohorten. Bundesweit wurden jeweils ca. 1100 Interviews mit Müttern, Vätern und deren Kindern, unter Berücksichtigung zweier Jahrgänge und zu drei Erhebungszeitpunkten (Herbst 2002, Frühjahr 2004, Herbst 2005) durchgeführt.[114] Da dabei vorwiegend die beiden Übergangsphasen vom Kindergarten zur Schule und von der Grundschule zu weiterführenden Schulen in den Blick genommen werden sollten, wurden zwei entsprechende Kinderkohorten in die Untersuchung einbezogen: Kinder im vorletzten Kindergartenjahr (5-Jährige) und Kinder in der zweiten Grundschulklasse (8-Jährige). Bei der älteren Kohorte wurden bereits in der ersten Erhebungswelle auch die Kinder interviewt; für die jüngere Kohorte wurden zunächst nur die Eltern befragt, die Kinder selbst aber erst in der 3. Welle mit altersgerechten standardisierten Fragebögen einbezogen. Mit dieser Längsschnitt-Erhebung wird eine zweifache Zielsetzung verfolgt:

> „Zum einen versuchte sie im Sinne einer Sozialberichterstattung über Kinder Lebenslagen von Kindern differenziert zu beschreiben. Zum anderen sollten Einflüsse unterschiedlicher Lebenslagen auf die Persönlichkeitsentwicklung der Kinder nachgezeichnet werden." (DJI: Internet-Präsentation des Projektes).

Diese Längsschnitterhebung ist an *zwei zentralen Fragestellungen* orientiert, die auf dem *Resilienzparadigma* basieren oder zumindest eine große Nähe dazu aufweisen, also:

1. Was erweist sich als förderlich für die psychosoziale Entwicklung von Kindern?

> „Unter welchen Voraussetzungen entwickeln sie Fähigkeiten, soziale Beziehungen aufzubauen und aufrecht zu erhalten, sich in Gruppen zu orientieren und zu positionieren, gemeinsam mit anderen Probleme zu lösen und Konflikte zu bewältigen, soziale Unterstützung zu geben oder zu nutzen." (siehe: Internetpräsentation des Projektes: www. dji.de).

2. Was erweist sich als Risikofaktor für Kinder, vor allem für ihre Kompetenzentwicklung?

> „Welche Konstellationen bergen die Gefahr, dass Kinder in ihrer persönlichen und sozialen Entwicklung (z.B. Schulerfolg, persönliche Interessenentfaltung) eingeschränkt werden oder Problemverhalten entwickeln (z.B. Aggressivität, Krankheiten, abweichendes Verhalten)?" (siehe Internet-Präsentation des Projektes: www.dji.de).

Des Weiteren stellt die Orientierung am Begriff des *„kindlichen Wohlbefindens"* einen kardinalen Bezugspunkt dar. Kindliches Wohlbefinden wird

---

114 Dies war die Anzahl der Kinder, Mütter und Väter, die in der ersten Welle in die Untersuchung einbezogen wurde, in den folgenden Erhebungswellen war natürlich mit einem gewissen Schwund zu rechnen.

zunächst bereichsspezifisch gemessen:

- Wohlbefinden in der Familie,
- Wohlbefinden in der Schule,
- Wohlbefinden unter Freunden,
- Wohlbefinden in der Nachbarschaft.

Im zweiten Schritt wird das Wohlbefinden in den verschiedenen Bereichen zusammen betrachtet und der übergreifende Faktor des „kindlichen Wohlbefindens" ermittelt. Dabei wird das Wohlbefinden jeweils in drei Stufen abgefragt, ob sich die Kinder nämlich jeweils „unwohl", „wohl" oder „sehr wohl" fühlen. Wohlbefinden wird als *Erleben der eigenen „Bewältigungskompetenz"* in der subjektiven Bewertung des Kindes gesehen, d.h. es nimmt sich selbst als jemand wahr, der Probleme lösen kann. Gleichzeitig wird kindliches Wohlbefinden als *Vorbedingung für eine „positive Entwicklung"*[115] in physischer, psychischer und sozialer Hinsicht gewertet.

Die Erhebung berücksichtigt zudem sechs Kategorien von externen Einflüssen als *Indikatoren für das „kindliche Wohlbefinden"* (Beisenherz 2005, S. 168 f.):

- *die Persönlichkeitsstruktur des Kindes,* (z.B. Verhaltensdispositionen, Aggressivität oder Depressivität),
- *die Persönlichkeitsstruktur der nächsten Familienangehörigen,* die sich auf die alltäglichen Interaktionen mit dem Kind auswirkt,
- *die Aktivitäten in der Familie,* wie häufig man vor allem etwas gemeinsam macht, das allgemeine familiäre Klima,
- *die materielle Situation der Familien,* besonders auch Wohnen und Wohnumgebung,
- *die Interaktion mit Gleichaltrigen,* gerade in Schule und im Freundeskreis,
- *das Erleben von Schule* als wichtigem Lebensbereich der Kinder.

Damit wird ein sehr umfassendes Konzept des „kindlichen Wohlbefindens" zugrunde gelegt, das in mehrfacher Hinsicht bisherige Konzepte erweitert.

Dritter Aspekt, der die Ergebnisse des Kinderpanels für die hier zu erörternde Frage so bedeutsam macht, ist die *sozialstrukturelle Differenzierung* und damit gegebene Vergleichsmöglichkeit des Wohlbefindens von

---

115 Der Begriff der „positiven Entwicklung" oder „Anpassung" ist hier im psychologischen Sinne zu verstehen, d.h. ohne psychische Auffälligkeiten.

Kindern, die in Armut leben, mit solchen, die in nicht-armen Verhältnissen aufwachsen. In diesem Sinne interpretiert Beisenherz in seinem Beitrag zu „Wohlbefinden und Schulleistungen von Kindern armer Familien (vgl. Beisenherz 2007) ausführlich die Ergebnisse des DJI-Panels, wobei er die Auswirkungen von Armut auf zwei Ebenen im Blick hat:

1. das subjektive Befinden der Kinder,
2. das objektivierbare Leistungsverhalten.

Anhand der Panel-Daten können differenzierte Aussagen sowohl zur *Dauer von Armut* als auch zur *Armutsintensität* getroffen werden. Zur Armutsintensität wird an Hand des in der jeweiligen Familie zur Verfügung stehenden Einkommens folgende Abstufung vorgenommen (Beisenherz 2007, S. 196 ff.):

– strenge Armut (unter 40% des Medianeinkommens),
– arme Haushalte (zwischen 40 und 50% des Medianeinkommens),
– armutsgefährdete Haushalte (zwischen 50 und 60% des Medianeinkommens),
– sowie Haushalte, die über diesen Einkommensgrenzen liegen und als „nicht arm" eingestuft werden.

Dieser Eingruppierung zu Folge lagen beim Start der Befragung (1. Welle, 2002) 26% der befragten Familien im Bereich von Armutsgefährdung oder Armut, wobei 7,2% als in „strenger Armut" lebend eingeschätzt wurden.

Neben der Armutsintensität wird auch die unterschiedliche *Dauer*, in der die Familien in Armut leben, berücksichtigt – soweit dies im Rahmen der Erhebungszeit möglich ist. Der Zeitrahmen wurde allerdings dadurch etwas ausgeweitet, dass die Mütter in der ersten Welle danach gefragt wurden, ob sich ihre materielle Situation im Vergleich zum Vorjahr verbessert oder verschlechtert hätte oder gleich geblieben sei. Insgesamt konnte so mit der zweiten Erhebungswelle – die Auswertung der 3. Welle liegt noch nicht vor – ein maximaler Zeitraum von zweieinhalb Jahren übersehen werden. Auf diese Weise konnte eine Unterscheidung zwischen den Kindern, die länger oder kürzer in materieller Armut lebten, getroffen werden. Differenziert wird so zwischen *kurzzeitiger und langzeitiger* bzw. zwischen *transitorischer und anhaltender Armut*. Außerdem konnte so auch der Effekt berücksichtigt werden, der durch eine Verschlechterung der materiellen Situation, also durch das Miterleben der Verarmung der eigenen Familie bei den Kindern ausgelöst wurde (Beisenherz 2007, S. 198 ff.). Nachvollzogen werden kann so auch der Wechsel von einer Gruppe in die andere, etwa von „nicht-arm" in arm, oder von „armutsgefährdet" in „streng arm."

Auf diese Weise kommt man bei der Auswertung der Daten des DJI-Kinderpanels zu sehr differenzierten Erkenntnissen, wie sich Armutsverhältnisse auf das Wohlbefinden der Kinder – in den verschiedenen Bereichen ebenso wie auf das Gesamtwohlbefinden – auswirken, und welche Zusammenhänge sich zwischen der materiellen Situation der Familie und dem schulischen Leistungsverhalten der Kinder herstellen lassen. Erwähnt werden sollte hier, dass bei dieser Auswertung nur die deutschen Kinder berücksichtigt wurden, da sich die Situation von *Kindern mit Migrationshintergrund* in vielerlei Hinsicht anders darstellt und eine Miteinbeziehung solcher Kinder eine Verzerrung der Ergebnisse zur Folge gehabt hätte (vgl. Beisenherz 2007). Tatsache ist, dass Kinder aus Migrantenfamilien wesentlich häufiger als deutsche Kinder in Hauhalten leben, die von materieller Armut betroffen sind, und es daher umso mehr geboten wäre, die spezifische Lebenssituation dieser Kinder mit im Blick zu haben.

Die von Beisenherz vorgenommene Auswertung der Panel-Daten bringt wichtige Erkenntnisse für die *Einschätzung von Armut als Risiko* für kindliches Wohlbefinden und kindliche Entwicklung. Die Analyse betrachtet subjektives Wohlbefinden als Voraussetzung für eine „positive Entwicklung" und definiert dieses Wohlbefinden in der Zusammenschau der verschiedenen Bereiche (Familie, Schule, Peerbeziehungen, Nachbarschaft) gleichzeitig als Indikator für die kindliche Gesamtentwicklung, mithin als Anzeichen dafür, wie sehr dadurch sowohl die kognitiven, emotionalen und sozialen Kompetenzen der Kinder gefördert werden. Allerdings wird vermutet, dass die Kinder die Frage nach ihrem aktuellen Wohlbefinden sehr situativ beantworten dürften (Beisenherz 2007, S. 197), denn es gab auch eine Reihe von überraschenden Antworten, deren Interpretation wohl offen bleiben muss. Im Folgenden seien nur die wichtigsten Erkenntnisse aus dem Kinderpanel wiedergegeben, die für die weitere Erörterung und insbesondere die praktischen Konsequenzen von Resilienzförderung von zentraler Bedeutung sind (Beisenherz 2007, S. 194 ff.):

1. Die *negativen Effekte* der Armut auf das Wohlbefinden der Kinder verstärken sich mit ihrer *Dauer*, d.h. bei kurzfristiger Armut wird kein signifikanter Einfluss festgestellt, wohl aber bei längerfristiger. Kinder, die mindestens seit anderthalb Jahren in Armut lebten, fühlten sich zu 41% „unwohl", während dies bei „nicht-armen" zu 28% der Fall war.

2. Überraschenderweise wurde jedoch *kein signifikanter Zusammenhang* zwischen Dauerarmut und Wohlbefinden bei Kindern nachgewiesen. Gemeint sind damit Kinder, die in beiden Befragungswellen als „arm" eingestuft wurden und schon vorher arm waren, also in *Dauerarmut* lebten.

3. Die *stärkste negative Auswirkung* auf das geäußerte Wohlbefinden der Kinder wurde in den Fällen festgestellt, in denen sich bei der ersten Befragung die finanzielle Situation im Jahr zuvor verbessert hatte, die Familie aber dennoch weiterhin in Armut lebte. Hier wird angenommen, dass die *Eltern eine Erwerbstätigkeit* aufgenommen haben, welche aber *nicht so einträglich* ist, dass sich dies materiell erheblich auswirken würde, diese Veränderung aber gleichzeitig mit *Zeitknappheit und zusätzlichem Stress* verbunden zu sein scheint (Stichwort: working poor).[116]

4. Ein *hochsignifikanter Zusammenhang* mit dem Wohlbefinden der Kinder ließ sich auch in den Fällen ausmachen, in denen sich die materielle Situation im Jahr vor der ersten Befragung *verschlechtert* hat, und die seitdem in Armut leben. Hier geht es um jenen Effekt, der durch *sozialen Abstieg* ausgelöst wird.

5. Überproportional häufig wurde eine negative Auswirkung auf das Wohlbefinden bei Kindern erkennbar, die in strenger Armut lebten und deren Situation sich im Vorjahr verschlechtert hatte.

6. Ein hochsignifikanter Zusammenhang zwischen der materiellen Situation und dem Wohlbefinden zeichnete sich auch bei Kindern ab, die *in beiden Befragungen mindestens „arm"* waren oder die sich im Übergang von der 1. Welle zur 2. Welle mindestens um zwei Gruppen *verschlechtert hatten*, z.B. von „nicht arm" zu „arm" oder von „armutsgefährdet" zu „streng arm".

7. Bei *transitorischer Armut*, d.h. in den Fällen, in denen nur einmal eine Armutslage angegeben wurde, war das Wohlbefinden der Kinder am höchsten. Dies wird damit erklärt, dass in kurzfristigen Armutsphasen alle Ressourcen mobilisiert werden, um die Kinder vor den Auswirkungen zu schützen.

---

116 Dieser Aspekt wird auch in der AWO-ISS-Studie angesprochen: „Working poor, also Armut trotz Erwerbsarbeit, kommt vor allem zustande, wenn nur ein Elternteil einer Arbeit nachgehen kann. Diesbezüglich ist ein deutlicher Anstieg bei den Familien festzustellen." (Holz u.a. 2005, S. 61)

In der Auswertung von Beisenherz (2007) werden auch einzelne Aspekte des kindlichen Wohlbefindens, insbesondere das *Wohlbefinden in der Schule* und die *Schulleistungen*, berücksichtigt. Schulleistungen wurden an Hand von Noten und den Einschätzungen der Mütter ermittelt. Hier zeigen die Ergebnisse des Kinderpanels zum einen, dass Kinder, die *vor Schuleintritt schon längere Zeit in Armut* gelebt haben, eine gravierende Benachteiligung bereits beim Start in die Schullaufbahn aufweisen. Des Weiteren ist bei den Schulleistungen eine eindeutige *Abhängigkeit von der Armutsdauer* festzustellen. Vor allem bei den älteren Kindern (2. Kohorte) ist ein entsprechender Einfluss auf die kognitiven Deutungsmuster der Kinder erkennbar, da sie beispielsweise zu einer negativen Erfolgseinschätzung der eigenen Leistungsfähigkeit und damit eher zu einer resignativen Haltung tendierten. In besonderem Maße reagierten die Kinder aber in ihren Schulleistungen auf *Verarmungsprozesse*.

Während man also bei anhaltender Armut hinsichtlich der Befindlichkeit der Kinder eher eine „Anpassung" (an die gegebenen Verhältnisse) unterstellen kann, gilt dies nicht für die Schulleistungen. Die *Dauer der Armut* hat offensichtlich im Grundschulalter generell eine beeinträchtigende Auswirkung auf die *Schulleistungen* und die objektive Kompetenzentwicklung der Kinder, hier geschlechtsneutral gesehen, da die Auswertung von Beisenherz keine Differenzierung nach Geschlecht vornimmt – wobei aber Unterschiede zu vermuten sind. *Verarmungsprozesse* wirken sich demgegenüber *sowohl* auf die *Befindlichkeit als auch* auf die *Entwicklung von Kompetenzen* und Schulleistungen negativ aus.

Diese Ergebnisse des DJI-Kinderpanels sind für die hier zu erörternde Thematik in mehrfacher Hinsicht von grundsätzlicher Bedeutung:

Erstens: Weil damit eine repräsentative Erhebung vorliegt, in der auch *die Kinder selbst* (zumindest die ältere Kohorte und die jüngere in der 3. Welle) ausführlich befragt worden sind.

Zweitens: Weil die konzeptionelle Ausrichtung der Erhebung mit ihrem Bezug auf die *Lebenslagen* und das *Wohlbefinden der Kinder* sowie ihrer Orientierung auf *Risiko- und Schutzfaktoren* auf den *Resilienzdiskurs* zugeschnitten ist.

Drittens: Weil damit eine verlässliche Datenlage vorliegt, die einen Vergleich der Lebenslage und des Wohlbefindens von Kindern in unterschiedlichen *Einkommenssituationen* zulässt.

Viertens: Weil in der Auswertung des Panels selbst auch die *Armutsproblematik* von Kindern berücksichtigt wird.

4.4 Wie bewältigen Kinder Armut? –
Ergebnisse aus bundesrepublikanischen Studien

Wie gehen nun Kinder und Familien mit den unterschiedlichen Armutslagen um? Welche Bewältigungsmuster entwickeln Mädchen und Jungen im Grundschulalter? Welche Faktoren spielen dabei eine Rolle? Lässt sich aus den bisher vorliegenden Forschungsergebnissen ein Bezug zum Resilienzdiskurs herstellen, der entsprechende Schlussfolgerungen für eine Praxis der Resilienzförderung ermöglicht? Dies sind die Fragen, die im folgenden Abschnitt erörtert werden. Dabei beziehe ich mich nur auf bundesrepublikanische Studien zu Kinderarmut, weil so auch die gesellschaftlichen Kontextbedingungen berücksichtigt werden, die für die Erörterung von Interventionen und Maßnahmen relevant sind. Die berücksichtigten Studien zeichnen sich zudem durch folgende Gemeinsamkeiten aus:

– sie gehen von einer kindzentrierten Perspektive aus,
– sie beziehen sich auf das Lebenslagekonzept,
– sie stellen die Bewältigungsfrage in den Mittelpunkt,
– sie legen in ihren Ergebnissen die Anknüpfung an Erkenntnisse der Resilienzforschung nahe.

4.4.1 Geschlechtstypische Bewältigung und psychosoziale Auswirkungen

Antje Richter (2000) hat mit ihrer Studie zu Mädchen und Jungen in einer ländlichen Kleinstadt in gewisser Weise Pionierarbeit in der bundesrepublikanischen Kinderarmutsforschung geleistet. Es ist die einzige Studie zu Kinderarmut, die explizit die spezifischen räumlichen, sozialen und kulturellen Strukturen, die für das Aufwachsen in einer ländlichen Umgebung charakteristisch sind, berücksichtigt. Auf Richter geht die Anregung zurück, sich bei der Untersuchung von kindlichen Bewältigungsmustern an psychologischen Stress-Konzepten (z.B.: Lazarus/Launier 1981) zu orientieren und kindliche Bewältigung von deprivierenden und benachteiligenden Umweltbedingungen als chronische Belastungen im Sinne psychologischer Stresstheorien zu interpretieren. Richter hat zudem erstmals die salutogenetische Perspektive in die Erforschung von armutsbezogenen Bewältigungsstrategien eingebracht und darauf hingewiesen, dass es den Blick nicht nur auf die belastenden Aspekte (Risikofaktoren), sondern auch auf diejenigen Faktoren (Schutzfaktoren) zu lenken gilt, welche die kindliche Bewältigung einer widrigen Lebenslage positiv beeinflussen können.

In Anlehnung an Lazarus/Launier (1981) begreift Richter Bewältigung als einen dynamischen Prozess; sie unterscheidet zwischen Haltungen, die in Handlungen nur einfließen, und solchen, die direkt in Handeln übergehen. Bezogen auf die von ihr untersuchten Mädchen und Jungen (im Grundschulalter) bildet sie vier Kategorien von Bewältigungsformen, die sie wiederum zu problemlösenden und problemmeidenden Bewältigungsmustern zusammenfasst (Richter 2000, S. 92 ff.).

1. *problemmeidende Bewältigungsmuster:*
   - „mit sich selbst ausmachen"
     (z.b.: Anspruchsenkung, Rückzug, Sparen)
   - „anstatt-Handlungen" vollziehen
     (wie etwa rationalisieren, andere abwerten, impulsiv konsumieren)

2. *problemlösende Bewältigungsmuster*
   - „emotionale Unterstützung suchen bzw. gewähren"
     (wie: sich gegenseitig unterstützen, Hilfe/Verbündete suchen)
   - „an die Umwelt weitergeben"
     (z.B.: impulsiv reagieren, fordern, klauen, betrügen).

Die Kategorie „mit sich selbst ausmachen" hat Richter sowohl *bei Jungen als auch bei Mädchen* mit Abstand am häufigsten vorgefunden, gefolgt von den kompensatorischen Handlungsformen (d.h. *„anstatt-Handlungen"*), die häufiger bei *Mädchen* als bei Jungen vorkamen. Als eindeutig geschlechtsspezifisch geprägt erwies sich die Kategorie „soziale Unterstützung suchen bzw. gewähren"; hierbei überwogen eindeutig die Mädchen. *„An die Umwelt weitergeben"* war in der Reihenfolge der vorgefundenen Häufigkeit die mit Abstand am wenigsten genannte Kategorie; dass auch in dieser Kategorie den Befragungsergebnissen zufolge Mädchen und Jungen fast gleich häufig vorkommen, wirkt etwas überraschend. Bei der Interpretation des Bewältigungsverhaltens weist Richter jedoch darauf hin, dass Jungen eher zu nach außen gewandten Bewältigungsstrategien tendieren, die dann zugleich aber gesellschaftlich sanktioniert sind.

Zur Untermauerung ihrer Ergebnisse kann Richter auf *Erkenntnisse der geschlechterdifferenzierenden Sozialisationsforschung* zurückgreifen. Mädchen könnten nämlich leichter soziale Unterstützung einfordern und ihrerseits an andere weitergeben. Da Richter der sozialen Unterstützung durch persönliche Netzwerke eine wichtige Funktion für die Bewältigung von psychosozialen Belastungen zuschreibt, erscheinen *Jungen* in dieser Hinsicht „*benachteiligt"*. Sie könnten seltener über entsprechende soziale Netzwerke verfügen und dann deren Unterstützung in Anspruch nehmen. Richter kommt so zu dem Ergebnis, dass die soziale Situation von in Armutsverhältnissen lebenden Jungen besondere Aufmerksamkeit verdiene, denn gerade diese Jungen seien hinsichtlich ihrer sozialen Netzwerke sowohl im Vergleich zu Mädchen als auch zur gleichgeschlechtlichen Kontrollgruppe besonders im Nachteil.

Allerdings weisen – Richter zufolge – geschlechtsspezifisch sozialisierte Verhaltensweisen von *Mädchen* in anderer Hinsicht durchaus auch problemmeidenden und die Bewältigung erschwerenden Charakter auf. So sei beispielsweise die Tatsache, dass Mädchen in Armutssituationen ein weniger problematisches oder auffälliges Verhalten zeigten, kein Argument dafür, dass sie weniger „gefährdet" seien. Im Gegenteil: Ihr *Problemmeidungsverhalten*, das ihnen verstärkte Anpassungsleistungen abfordere, könne zu einer Kumulation von negativen Effekten im Sinne von Belastungen führen, die dann nicht selten von psychosomatischen Erkrankungen begleitet seien.

Obwohl die Studie insgesamt psychologisch ausgerichtet ist, geht Richter in ihrem Ausblick vorwiegend auf sozialpolitische Handlungsmöglichkeiten und vor allem auf solche Angebote ein, die vor Ort bereit gestellt werden könnten, um die Lebensbedingungen von benachteiligten Kindern und Familien zu verbessern. Sie begründet dies so: „Armut trifft vor allem diejenigen Bevölkerungsgruppen, die keinerlei Einflussmöglichkeiten auf die Gestaltung des gesellschaftlichen Lebens haben. Insofern ist die neue Entwicklung, die Kinder und Jugendliche zur größten Gruppe der Armutsbetroffenen macht, als besonders risikoreich zu bewerten." (Richter 2000, S. 205).

Richter, die sich weiterhin mit Kinderarmut – vor allem auch verbunden mit Gesundheitsförderung – befasst, tritt mittlerweile ebenfalls für die Idee der Resilienzförderung ein.[117]

4.4.2 Bewältigungsmuster im Familiensystem

Einen fundierten Überblick über die Auswirkungen von Armut und sozioökonomischer Deprivation auf die körperliche, psychische, soziale und intellektuelle Entwicklung von Kindern liefert eine Expertise, die Sabine

---

117 Vgl. dazu z.B.: Richter, Antje: Risiko und Resilienz, Vortrag auf der Fachtagung Einbahnstraße Einschulung? Kindertagesstätte und Dialog, 10. März 2005 in Halle.

Walper (1999) für den 10. Kinder- und Jugendbericht der Bundesregierung erstellt hat. Walper hatte bereits mit ihrer Dissertation eine interessante Querschnittstudie zu den Auswirkungen von Verarmungsprozessen auf weibliche und männliche Jugendliche vorgelegt. Mit dieser Studie hat Walper (1988) übrigens konzeptionell in mancher Hinsicht an Glen Elder (vgl. Kap. 2.1) angeknüpft und sich explizit vergleichend auf seine Ergebnisse bezogen. Zudem hat sie ähnliche Fragen aufgegriffen:

–   Wie wirken sich durch ökonomische Deprivation bedingte Belastungen der Eltern auf die Beziehung zu ihren Kindern und die Interaktion mit ihnen aus?

–   Unter welchen Bedingungen ist „bei ökonomischen Belastungen eher ein Zusammenrücken der Familien oder im Gegenteil eine Gefährdung der Intimitäts- bzw. Kompensationsfunktion der Familie zu erwarten"? (Walper 1988, S. 10)

Ihr eigentliches Erkenntnisinteresse richtete sich jedoch auf eine „differenzielle" Fragestellung, die sie wie folgt formuliert:

> „Im Vordergrund steht hierbei, ob die Reaktionen der Kinder auf familiäre Einkommenseinbußen eine direkte Folge der ökonomischen Deprivation sind, oder ob sie sich auf stärkere Beeinträchtigungen der Beziehungen und Interaktionen in den deprivierten Familien zurückführen lassen." (Walper 1988, S. 12).

Dabei hat sie die Erfahrung von ökonomischen Einbußen als individuellen und familiären Stressfaktor angesehen, der *direkte und indirekte Auswirkungen* auf die familiäre und kindliche Bewältigung der Situation hat. Walper suchte also nach Antworten auf die Frage, was als direkte bzw. als indirekte Folgewirkung der erfahrenen ökonomischen Deprivation einzustufen sei. Mit dieser „differenziellen" Fragestellung geht Walper über Elder hinaus, ebenso mit dem von ihr entwickelten Modell, mit welchem sie die Komplexität der *Wechselwirkungen zwischen unterschiedlichen Einflussfaktoren* zu erklären versucht. Dabei legt sie einen Begriff von „kindlicher Entwicklung" zugrunde, der eine gewisse Offenheit der Lebensverläufe unterstellt, denn nur so lässt sich das Ineinandergreifen unterschiedlicher Faktoren und dadurch ausgelöster Prozesse berücksichtigen (vgl. Kapitel 1.4).

Walpers differenzielle Fragestellung trifft sich hier mit der Suche der Resilienzforschung nach differenziellen Schutzfaktoren, ohne dass der Forschungsstand schon endgültige Antworten erlaubt.

In der Expertise von 1999 befasst sich Walper nun ebenfalls mit elterlichen und kindlichen Bewältigungsstrategien und rekurriert dabei auf ihr schon früher entwickeltes „*Rahmenmodell zur Analyse armutsbedingter*

Konsequenzen für die Entwicklung von Kindern" (Walper 1999, S. 321). Im Vordergrund stehen auch hier für Walper die mit Armut verbundenen Entwicklungsrisiken sowie die weite Bandbreite möglicher kindlicher Belastungsreaktionen. Sie unterstreicht die Notwendigkeit, die verschiedenen Formen und Ausprägungen von Armut – wie etwa kurzfristige und längerfristige Verarmung, plötzliche Einkommensverluste, Eintreten von Erwerbslosigkeit – in ihren Konsequenzen auf Kinder und Jugendliche differenziert zu betrachten. Mit dieser Zielsetzung entwickelt sie auf der Basis des (bisherigen) Forschungsstandes ein Modell, um das *Zusammenspiel relevanter Einflussfaktoren* zu analysieren und ein Erklärungsmuster sowohl für kurz- als auch für langfristige Folgewirkungen von Armut im Kindes- und Jugendalter zu finden. Im Mittelpunkt ihrer Betrachtung steht die *Familie als System und die innerfamiliäre Vermittlung* von armutsbedingten Belastungen. Kinder erlebten, so Walper, diese Belastungen vermittelt durch die Reaktionen, die Anpassungsbemühungen und das Bewältigungsverhalten der Eltern. Eine wesentliche Rolle spielten dabei die Auswirkungen der mit ökonomischer Deprivation einhergehenden psychosozialen Folgen auf das familiäre Beziehungsgefüge (insbesondere auf die Eltern-Kindbeziehungen). Materielle Verarmung habe nicht nur eine Umstellung der Haushaltsökonomie zur Folge, sondern auch Änderungen im familiären Rollensystem und im sozialen Status der Familie. Dies könne zu Beeinträchtigungen der elterlichen Beziehungen, der Eltern-Kind-Beziehungen sowie des elterlichen Erziehungsverhaltens führen.

Daneben sieht Walper aber auch andere, *außerfamiliäre Einflussfaktoren*, welche die Reaktionen der Kinder auf ökonomische Deprivation prägen können. In erster Linie seien es die Sozialbeziehungen der Kinder und Jugendlichen, insbesondere deren *Gleichaltrigenkontakte*, die sich auf das subjektive Erleben der materiellen Benachteiligung – etwa in Form von Stigmatisierung oder Differenzerfahrung – auswirken können. Entscheidenden Einfluss auf die Art und Weise, wie die Eltern – und dadurch vermittelt auch die Kinder – die Situation bewältigen, habe darüber hinaus das Vorhandensein oder Fehlen von vielfältigen Ressourcen. Diese Ressourcen zur Bewältigung der Situation sieht sie auf unterschiedlichen Ebenen angesiedelt:

– im sozialen Kontext der Familie,
– in den Merkmalen des Familiensystems,
– in den individuellen Eigenschaften der Eltern und der Kinder.

Diese Ressourcen können aber auch – und dies ist ihre Verbindungslinie zum Resilienzdiskurs – in einer differenten Einschätzung und Wahrnehmung der eigenen Lebenslage liegen, und so beispielsweise auch bei der Verarbeitung von Arbeitslosigkeit und ökonomischer Deprivation zum Tragen kommen. Für die Bewältigung der Situation sei es entscheidend, ob sie *als negatives und bedrohliches Ereignis* wahrgenommen werde oder als *Herausforderung*, die zu einer Anpassung (...) der Haushaltsführung und des familiären Rollensystems, aber auch der eigenen Lebensplanung führen könne (Walper 1999, S. 334).

4.4.3 Bewältigungstypologie in sozialpädagogischer Interpretation

Ausgehend von einer sozialpädagogischen Sichtweise hat auch das Forschungsteam Chassé/Zander/Rasch (2005) in seiner Studie zu *Kinderarmut im Grundschulalter* die materiellen Rahmenbedingungen der Kinder, die Auswirkungen auf ihre Lebenslage sowie die elterlichen und kindlichen Bewältigungsmuster analysiert und zueinander ins Verhältnis gesetzt. Neben der konkreten Ausprägung der Lebenslage (Ausmaß der Einschränkungen, Dauer der Armutslage, Verschiedenartigkeit der Auswirkungen) werden hier auch die verschiedenen Lebenswelten der Kinder in den Blick genommen. Als solche können für Kinder dieser Altersstufe in erster Linie die *Familie, die Schule und die Gleichaltrigenbeziehungen* gelten. Allerdings ist der familiäre Hintergrund in dieser Entwicklungsphase immer noch von zentraler Bedeutung, natürlich auch für die Ermöglichung des Zugangs zu materiellen und immateriellen Ressourcen. Familienklima, Eltern-Kind-Beziehung und Erziehungsstile beeinflussen kindliche Aneignungs- und Lernprozesse, somit auch die Aneignung von sozialen und kulturellen Handlungsmustern sowie von alltäglichen Bewältigungsformen.

Chassé/Zander/Rasch übernehmen in Anlehnung an Böhnisch/ Schefold (1985) einen *sozialpädagogisch geprägten Bewältigungsbegriff,* der stärker an gesellschaftliche Entwicklungsprozesse rückgebunden ist. Bewältigung wird als Herstellung von *Handlungsfähigkeit in kritischen Lebenssituationen* verstanden, wobei „Armut" als chronische oder auch als vorübergehende Lebenslage ein solches Krisenmoment darstellt. Lebensbewältigung wird in enger Verbindung mit der sozialen Lebenslage, individuelles Handeln im Kontext gesellschaftlicher Strukturen gesehen, um auf dieser Basis die Lebensbewältigung von Kindern vor dem Hintergrund von familiärer Lebenslage und elterlichen Bewältigungsmustern zu untersuchen.

Der elterliche Umgang mit der Situation, *die elterlichen Bewältigungsmuster* haben für die Kinder Vorbildfunktion. Gleichzeitig erfolgt durch

die jeweilige elterliche Entscheidung eine innerfamiliäre Verteilung oder
Zuteilung von Ressourcen, die auch zur Folge haben kann, dass sich die
Armutslage der Familie sehr unterschiedlich auf die einzelnen Familien-
mitglieder auswirkt. Insbesondere im Umgang mit materiellen Ressourcen lassen sich unterschiedliche Formen der elterlichen Alltagsbewälti-
gung erkennen (vgl. Chassé/Zander/Rasch 2005) wie z.b.:

–   verzichten, sparen, sich einschränken,
–   Suche nach Kompensationen oder günstigen Alternativen,
–   Erschließen von zusätzlichen Ressourcen,
–   situativer Konsum – das Geld wird ausgegeben, wenn es da ist.[118]

Die zuletzt genannte Form des situativen Umgangs mit Geld wird
häufig von den in der Praxis – etwa in der Sozialpädagogischen Familienhilfe – mit solchen benachteiligten Familien befassten Fachkräften der Sozialen Arbeit festgestellt und moniert. Es ist eine Verhaltensweise, die sich
u.a. durch einen zu ausgeprägten Verzicht über einen langen Zeitraum
hinweg einstellen kann, aber auch eine Folge von nicht erlerntem Umgang
mit Geld sein mag oder schlicht Ausdruck von Überförderung durch die
Notlage. Der Umgang mit materiellen Ressourcen hat nicht nur Auswirkungen auf die alltägliche Lebenssituation der Kinder, sondern gleichzeitig auch Vorbildfunktion. Für die Kinder ist dabei vor allem wichtig, dass
die Eltern ihnen das Gefühl vermitteln, die Situation im Griff zu haben.

Zum Aspekt des *Umgangs von Armutshaushalten mit Ressourcen* gibt
es übrigens differenzierte Studien aus haushaltwissenschaftlicher Perspektive, so z.b. die Typologie von Uta Meier-Gräwe, die ein mehrjähriges
Projekt (1999–2003) mit dem Titel „Armutsprävention und Milderung
defizitärer Lebenslagen durch Stärkung von Haushaltsführungskompe-
tenzen" durchgeführt hat (vgl. Meier-Gräwe 2007, Meier/Preuße/Sunnus
2003). In ihrer Typologie unterscheidet sie zwischen: den „verwalteten
Armen", den „erschöpften Einzelkämpfer/innen", den „ambivalenten
Jongleurinnen", den „vernetzten Aktiven". Allein schon die gewählten
Begriffe lassen die damit herausgearbeitete Vielfalt des Umgangs mit der
Armutssituation erahnen (vgl. Meier-Gräwe 2007).

Zugegebenermaßen lässt sich nicht immer eine trennscharfe Zuordnung von Bewältigungsmustern vornehmen, und selbstredend treten die
verschiedenen Bewältigungsstrategien auch in Mischformen auf. Dennoch verkörpern die Familien eher den einen oder anderen Typus. Für

---

118 Vgl. dazu auch die entsprechend entwickelte Typologie in: Chassé/Zander, Rasch 2005,
     S. 238 ff.

die Kinder ist entscheidend, ob ihnen die Eltern oder die Mütter, die meist das Knappheitsmanagement in den Familien zu bewältigen haben, das Gefühl vermitteln, dass sie die Situation wirklich unter Kontrolle halten. Für die Entwicklung kindlicher Bewältigungsstrategien spielt darüber hinaus – und dies wird auch in anderen Studien betont – die Qualität der Eltern-Kind-Beziehungen eine wichtige Rolle, also die elterliche Zuwendung, ihre unterstützende Anteilnahme und ihre Fähigkeit, die Entwicklung der Kinder zu fördern. Kinder brauchen dabei vor allem verlässliche Alltagsstrukturen. Sind die Eltern oder (allein erziehenden) Mütter infolge der materiellen Einschränkungen sowie zusätzlicher belastender Faktoren nicht in der Lage, eine positive Eltern-Kind-Beziehung herzustellen, führt dies leicht zu einer Überforderung der Kinder.

Bedeutsam für die Kinder ist auch, wie die Eltern die häusliche Situation mit ihnen kommunizieren. Auch das wird in den Familien sehr unterschiedlich praktiziert. In vielen Fällen wird die Notsituation verheimlicht, obwohl die Kinder (nach eigenen Aussagen) sehr wohl wahrnehmen, dass die Eltern Geldsorgen haben. Die Kinder werden so mit der Bewältigung der Lebenslage allein gelassen. In anderen Fällen wird die familiäre Notlage zwar nicht verheimlicht, aber es werden dabei widersprüchliche Botschaften vermittelt. Will heißen: Beispielsweise ist sehr wohl Geld für ein teures Hobby vorhanden, aber gleichzeitig kann das Essensgeld für den Mittagstisch nicht aufgebracht werden. Hier werden also keine kohärenten Bewältigungsmuster vorgelebt. Als ähnlich ambivalent erweist sich eine Umdeutung der Situation, welche Konsumverzicht als moralische Haltung zu vermitteln versucht; in den seltensten Fällen vermögen Kinder eine solche Position bruchlos zu übernehmen, zumal wenn dadurch ihre Wünsche abgewertet werden. Aus der Perspektive kindlicher Bewältigung erweist sich sicherlich ein offener Umgang mit der Situation als der angemessenste, vor allem wenn den Kindern gleichzeitig Möglichkeiten des Umgangs damit aufgezeigt werden, wie man etwa Taschengeld ansparen, kleine „Nebeneinkünfte" erwirtschaften, Geschenke selbst basteln kann.

Die *kindliche Bewältigung* wird aber auch in ihrer (relativen) Eigenständigkeit betrachtet und zu ihren *spezifischen Entwicklungsaufgaben* in Bezug gesetzt. Dabei wird herausgearbeitet, welche Faktoren für die kindliche Bewältigung der Lebenslage relevant sind und wie sich dies in den verschiedenen Lebenswelten der Kinder darstellt. Chassé/Zander/Rasch (2005) haben bei den von ihnen untersuchten Mädchen und Jungen ein breites Spektrum von Bewältigungsformen vorgefunden, das ein Kontinuum zwischen zwei extremen Polen darstellt. Die Bandbreite

reicht von „kaum durch die materielle Notlage beeinträchtigten" bis hin
zu „mehrfach benachteiligten bzw. vernachlässigten" *Kindern*. Die materielle Ausgangslage ist in den meisten Fällen der Sozialhilfebezug oder
ein familiäres Einkommen, das sehr nahe an der Sozialgeldschwelle liegt.
Ausgehend von dem schon erörterten sozialpädagogisch konzipierten
Bewältigungsverständnis entwickeln Chassé/Zander/Rasch eine Typologie zu kindlicher Bewältigung, bei der sie vor allem auf belastende und
entlastende Faktoren in den verschiedenen Lebenswelten der Kinder achten. Sie kommen zu folgender Typenbildung (Chassé/Zander/Rasch 2005,
S. 267 ff.):

Typ 1: Elterliche Armut – kindliche Kompensation

Sie haben auf der einen Seite eine Gruppe von „fitten" Kindern vorgefunden, die scheinbar unbeeinträchtigt von der schwierigen materiellen
Lebenslage ihre Entwicklungsaufgaben in allen drei Sozialisationsberei-
chen (Familie, Schule, Gleichaltrigenbeziehungen) positiv zu bewältigen
scheinen.

Merkmale:
– die Eltern gehören eher zum Typus von neuer (= verzeitlichter, eher
  kurzfristiger) Armut – verfügen durchaus über kulturelle und soziale
  Ressourcen, nehmen eine fördernde und unterstützende Haltung gegenüber ihren Kindern ein;
– die Kinder sind zwar familienbezogen materiell arm – verfügen aber
  über zahlreiche inner- und außerfamiläre Kompensationsmöglichkeiten;
– es sind subjektiv wenig belastete Kinder, mit relativ großem Aktions-
  raum, vielfältigen Kontakten und Gestaltungsmöglichkeiten.

Typ 2: Mehrfache Belastung der Familie –
  Kinder in stark und mehrfach benachteiligten Lebenslagen

Auf der anderen Seite haben sie eine Gruppe von Kindern angetroffen, die
als „mehrfach benachteiligt und teilweise vernachlässigt" einzuschätzen
sind. Die Kinder dieses Typus müssen mit erheblichen Defiziten in ihren
Alltagsstrukturen zurechtkommen und weisen große Schwierigkeiten bei
der Bewältigung ihrer Entwicklungsaufgaben auf.

Merkmale:
– die Eltern sind mehrfach belastet (nicht nur durch materielle Armut,
  diese aber meist von längerfristiger Dauer) – sie kommen mit der Situation nur schwer zurecht; teilweise finden sich vernachlässigende
  Beziehungen der Eltern zu ihren Kindern;

- die Kinder sind in allen Lebensbereichen (Familie, Schule, Peergroup)
  stark benachteiligt haben wenig soziale Kontakte, Probleme in Schule und Gleichaltrigenbeziehungen;
- insgesamt erleben diese Kinder wenig entwicklungsfördernde Strukturen inner- und außerhalb der Familie.

Typ 3: Mehrfach differenziertes Mittelfeld

Dazwischen bewegt sich eine dritte Gruppe von Kindern, bei denen unterschiedliche Kombinationen von belastenden und entlastenden Strukturen im kindlichen Alltag und in der familiären Lebenslage vorliegen. Die
Zuordnung dieser Gruppe von Kindern im Mittelfeld fällt eher schwer, da
diese Kinder in ihrem Bewältigungsverhalten teilweise eher zum ersten
und teilweise eher zum zweiten Typus tendieren. Dennoch lassen sich bei
genauerer Betrachtung dieser Gruppe interessante Erkenntnisse für die
Frage von Präventions- und Interventionsmöglichkeiten ableiten:

Kinder profitieren von der aktiven Gestaltung des sozialen Netzwerkes
durch die Mütter (bzw. Eltern) und von den Ermöglichungsleistungen der
Eltern.

Kinder erschließen sich teilweise selbst Kompensationsmöglichkeiten,
etwa im Rahmen von Schule, im weiteren Familienkreis bei Großeltern,
getrennt lebenden Vätern usw.

Kinder greifen auf institutionelle Kompensationsmöglichkeiten zu-
rück: Beispielsweise kann die Schule soziale Kontakte und kulturelle
Erfahrungen ermöglichen, manche Benachteiligungen lassen sich durch
Institutionen der Kinder- und Jugendhilfe auffangen.

Kinder knüpfen eigene soziale Netze, insbesondere können sie durch
positive Kontakte zu Gleichaltrigen in ihrer Bewältigungsfähigkeit gestärkt werden.

Als Fazit ergibt sich daraus: In materiell eingeschränkten Verhältnissen zu leben, kann sich aus der *Perspektive der betroffenen Kinder recht
unterschiedlich* auswirken:

- weil sich ihre Lebenslage je nach Armutsform und elterlichem Umgang in unterschiedlicher Weise gestaltet;
- weil die familiäre Lebenslage und das familiäre Klima entsprechend
  den elterlichen Bewältigungsstrategien in unterschiedlicher Weise davon geprägt sein können;
- weil die Kinder die Auswirkungen unterschiedlich wahrnehmen und
  damit unterschiedlich bewältigen.

Auf der Suche nach einem Erklärungsansatz, weshalb ein Teil der
Kinder die familiäre Armutslage „relativ gut" zu bewältigen scheint,

während ein anderer Teil erhebliche Schwierigkeiten aufweist, kommt das Autorenteam – an Hand der untersuchten Fallstudien – zu dem Ergebnis, dass nicht nur die Belastungen der Kinder sehr unterschiedlich seien, sondern dass es gerade auch darauf ankomme, ob entlastende und förderliche Faktoren für die Kinder zugänglich sind. Für die kindliche Bewältigung der Lebenslage spielten nämlich eine Reihe von Faktoren eine wichtige Rolle, die entweder entlastend und unterstützend oder belastend und einschränkend wirken können (vgl. Chassé/Zander/Rasch 2005):

Entlastende und unterstützende Faktoren:

– konstruktive elterliche Bewältigungsstrategien,
– unterstützende und anteilnehmende Eltern-Kind-Beziehung,
– unterstützende soziale Netze im Verwandten- und Freundeskreis (der Eltern),
– positive soziale Kontakte der Kinder (vor allem Gleichaltrigenbeziehungen), Angebote von Institutionen (wie z.B. Schule, Hort, Kindertreff).

Belastende und einschränkende Faktoren:
– ambivalente oder negative elterliche Bewältigungsstrategien,
– mangelnde elterliche Anteilnahme und Unterstützungsfähigkeit,
– elterliche Überforderung, insbesondere durch zusätzliche belastende Probleme (wie Trennung, Scheidung, Sucht, Krankheit, Schulden, familiäre Gewalt),
– negative soziale Kontakte (Ausgrenzung und Stigmatisierung),
– überfordernde Strukturen von Institutionen (wie etwa Überforderung in der Schule usw.).

Diese Erkenntnis und die vorgenommene *Gegenüberstellung* von belastenden und entlastenden Faktoren deckt sich ansatzweise mit der im Resilienzdiskurs üblichen *Klassifizierung in Risiko- und Schutzfaktoren.* Im Prinzip erscheint die aus der Bewältigungstypologie abgeleitete Konfrontierung von entlastenden mit belastenden Faktoren durchaus anschlussfähig an die grundsätzlichen Erkenntnisse der Resilienzforschung. Entscheidend ist letztlich, dass hier wie dort *Handlungsbedarf auf mehreren Ebenen* deutlich wird: Die für die Kinder mit ihrer Armut/Situation verbundenen Risiken können nur gemindert und ihr Schutz kann nur erhöht werden, wenn Maßnahmen zur Förderung von Resilienz auf drei Ebenen ansetzen – beim Kind, bei der Familie und im weiteren sozialen Umfeld.

4.4.4 Kinderarmut in der Längsschnittsbeobachtung – Im Fokus: Konstanz, Aufstiegs- und Abstiegsprozesse sowie Bewältigung von Schule

Eine in vieler Hinsicht komplex dimensionierte Reihe von Studien zu Kinderarmut hat das ISS (Institut für Sozialarbeit und Sozialpädagogik, Frankfurt) im Auftrag des Bundesverbandes der Arbeiterwohlfahrt (AWO-ISS-Studie) durchgeführt. Mittlerweile ist in diesem Forschungszusammenhang die erste bundesrepublikanische Längsschnittstudie entstanden (vgl. Holz u.a. 2005). Gestartet ist das Gesamtprojekt seinerzeit mit einer Untersuchung der Armutsfolgen bei Kindern im Vorschulalter (1. Erhebungswelle 1999); diese Kinder sind nun im Übergang von der Grundschule zu weiterführenden Schulen, im Alter von 10 bis 11 Jahren (vgl. Holz/Puhlmann 2005).

Dieses Projekt war zunächst darauf angelegt, bei Kindern im Vorschulalter die Auswirkungen von Armut auf verschiedene Dimensionen ihrer Lebenslagen zu ermitteln und im Vergleich zwischen „armen" und „nicht-armen" Kindern eine Lebenslage-Typologie zu entwickeln. Diese Typologie wurde in den Folgestudien beibehalten und unterscheidet zwischen:

- kindlichem Wohlergehen,
- kindlicher Benachteiligung,
- multipler Deprivation.

Ähnlich wie Chassé/Zander/Rasch (2005) kommt auch die AWO-ISS-Studie zu der Schlussfolgerung, dass materielle Armut nicht in jedem Fall das kindliche Wohlbefinden und seine Entwicklung beeinträchtigen muss. Vielmehr verteilten sich sowohl die „armen" als auch die „nicht-armen" Kinder ihres Samples auf alle drei Lebenslagetypen; allerdings fällt die anteilsmäßige Zuordnung der beiden Gruppen von Kindern sehr unterschiedlich aus. So ergibt sich beispielsweise in der neuesten Untersuchung folgendes Bild (Holz/Puhlmann 2005, S. 68):[119]

	„arme Kinder"	„nicht-arme Kinder"
Wohlergehen	31%	59%
Benachteiligung	51%	38%
Multiple Deprivation	18%	3%

---

119 Die hier aufgezeigten Größenordnungen sind nicht als repräsentativ zu betrachten, sondern sie geben lediglich die Verteilung der verschiedenen Lebenslagetypen im Sample der Studie wieder.

Als Kriterium für die Zuordnung zu den Lebenslagetypen gilt, dass bei Wohlergehen keine negative Auffälligkeit in den vier Dimensionen kindlicher Lebenslage feststellbar ist, dass also keine Unterversorgung in der materiellen Versorgung, im kulturellen und sozialen Bereich sowie im Hinblick auf die psychische und gesundheitliche Lage des Kindes vorliegt. Von Benachteiligung wird ausgegangen, wenn in einigen wenigen Bereichen Auffälligkeiten auftreten und daher von Einschränkungen in der Entwicklung des Kindes auszugehen ist. Multiple Deprivation wird angenommen, wenn in mehreren zentralen Lebens- und Entwicklungsbereichen der Kinder negative Einschränkungen erkennbar sind mit der Folge, dass das Kind von den notwendigen Ressourcen abgeschnitten ist, die es für eine gedeihliche Entwicklung bräuchte (Holz/Puhlmann 2005, S. 23).

Wenn in dieser Studie das Spektrum der untersuchten Kinder breit gehalten und eine Vergleichsgruppe mit einbezogen wird, soll gerade dadurch die soziale Realität nicht ausgeblendet werden, in der es eben auch „nicht-arme" Kinder gibt, die multipel depriviert oder benachteiligt sind und in der es wiederum auch „arme Kinder" gibt, denen es subjektiv wohl ergeht. Da das eigentliche Forschungsinteresse jedoch auf Kinder in Armutslagen zielt, gilt es vor allem die Frage zu beantworten: Welche Faktoren sind ausschlaggebend dafür, dass sich Armut – im engeren Sinne verstanden als Einkommensarmut – so unterschiedlich auf die Lebenslage der Kinder und ihre Befindlichkeit auswirkt?

Die Besonderheit der AWO-ISS-Studie besteht nun in ihrer Ausweitung auf die Längsschnittperspektive, die insofern einen bemerkenswerten Gewinn bringt, als es gerade daran in der Bundesrepublik bisher mangelte. Ich werde mich im Folgenden auf die Ergebnisse des Endberichtes (vgl. Holz u.a. 2005) dieses mehrjährigen Forschungsprojektes konzentrieren, ohne auf die Erkenntnisse aus den verschiedenen Zwischenetappen einzugehen. Mit dem Endbericht liegt eine Einschätzung zur Entwicklung der Kinder nach mehrjähriger Beobachtung (1999–2003/04) vor. Somit interessieren hier vor allem die drei Schwerpunktsetzungen:

– Wie wirkt sich Armut im späten Grundschulalter aus? (Aktualitätsbezug)
– Wie wirkt sich Armut auf die Kinder im Zeitverlauf aus? (Entwicklungsperspektive)
– Was sichert die zukünftige Entwicklung der Kinder?

In der Querschnittbetrachtung zeigt sich, dass die „armen" Kinder im Vergleich zu den „nicht-armen" in allen Lebenslagebereichen signifikant schlechter versorgt sind. Das trifft für ihre Grundversorgung (Wohnen, Nahrung, Kleidung, Partizipation) ebenso zu wie für ihre gesundheitliche Lage (wie etwa Gesundheitszustand, körperliche Entwicklung), soziale (z.B. soziale Kontakte und Kompetenzen) und kulturelle Situation (z.B. kognitive, sprachliche und kulturelle Kompetenzen, Bildung). Wie auffällig die festgestellten Unterschiede sind, lässt sich durch folgende Zahlen illustrieren:

> „Jedes zweite „arme" Kind (51,6%) und nur jedes 20. „nicht-arme" Kind (5,9%) der Erhebung 2003/04 erlebt eine defizitäre Grundversorgung, jedes dritte „arme" (37,7%), aber nur jedes siebte „nicht-arme" Kind (12,6%) ist in der kulturellen bzw. sozialen Dimension auffällig." (Holz u.a. 2005, S. 65).

Betrachtet man die Entwicklung im Zeitverlauf, so lässt die AWO-ISS-Studie in der Abschlussphase des Projektes – im Vergleich zur Ausgangssituation (1999) – folgende Dynamiken erkennen: Eine auffällige Verschlechterung ist vor allem bei den „armen" Kindern in der Grundversorgung festzustellen, denn der Anteil der „armen" Kinder, deren Grundversorgung Defizite aufweist, ist um ca. 11% (auf 51,6%) gestiegen. Gleichzeitig hat sich die Grundversorgung der „nicht-armen" Kinder fast im selben Maße verbessert, denn der Anteil dieser Kinder mit defizitärer Grundversorgung ist gleichzeitig um fast 10% (auf 5,9%) zurückgegangen. Insgesamt sind bei den „nicht-armen" Kinder nur Verbesserungen eingetreten; bei den „armen" Kindern ist lediglich im Bereich der gesundheitlichen Lage eine leichte Entspannung zu verzeichnen.

Die Längsschnittbetrachtung ermöglicht einen Blick auf die „Dynamik der Armut", weil sich Verschiebungen in der Zuordnung zu den beiden Gruppen nachvollziehen lassen. Dabei ergibt sich für die untersuchten Familien und ihre Kinder folgendes Bild:

- *ca. zwei Drittel der Familien hat zu keinem der beiden Befragungszeitpunkte (1999 und 2003/04) in Armut gelebt;*
- *etwas mehr als ein Drittel hatte Armutserfahrungen.*

Die Familien und Kinder mit Armutserfahrungen lassen sich wiederum in folgende Gruppen zusammenfassen:

- 6,2% Familien, die 1999 arm waren und danach einen Aufstieg erlebten,
- 14,8% Familien, die nur 2003/04 in Armut lebten und somit einen sozialen Abstieg erfahren hatten,
- 17,0% Familien, die zu beiden Zeitpunkten als arm eingeschätzt wurden, die also in Dauerarmut lebten.

Darüber hinaus nimmt die Studie noch weitere Differenzierungen vor, indem sie auf Auf- und Abstiegsprozesse bzw. dauerhaftes Leben in Armut von solchen Familien hinweist, die ein besonderes Armutsrisiko haben. Dabei zeigt sich, dass das Risiko einer Armutserfahrung für Migrantenfamilien viermal so hoch ist wie für Nicht-Migranten, und ebenso wird das erhöhte Armutsrisiko von Ein-Eltern-Familien deutlich.

Einen weiteren inhaltlichen Schwerpunkt legt die Studie darauf, nachzuweisen, wie sich Armut im Bildungsbereich auswirkt, ein Aspekt, der sich nun ebenfalls in der Längsschnittperspektive betrachten lässt. In den Blick genommen werden Schulerfolg, Schulkarrieren und Schullaufbahnempfehlungen der mittlerweile über einen Zeitraum von 6 Jahren beobachteten Kinder. Die ehemaligen Vorschulkinder sind mittlerweile im späten Grundschulalter und stehen unmittelbar vor ihrem Übergang zu weiterführenden Schulen. Ergebnis ist, dass sich im Vergleich zwischen „armen" und „nicht-armen" Kindern signifikante Unterschiede in ihrem Schulverlauf, in ihren Schulerfolgen und ihren Schullaufbahnempfehlungen abzeichnen. Daraus lässt sich beispielsweise unmittelbar schlussfolgern, dass das Erleben von Armutslagen im Vorschulalter negative Einflüsse auf die gesamte schulische Entwicklung (im Grundschulalter) hat. In besonderem Maße wurde dies bei andauernder Armutslage („permanente Armut") festgestellt, die, so die Studie, ganz erheblich auch die weitere schulische Laufbahn der Kinder präjudiziere, wie insbesondere die Auswertung von Schullaufbahnempfehlungen erkennen lasse. Auch wenn derartige Erkenntnisse nicht völlig neu sind, besteht der qualitative Sprung hier darin, dass sich diese Quintessenz nun aus der konkreten Beobachtung von Kindern in einer Längsschnittstudie ergibt.

Das AWO-ISS-Forschungsprojekt hat sich in allen Phasen auch mit der Bewältigungsfrage befasst und entsprechende Erklärungsansätze kontinuierlich weiterentwickelt. Im abschließenden Bericht wird jetzt – eindeutiger als zuvor – auf die Resilienzforschung rekurriert. In Anlehnung an dieses Konzept arbeitet die AWO-ISS-Studie nun Risiko- und Schutzfaktoren heraus, die kindliche Bewältigung von belastenden Lebenslagen „negativ" oder „positiv" beeinflussen können (Holz/Puhlmann 2005, S. 39). Dabei werden jeweils zwei Gruppen von Risiko- und Schutzfaktoren gebildet, die in engem Zusammenhang mit Armut und sozialer Benachteiligung stehen. Damit liegt eine Kategorisierung von Risikofaktoren vor, die speziell armutsbedingt sind:

1. *Sozioökonomische und soziostrukturelle Risikofaktoren:*

   Familiäre Einkommensarmut, Erwerbslosigkeit der Eltern, geringer

Bildungs- und Berufsstatus der Eltern, Migrationserfahrung, Trennung und Scheidung der Eltern, Aufwachsen in Familien mit vielen Geschwistern, Aufwachsen in einer Ein-Eltern-Familie, Kindheit in belastenden Quartieren und in Multiproblemfamilien.

2. *Familiäre und soziale/emotionale Risikofaktoren:*
   Gestörtes Familienklima, schlechte Eltern-Kind-Beziehung, geringe Erziehungs-, Bildungs- und Versorgungskompetenzen der Eltern, geringes oder fehlendes familiäres und soziales Netzwerk, elternbedingte Belastungen u.a.

Von besonderem Interesse für die weitere Diskussion zur Förderung von Resilienz bei den hier in den Blick genommenen Kindern sind zudem die Erkenntnisse, welche die AWO-ISS-Studie zur Wirkung von Schutzfaktoren vorgelegt hat. In einer Kombination von qualitativer Perspektive und quantitativen Verfahren werden individuelle, familiale und außerfamiliale Schutzfaktoren ermittelt, die für die kindliche Bewältigung von Armut eine förderliche Rolle spielen. Dabei wird auf die verschiedenen Lebenslagetypen (Wohlergehen, Benachteiligung, multiple Deprivation) Bezug genommen, denen die „armen" und „nicht armen" Kinder zugeordnet wurden, sowie auf die im Zeitverlauf festgestellte „Dynamik" zwischen diesen Lebenslagetypen:

> „Vor dem Hintergrund der Fragen nach Dynamik und Konstanz in der Entwicklung der Kinder sowie der aufgefundenen personalen und sozialen Ressourcen soll unter anderem geklärt werden, in welcher Weise diese Schutzfaktoren auf den Lebenslagetyp der Kinder einwirken." (Holz u.a. 2005, S. 192).

Dabei wird folgende Differenzierung von Schutzfaktoren vorgenommen:

Individuelle Schutzfaktoren des Kindes: (Holz u.a. 2005, S. 193)

– enge emotionale Beziehung zu mindestens einer Bezugsperson,
– kognitive Fähigkeiten,
– aktive Problembewältigung,
– Ausmaß des Selbstwertgefühls und Selbstvertrauens,
– soziale Unterstützung,
– Erfolg und Leistung,
– soziale Aktivitäten, die Verantwortung und Kreativität fördern.

Familiale Schutzfaktoren: (ebd., S. 194)

– positives Familienklima,
– positive Beziehung zu Mutter und Vater bzw. zu dem alleinerziehenden Elternteil,

- kindzentrierter Tagesablauf,
- gemeinsame Aktivitäten,
- gezielte Unterstützung durch die Eltern,
- Anregung/Förderung durch die Eltern,
- gute Wohnsituation.

Außerfamiliale Schutzfaktoren: (ebd., S. 195)

- gutes Freundschaftssystem,
- gutes Verwandtschaftssystem,
- Mitgliedschaft in Vereinen und Organisationen,
- schulische Förderung des Kindes,
- positive Erfahrung in der Schule,
- Integration in Schule,
- gutes Wohnumfeld.

Ihrer spezifischen Fragestellung folgend, kommt die AWO-ISS-Studie zu bedeutsamen Erkenntnissen, in welcher Weise sich Schutzfaktoren auf die kindliche Bewältigung von Armut auswirken können (Holz u.a., S. 192 ff.):

1. Sie stellt einen deutlichen Zusammenhang zwischen der Anzahl der Schutzfaktoren und dem Lebenslagetyp der Kinder fest, denn mit zunehmender Anzahl von Schutzfaktoren verbessert sich der Lebenslagetyp des Kindes .

2. Die Wahrscheinlichkeit, dass sich Kinder – trotz Armut – in einer günstigeren Lebenslage befinden (etwa im „Wohlergehen"), steigt mit der zunehmenden Anzahl von Schutzfaktoren. Allerdings wurden bei „armen" Kindern auch erheblich weniger Schutzfaktoren festgestellt.

3. Auch bei Veränderungen im Zeitverlauf, wenn es Kindern etwa gelungen ist, aus multipler Deprivation oder aus einer benachteiligten Lebenslage zu „Wohlergehen" aufzusteigen, verfügten solche Kinder über mehr Schutzfaktoren als andere, die in einer ungünstigerer Lebenslage verblieben sind.

Resümierend fasst die Studie die gewonnenen Erkenntnisse wie folgt zusammen: Von zentraler Bedeutung für die Kinder sei die familiale Unterstützung, wobei die Rolle der Eltern, besonders der Mütter, betont wird. Allerdings wird auch darauf hingewiesen, dass die Eltern bzw. Mütter infolge eigener armutsbedingter Überlastung teilweise nur eingeschränkt in der Lage seien, ihrer Aufgabe der sozialen und kulturellen Förderung ihrer Kinder nachzukommen (Holz u.a. 2005, S. 199). Die Studie unterstreicht ganz deutlich die Notwendigkeit, entsprechende Hilfen und Unterstützungsangebote für Kinder wie für Eltern bereitzuhalten. Diese Angebote müssten aber auch so gestaltet werden, dass sie „arme" Eltern und „arme" Kinder tatsächlich erreichen, was nämlich aktuell häufig noch nicht der Fall sei.

5. Resilienz lässt sich fördern – Handlungskonzepte

> *„Die lebensbegünstigenden Eigenschaften der widerstandsfähigen Kinder und ihre Unterstützung, die sie in ihrer Familie und ihrer Gemeinde fanden, waren wie Stufen einer Wendeltreppe, die mit jedem Schritt und Tritt das Kind zu einer erfolgreichen Lebensbewältigung führten. Der Lebensweg war nicht immer gradlinig, aber aufwärts gerichtet, der Endpunkt war ein leistungsfähiger und zuversichtlicher Mensch, der hoffnungsvoll in die Zukunft blickt."*
> *(Werner 1999)*[120]

Vorab einige Bemerkungen, die mir an dieser Stelle des Buches am Herzen liegen: Mein eigentliches Ziel war es, den aktuellen Erkenntnisstand aus Armuts- und Resilienzforschung systematisch zusammenzuführen, um konzeptionelle Wege aufzuzeigen, wie diese Erkenntnisse für die Praxis genutzt werden können. Auch wenn dabei so manche Detailfrage offengeblieben ist, dürfte eines klar geworden sein: Es ist Zeit zum Handeln, es muss etwas getan werden.[121]

Folgerichtig geht es in diesem Kapitel nun um diese *praktischen Schlussfolgerungen*, die aus dem bisher Dargelegten zu ziehen sind. Im engeren Sinne darum, was für Kinder, die in Armut aufwachsen, sozialpädagogisch getan werden kann. Dass diese Kinder und ihre Familien in verschiedener Hinsicht Unterstützung benötigen, ist bereits an mehreren Stellen deutlich geworden: Kinderarmut fordert die Gesellschaft auf unterschiedlichen Ebenen heraus. Diese *gesellschaftliche und vor allem politische Verantwortung* soll noch einmal (vgl. Kap. 3.3.2) betont werden, ehe hier verschiedene Konzepte zur Förderung von Resilienz vorgestellt werden und dezidierter die Frage erörtert wird, ob und in welcher Weise davon auch Kinder, die mit den Folgewirkungen von Armut zu kämpfen haben, „profitieren" könnten.

Die Ideen und Konzepte zur praktischen Förderung von *kindlicher Widerstandsfähigkeit*, die in einer engen Auswahl vorgestellt werden, haben nur dann eine Chance umgesetzt zu werden, wenn dafür auch die nötigen personellen, finanziellen und sonstigen Ressourcen bereit gestellt

---

120 Siehe: Werner 1999, S. 31.
121 Sicherlich gibt es viele andere Stimmen, die dieses Postulat erheben. Aber an der Stelle möchte ich mich auf meine langjährige Auseinandersetzung mit der Problematik und auf einen Artikel aus der Abschlussphase des Münsteraner Projektes hinweisen: Zander, Margherita: Was wir über Kinderarmut wissen – Es ist Zeit zum Handeln!, in: Thema Jugend, 4/2002.

werden. Diese Forderung klingt „ausgeleiert", weil sie in allen Bereichen des Sozialen, wo es um menschliche Zuwendung auf professioneller Ebene geht, immer wieder erhoben wird. Dennoch möchte ich sie hier mit Nachdruck angesichts der sonst aufs Spiel gesetzten Lebenschancen von Kindern, die mitten unter uns in Armut leben, wiederholen: Es macht keinen Sinn, viele gute Gedanken zu den ausgefeiltesten sozialpädagogischen Konzepten zu entwickeln, wenn nicht auch über die Rahmenbedingungen gesprochen wird, die erst hergestellt werden müssen, um eine Realisierung überhaupt ins Auge fassen zu können. Allerdings – und ich erlaube mir diesen skeptischen Einwurf – erscheint es mir fragwürdig, ob eine Gesellschaft, die die Armut dieser Kinder nicht verhindern kann, bereit sein wird, die für ihre Förderung nötigen Ressourcen aufzubringen! Und die Gesellschaft müsste sich fragen, ob das, was sie als unschönes Nebenprodukt von freiheitlicher sozialer Ordnung nicht verhindern zu können glaubt, in Wahrheit gar nicht mit letzter Konsequenz verhindern *will*.

Dennoch sei an dieser Stelle auf das Prinzip Hoffnung gesetzt, eben darauf, dass auch die in diesem Buch zusammengetragenen Fakten und Erkenntnisse stark genug sind, um etwas mit ins Rollen bringen zu können: Die Armutsdebatte darf sich nicht – wie allzu oft der Fall – auf finanzielle Probleme und Konsequenzen begrenzen, schon gar nicht darauf, wie viel Armut wir uns gleichsam noch leisten dürften. Es darf nicht übersehen und überhört werden, was selbst in der manchmal trockenen, statistischen Wissenschaftssprache deutlich geworden sein dürfte – dass es um ganz konkrete Einzelschicksale, um kindliches Leid geht. Meine Hoffnung ist auch, dass der hier auf das Armutsrisiko von Kindern fokussierte Gedanke der Resilienzförderung in den Fachdiskurs und vor allem in die sozial-/pädagogische Praxis Eingang findet.

Sicherlich können teilweise die Ideen und Konzepte, die im Folgenden vorgestellt werden, in bereits bestehende Angebote integriert werden. Und es *ist nicht alles neu*, was im neuen Gewand daher kommt (vgl. dazu auch: Weiß 2007b). So manche Ansätze, die als Resilienzförderung angeboten werden, sind bereits Bestandteil guter pädagogischer Standards. Das darf aus der Perspektive der in diesem Arbeitsfeld tätigen Professionellen durchaus beruhigend klingen und ist auch beruhigend mit Blick auf die Kinder. Dennoch: Wenn die Förderung dieser Kinder – aktuell sind es statisch ausgewiesen annähernd 2 Millionen – ernsthaft in Angriff genommen werden soll, dann sind dafür „gesellschaftliche Ressourcen" erforderlich. Ich spreche bewusst nicht nur von finanziellen Ressourcen. Hier werden vor allem qualifizierte Fachkräfte gebraucht, die sich auf diese Aufgabe einlassen. Erwachsene also, die bereit sind, im Umgang mit diesen Kindern etwas zu entwickeln, was diese dringend brauchen, um trotz der Widrigkeiten, die sie tagtäglich erfahren, seelisch gesund zu bleiben. Edith Grotberg, deren inhaltliches Konzept zur Förderung von Resilienz noch vorgestellt werden soll, sieht es als ein wesentliches Qualifikationsmerkmal an, dass diese Personen selber erst *ihre eigene Resilienzfähigkeit* prüfen. Was natürlich Sinn macht, da es eine erprobte pädagogische Regel ist: Selbst ein Vorbild für die Kinder zu sein. Wir brauchen also *„resiliente" Pädagoginnen und Pädagogen*, um ein solches Programm Realität werden zu lassen.

„Ist die Fähigkeit zu Resilienz in bestimmten Menschen angelegt, oder ist sie ein Produkt guter Förderung in deren Sozialisationsprozess – oder beides?" Diese Frage wirft Rosemarie Welter-Enderlin in der Einleitung zu der von ihr zusammen mit Bruno Hildenbrand herausgegebenen Dokumentation eines internationalen Kongresses zu „Resilienz – Gedeihen trotz widriger Umstände" auf (Enderlin/Hildebrand 2006, S. 10). Ihre und auch meine Antwort lautet: beides: Resilienzförderung basiert auf einem Menschenbild, das davon ausgeht, dass in allen Menschen die Fähigkeiten angelegt sind, mit den vielfältigen „Widrigkeiten" des Lebens – mit tiefen Verletzungen, traumatischen Erlebnissen, Schicksalsschlägen, Ungerechtigkeiten, Gemeinheiten – zurechtzukommen. Es wäre jedoch ein Missverständnis anzunehmen, dass Menschen unverwundbar sind oder unverwundbar gemacht werden könnten. So können auch Kinder, obwohl sie diese Kräfte in sich haben, diese nicht „aus sich selbst heraus" (Weiß 2007 b, S. 2) entwickeln, sondern sind auf soziale Unterstützung, vor allem auf Zuwendung und Anerkennung von Erwachsenen angewiesen. Wenn sie diese Hilfe nicht in ihrem unmittelbaren familiären Umfeld erfahren können, brauchen sie professionelle Zuwendung und Unterstützung.

5.1 Einige grundsätzliche Überlegungen zu Resilienzförderung bei „armen" Kindern

Wie die vorausgegangenen Kapitel gezeigt haben, erleben Kinder in einer Wohlstandsgesellschaft die Auswirkungen von *familiärer* Armut in erster Linie als *psychosoziale Belastung*. Dabei ist ihre Situation differenziert zu betrachten, je nach Dauer der Armut und ausgeprägter Notlage. So hat z.B. die AWO-ISS-Studie bei einem erheblichen Anteil der beobachteten Kinder durchaus auch ernsthafte *Defizite in der Grundversorgung* festgestellt (vgl. Kap. 4.4.4). Einem derart offenkundig werdenden Miss- oder Notstand ist sicherlich *nicht mit Resilienz-Förderprogrammen* beizukommen. Das wäre zynisch! In diesem Punkt ist an erster Stelle die Sozialpolitik gefordert, d.h. wir brauchen – wie bereits formuliert (vgl. Kapitel 3.1.1) – eine *„Grundsicherung für Kinder"*, mit der ihre materiellen und immateriellen *Grundbedürfnisse* abgesichert werden können. Dies ist eine Frage eines Mindestmaßes an sozialer Gerechtigkeit, das auch von einer Gesellschaft erwartet werden darf, die soziale Ungleichheit in einem weitergehenden Sinne wohl hinnimmt.

Wenn die gesellschaftlich zur Verfügung gestellten Mittel (z.b. das Sozialgeld) zur *Existenzsicherung von Einzelpersonen und Familien* nicht so knapp wären, gäbe es sicherlich auch weniger Familien, die eine fachliche und personelle Unterstützung bei der Haushaltsführung bräuchten. Obwohl es – zugegebenermaßen – diesbezüglich *überforderte Familien*, meist solche in chronischen Armutsverhältnissen, weiterhin geben dürfte. Mit Geld allein – das stimmt – lässt sich nur ein Teil der Problematik lösen, aber sicherlich mehr als öffentlich ein- und zugestanden wird.

5.1.1 Kann die Förderung von Resilienz *„armen" Kindern überhaupt helfen?*

Von einer Publikation, die vor allem von dem Impetus getragen ist, darauf hinzuweisen, dass *„Kinderarmut als Risiko"* bisher *im Resilienzdiskurs vernachlässigt* worden ist, erwartet man zurecht auch Überlegungen dazu, wie ein Konzept zur Resilienzförderung, das vor allem diese Zielgruppe im Auge hat, aussehen müsste sowie zur Frage, ob es sogar eines spezifischen Konzeptes bedürfte. Diese Frage möchte ich zunächst mit einer Reihe von grundsätzlichen Überlegungen beantworten, um dann in konkretere Vorschläge einzusteigen:

– Den Ansatzpunkt für Resilienzförderung bildet nicht die Armut: Kinder sollen und können *nicht gegen Armut resilient* gemacht werden. Armut gilt es gesellschaftlich zu beseitigen oder zu mindern, das verstehe ich unter primärer Armutsprävention. Resilienzförderung zielt auf die *psychosozialen Risiken*, die für die Kinder damit verbunden sind.

– Tatsache ist, dass Armut sowohl mit *armutsspezifischen psychosozialen Belastungen* (z.B.: Schamgefühlen, sozialen Ausgrenzungserfahrungen, Existenzängsten), aber auch mit anderen psychosozialen Belastungen (z.B. Trennungs- und Scheidungsfolgen, Gewalterfahrungen, psychischen Krankheiten) zusätzlich häufiger verbunden ist.

Dies legt es nahe, Kinder, die in Armutsverhältnissen leben, als *besonders risikobelastete Zielgruppe* in den Blick zu nehmen.

– Das bedeutet jedoch nicht, diese Kinder per se als förderungsbedürftig darzustellen – es soll ihnen nicht noch ein weiteres Etikett angeheftet werden! Die Blickrichtung muss eine andere sein: Wie schon erwähnt, *brauchen Kinder* zur Entwicklung ihrer Stärken und ihrer Widerstandsfähigkeit die *Unterstützung von außen*: einerseits um ihre inneren „Abwehrkräfte" zu stärken (= Resilienzfähigkeit zu fördern) und andererseits um Einfluss auf ihre äußeren Bedingungen (= Schutzfaktoren vermehren) zu nehmen.

– Dies gilt generell für Kinder die Risiken, Belastungen und Traumata zu bewältigen haben, trifft aber für Kinder, die in Armut leben, *um so häufiger* zu als sie häufiger als andere einer Vielfalt von beeinträchtigenden Entwicklungsrisiken ausgesetzt sind.

– Der Kenntnisstand in der Resilienzforschung ist teilweise *unübersichtlich* und teilweise ungesichert; allerdings gibt es eine Reihe von *konsensfähigen Erkenntnissen*, die hilfreich sein können, um daraus praktische Konzepte zur Förderung von Resilienz bei Kindern (und auch Erwachsenen) abzuleiten.

– Es gibt in der Resilienzforschung wohl Versuche verschiedenen Risikofaktoren spezifische *Gefährdungswerte* zu zuordnen, d.h. das individuelle Belastungsausmaß objektiv einzuschätzen. Diese bleiben in ihrem Ergebnis letztlich aber *uneindeutig*. Daher kann letztlich nur die Orientierung an der subjektiven Wahrnehmung und Betroffenheit handlungsleitend dabei sein, welches Maß an Förderung und Unterstützung jeweils geboten ist.

– An der Stelle ist somit die *sozial-/pädagogische Praxis* gefordert; ihr fachlicher Blick auf die Realität jedes einzelnen Kindes oder auch auf Gruppen von Kindern. Auf die Praxis wird es ankommen, ob und wie sie den Resilienzgedanken aufnimmt und in ihren Alltag zu integrieren versucht!

Ein erstes Fazit: Die Konzepte zur Förderung von Resilienz werden generell nicht auf ein spezifisches Risiko zugeschnitten, also auch nicht auf das ohnehin nicht isoliert zu betrachtende Armutsrisiko. Besonders zu berücksichtigen sind jedoch die mit Armut verbundenen *spezifischen psychosozialen Belastungen* und die Erkenntnisse zu *möglicherweise auch spezifischen Schutzfaktoren*, die vor allem Kindern, die in Armut leben, den Zugang zu ihnen versperrten Ressourcen ermöglichen könnten.

5.1.2 „Armutsgefährdete" Kinder
als Zielgruppe von Resilienzförderung

Kehren wir zur Erörterung von Resilienzförderung zurück und dazu, was ein solches Konzept berücksichtigen müsste und was es für Kinder, die in Armutsverhältnissen leben, bringen könnte. Den Ausgangspunkt bildet dabei die Erkenntnis, dass *Armut* in der Vielfalt ihrer materiellen und immateriellen Ausprägungen im Einzelfall meist als eine *Kumulation von Risiken* erlebt wird und dass genau dies die spezifische Belastung dieser Kinder (vgl. Kap. 4.4.3) ausmacht. Die Anzahl der Risiken sowie das jeweilige Ausmaß und Gefährdungspotenzial variieren im Einzelfall und je nach Armutstypus (vgl. Kap. 3.2.4). Die Kumulation von Risiken als solche ist mit der Mehrdimensionalität von Armut als Lebenslage verbunden und damit auch nicht auf sogenannte *chronische oder verfestigte Armut* begrenzt, auch wenn dies sicherlich die Armutsform mit den weitreichendsten Auswirkungen auf die Kinder sein dürfte. Dies zu betonen ist mir in Anbetracht dessen, dass vor allem die „neuen" oder „transitorischen" *Formen* von kürzerer oder längerer Dauer zunehmen, ein zentrales Anliegen. Abgesehen davon, dass sich neue *Tendenzen zur Verfestigung* von Armut abzeichnen, worauf u.a. neueste Daten des DIW hinweisen,[122] hat ja gerade die Erfahrung von *Verarmung als solche tiefgreifende Auswirkungen* auf das Familiensystem und birgt somit bereits ein beachtliches *Risiko für die Kinder* wie die vorgestellten Resilienzstudien (vgl. z.B. Elder und Schoon) und die Ergebnisse des DJI-Kinderpanel (vgl. Kap. 4.3) eindrücklich gezeigt haben.

Neben der *Unterschiedlichkeit* in der Betroffenheit im Einzelfall gilt es auch die sozialstrukturellen Aspekte im Auge zu behalten. In diesem Punkt möchte ich an die im dritten Kapitel gemachten Ausführungen *zur Risikogesellschaft* und daran anknüpfen, dass wir zurzeit erleben wie sich das Armutsrisiko *„sozialstrukturell"* entgrenzt, so die Formulierung von Ulrich Beck (1986). Das heißt: Es geraten auch zunehmend Familien und Kinder in Armut, die es selbst nicht erwartet hätten und von denen man es nicht annehmen würde. Heute noch gut situierte Familien können durch plötzlichen Verlust des Arbeitsplatzes, durch Einkommenseinbrüche bei

---

122 Vgl. Groh-Samberg 2007. Das DIW (Deutsches Institut für Wirtschaftsforschung) kommt in der Auswertung der Panel-Daten von 2000 bis 2004 (SOEP = Sozio-oekonomisches Panel) zu dem Ergebnis, dass fast ein Zehntel der bundesrepublikanischen Bevölkerung in verfestigter Armut lebt und dass verfestigte Armut weiterhin zunehmen wird. "Dabei zeigt sich ein recht stabiler Zusammenhang zwischen Armut und ‚Klassenzugehörigkeit'. Hauptbetroffene der Armut sind die Arbeiter, insbesondere die Gruppe der wenig Qualifizierten." Siehe: ebd., S. 180.

Selbstständigen, durch plötzliche Erwerbsunfähigkeit, durch die Geburt eines weiteren Kindes, durch Trennungen und Scheidungen morgen schon in Armut geraten. Das Wissen um diese Prozesse ist von zentraler Bedeutung, wenn wir die „Zielgruppe" von Resilienz fördernden Programmen definieren wollen. Um es mit anderen Worten zu formulieren: Armut ist in unserer Gesellschaft nur in seltenen Fällen sichtbar, meist versteckt sie sich und ist auch dort präsent, wo wir sie nicht vermuten.

Daneben gibt es soziale Gruppen, bei denen das Armutsrisiko nach wie vor wesentlich höher als bei anderen ist. Es ist bekannt, dass *Kinder von Alleinerziehenden* häufiger in Armut leben und dies gilt auch für die *Familien mit Migrationserfahrung.* Gemeint sind damit insbesondere Flüchtlingsfamilien, die je nach rechtlichem Status z.b. bei Bezug von Asylbewerberleistungen sogar auf abgesenktem Armutsniveau leben[123], aber auch Aussiedlerfamilien und Familien von Arbeitsmigranten sind − statistisch gesehen − doppelt so häufig von Erwerbslosigkeit betroffen und gehören damit zu den Gruppen, die im Vergleich zu anderen ein offensichtlich höheres Armutsrisiko haben. Erwähnt werden muss noch eine weitere Gruppe: Es sind *die Geringqualifizierten;* es sind die eindeutigen *Verliererinnen und Verlierer der Risikogesellschaft,* denn sie haben durch den Wegfall entsprechender Arbeitsplätze kaum noch eine Chance auf dem Arbeitmarkt. Allenfalls kommen sie in prekären Arbeitsverhältnissen unter, d.h. dass sie − trotz Erwerbstätigkeit − unter oder nahe an der Armutsgrenze leben, die sogenannten „working poor", offensichtlich gibt es noch keinen geläufigen eingedeutschten Begriff dafür. Meist sind dies wiederum diejenigen, die keinen Schulabschluss bzw. „nur" einen Hauptschulabschluss haben oder auf einer − der mittlerweile mit unterschiedlichen Bezeichnungen geführten − Förder- oder Sonderschulen waren[124]. An der Stelle schließt sich dann wieder der „Teufelskreis der Armut", da auf diese Schultypen − wie unter anderem auch die AWO-ISS-Studie ge-

---

123 Das Asylbewerberleistungsgesetz soll das Existenzminimum für bestimmte Gruppen von Flüchtlingen absichern; die damit gewährten Leistungen liegen ca. 20–30% unterhalb des Sozialgeldniveaus, wobei sie teilweise als Sach-, nicht als Geldleistung gewährt werden.

124 In NRW gibt es seit neuerem z.b. verschiedene Typen von Schulformen mit spezialisierten Förderschwerpunkten: für emotionale und soziale Entwicklung (früher: erziehungsschwierig/verhaltensgestört, verhaltensauffällig; für geistige Entwicklung (früher: geistig behindert), für Hören und Kommunikation (früher: gehörlos, schwerhörig), für Lernen (früher: lernbehindert), für Sehen (früher: blind, sehbehindert), für Sprache (früher: sprachbehindert). Insgesamt kursiert die Zahl von etwa 430.000 Schülerinnen und Schülern, die auf solche Förder- oder Sonderschulen gehen, d.h. etwa 4,5% der Schülerschaft. Vgl. Wikipedia.org/wiki/Sonderschule.

zeigt hat (vgl. Kap. 4.4.4) – vorwiegend Kinder aus armen Familien verwiesen werden.

5.1.3 Sozialräumliche Angebote angesichts entgrenzter Armut

Diese sozialstrukturellen Erkenntnisse liefern wichtige Hinweise, um die Frage zu erörtern, wo Resilienzförderung sozialräumlich zu verorten wäre. Dabei wird man sicherlich Prioritäten setzen müssen, dennoch sollte immer auch die Gesamtproblematik im Auge behalten werden. Mehr als wünschenswert wäre es sicherlich, wenn *alle in Armut lebenden Kinder die Chance* hätten, die Unterstützung von außen zu bekommen, die sie nötig haben, um ihre Widerstandsfähigkeit zu entwickeln. Diese Forderung mit Nachdruck zu erheben, ist richtig und wird durch den hier aufgezeigten Erkenntnisstand mehr als gerechtfertigt. Dennoch läuft sie Gefahr als unseriös abgestempelt zu werden, wenn ihre Handhabbarkeit nicht konkretisiert wird.

Eine solche Konkretisierung ist möglich, wenn man von der oben vorgenommenen Differenzierung der „Armutspopulation" ausgeht und eine generelle sozialräumliche Verortung der verschiedenen betroffenen Gruppen vornimmt, wenngleich dies in der Praxis dann konkret nur *auf kommunaler Ebene* erfolgen kann. Damit berühren wir nun das Alltagsgeschäft kommunaler Sozial-, Jugend- und Familienpolitik und auch die Praxis von Sozialer Arbeit, die infolge sozialräumlicher Polarisierung von Armut immer schon verstärkt in „sozial benachteiligten Stadtteilen" angesiedelt war. Solche Stadtteile bilden bereits seit längerem örtliche Schwerpunkte für sozialarbeiterische Interventionen unterschiedlichster Art wie beispielsweise „Sozialpädagogischer Familienhilfe", Schulsozialarbeit oder im Rahmen offener stadtteilorientierter Angebote. Im Zuge der sich verschärfenden Armutsproblematik hatte das Bundesfamilienministerium bereits 1999 ein „Maßnahmenkonzept zur Armutsprävention" aufgelegt, an dem sich verschiedene Träger und Kommunen beteiligt haben. Verschiedene Kommunen haben in den letzten Jahren „Armutspräventionsprojekte" gestartet und diese insbesondere in „sozial benachteiligten Stadtteilen" oder „Stadtteilen mit besonderem Erneuerungsbedarf" (laut amtlicher Sprachregelung: früher „soziale Brennpunkte) angesiedelt.

Dies ist richtig und wichtig und sollte *weiterhin Priorität* behalten, weil in diesen Stadtteilen vor allem diejenigen Kinder wohnen, die längerfristig oder sogar in verfestigter Armut leben. Allerdings sei eine klärende Anmerkung zur benutzten Begrifflichkeit gemacht. Es handelt sich dabei m.E. nicht um „primäre Armutsprävention" – wie sie in Kapitel

3.3.3 definiert worden ist –, sondern vorwiegend um Projekte, die an den
Auswirkungen von Armut ansetzen. Als weiterführend für die hier zu
diskutierende Perspektive sei erwähnt, dass darunter auch modellhafte
Projekte sind, die die *Idee der Resilienzförderung* bereits in ihre Arbeitskonzept aufgenommen haben (z.b. Moki in Mohndorf oder zwei Saarbrü-
cker Modellprojekte).[125] In der Tat wäre in solchen Projekten die Idee der
Resilienzförderung richtig verortet, weil sie damit zielgenau die Gruppe
von Kindern erreichen könnte, von denen hier die Rede ist. Leider haben
solche Projekte häufig Modellcharakter, d.h. sie sind vereinzelt und meist
ist ihre längerfristige Laufzeit über den begrenzten Modell-Zeitraum hinaus nicht gesichert. Zumindest hier müsste ein erkennbarer politischer
Schwerpunkt in der Umsetzung von Resilienzförderung erfolgen!

Dennoch darf nicht übersehen werden: *Ein größerer Teil der Kinder,*
die nach sozialwissenschaftlich entwickelten Kriterien (vgl. Kap. 3.2.2 und
3.2.3) als in Armut lebend einzustufen ist, *würde außen vor bleiben,* wenn
man sich *nur* auf diese benachteiligten Stadtteile konzentrieren würde.
Dies wären vor allem jene Kinder, die aktuell Verarmungsprozesse erleben und für die wir – wie z.b. die Auswertung des DJI-Panel gezeigt
hat – ernsthafte negative Auswirkungen auf ihr „Wohlbefinden" und für
ihre weitere Entwicklung zu befürchten haben. Obwohl es zunächst und
zufördert um die Kinder selbst gehen sollte, *ihre Verwirklichungschancen
und ihre Lebenszufriedenheit,* ist gegenüber den politisch Verantwortlichen
auch ein anderes Argument ins Spiel zu bringen: Diese Kinder – das darf
ruhig wie eine Drohung für Gesellschaft und Politik klingen – werden
ihre auch für die Gesellschaft nützlichen Potenziale nicht entfalten können, wenn sie in ihrer risikobelasteten Lebenssituation nicht in ihrer Wi-
derstandfähigkeit gefördert werden!

Die Benennung eines konkreten Ortes, an dem diese Kinder erreicht
werden könnten, führt uns weiter zur Idee einer institutionellen Einbindung von Resilienzförderung.

5.1.4 *Institutionelle Anbindung im Bildungssystem*
und in der Sozialen Arbeit

Wie zu Beginn dieses Kapitels erwähnt, wird mit der Idee der Resilienzförderung zwar ein neues Paradigma, eine neue Blickrichtung in Pädagogik,

---

125 Vgl. dazu den Endbericht der beiden Projekte: iSSPO Saarbrücken (Hrg.): „Abschlussbericht der beiden Modellprojekte zur Bekämpfung der Auswirkungen von Kinderarmut" Saarbrücken 2006, zu beziehen über das Institut für Sozialforschung, Praxisberatung und Organisationsentwicklung in Saarbrücken, http://www.ispo-institut.de/.

Sozialpädagogik, Heilpädagogik, Entwicklungs- und klinische Psychologie und – nicht zu vergessen – die Kinderheilkunde eingeführt. Gleichzeitig wird aber auch konzeptionell – wie wir sehen werden – durchaus an Vertrautes und Bewährtes angeknüpft. Deshalb wäre der Gedanke, dass es spezifische Orte geben sollte, die sich auf Resilienzförderung spezialisieren, abwegig – wenn nicht gar kontraproduktiv. Vielmehr muss sich die Idee in den bestehenden Einrichtungen und Angeboten des Bildungswesens wie auch der Sozialen Arbeit verankern lassen.

5.1.4.1 Frühförderung und frühe Hilfen

Erste *ermutigende Ansatzpunkte* dazu gibt es bereits: So wird das Konzept der Resilienz im Bereich der *Frühförderung* – und darüber hinaus wohl in der *Heilpädagogik* generell – seit Jahren schon ernsthaft diskutiert und teilweise wohl auch umgesetzt (vgl. Weiß 2007, Kühl 2003). Indem wir auf die Frühförderung blicken, stellen wir gedanklich zwei Verbindungslinien her:

– Resilienzförderung sollte möglichst im frühesten Kindesalter beginnen,
– Frühförderung zielt häufig auf Kinder in Armutslagen.

Diesen Zusammenhang stellt Hans Weiß (2005) in einem Beitrag zu ‚Frühen Hilfen' für entwicklungsgefährdete Kinder eindeutig her, indem er schreibt:

> „Offensichtlich ist die Zahl der Kinder mit primär psychosozialen Entwicklungsgefährdungen, bei denen auch Armutsfaktoren eine Rolle spielen, gestiegen. Dadurch lastet auf dem System der Frühförderung ein wachsender Handlungsdruck, der sich z.B. in einer hohen Nachfrage von Frühförder-Fachpersonen nach tragfähigen Handlungsorientierungen widerspiegelt." (Weiß 2005, S. 182).

Zu Recht warnt Weiß vor der *Gefahr einer Pädagogisierung von Armut,* d.h. dass nicht das Missverständnis aufkommen sollte, Armut könne mit pädagogischen Mitteln beseitigt werden. Dies kann nicht oft genug betont werden. Diese Prämisse vorweggeschickt, skizziert Weiß in einem anderen Beitrag konzeptionelle Grundzüge, wie Resilienzförderung in das *System der Frühförderung* integriert werden könnte (Weiß 2007, S. 158 f.). Dabei stützt er sich im Übrigen konzeptionell auch auf die Vorschläge von Daniel und Wassel (2003), die hier an späterer Stelle noch ausführlicher vorgestellt werden. Weiss bezieht sich vor allem auf die eigentliche Frühförderung wie sie in interdisziplinären Frühförderstellen, sozialpädiatrischen Zentren und bei niedergelassenen Fachärzten, pädagogischen und therapeutischen Fachkräften angesiedelt ist. Das Gesamt-

system „früher Hilfen" umfasst darüber hinaus den Bereich der Kindertagesstätten und familienbezogene Hilfen im Rahmen der Kinder- und
Jugendhilfe (Weiss 2005, S. 183).

Den Blick auf „frühe Hilfe" zu lenken macht Sinn, da auch für die
Resilienzförderung wie generell für präventive Maßnahmen die Devise
gilt: so früh wie möglich beginnen! In diesem Sinne schlägt beispielsweise
Uta Meier-Gräwe (2007) in einem Beitrag zur „Förderung von Resilienz
bei armen Kindern und Jugendlichen" Hausbesuche und aufsuchende
Familienhilfen nach der Geburt eines Kindes vor. So könnte sichergestellt
werden, dass Förderbedarfe frühzeitig bei Säuglingen und Kleinkindern
erkannt und über entsprechende Förderangebote informiert wird. In eine
ähnliche Richtung zielt auch ihre Idee, an geeigneten Orten Bildungs- und
Kursangebote für Junge Eltern vorzuhalten, um auf diese Weise durch die
Unterstützung der Eltern auch eine möglichst frühe Förderung des Kindes zu erreichen (Meier-Gräwe 2007, S. 84 ff.).

In diesem Kontext ist sicherlich auch an das in NRW als Modellprojekt eingeführte „Soziale Frühwarnsystem" zu denken. Ziel ist dabei,
„Sensoren zu entwickeln, die es ermöglichen zu einem frühen Zeitpunkt
(früh in der Biografie von Kindern in belasteten Lebenssituationen und
früh bezogen auf das Stadium einer potenziellen Problementwicklung)
Probleme zu erkennen und entsprechende (präventive) Hilfsangebote zu
unterbreiten." (Wagenblass 2006, S. 20). Es wäre zu überlegen, wie sich in
solches System auch der Gedanke der Resilienzförderung „einpflanzen"
ließe. Es könnte durchaus ein „geeigneter Ort" im System sozialer Hilfen
sein, wenngleich es – wie schon der sprachliche Tenor des Zitates zeigt
– um ein System problemorientierter Intervention geht. Allerdings soll
ja präventiv mit Hilfen intervenirt werden, d.h. im Bild der Ampel gesprochen, „auf den Übergang von der Grün- auf die Gelbphase" geachtet
werden. Immerhin weisen die Ansätze dieser Hilfen eine Nähe zu dem
hier diskutierten Resilienzkonzept auf. So schreibt Sabine Wagenblass:

> „Analog zum Konzept des Empowerments, d.h. Selbstbemächtigung von Menschen in
> Krisen, geht es darum die Menschen zur Entdeckung ihrer eigenen (oftmals versteck-
> ten) Stärken und Kompetenzen zu ermutigen. Ein solcher Ansatz ist geleitet von einem
> grundlegenden Vertrauen in die Stärken von Familien und gleichzeitig eine Absage an
> eine defizitorientierte Perspektive." (Wagenblass 2006, S. 21)

5.1.4.2 Hilfen für Familien

An die Idee der Stärkung von Familien knüpft auch Marie-Luise Conen
vom Institut für systemische Therapie und Beratung an. Sie unterstreicht
die Bedeutung des Resilienzkonzeptes für pädagogisches Handeln und

legt den Akzent eindeutig auf die Entwicklung der Resilienzfähigkeit in Familien (als System). Conen vertritt dabei – in Anlehnung an Walsh (1998) – einen Resilienzbegriff, der sich eindeutig am Herausforderungs-Modell orientiert (vgl. Kap. 1.6). Drei Merkmale charakterisieren demzufolge Resilienz:

> – „ein aktiver Prozess des Wagemuts,
> – die Fähigkeit zur Selbstkorrektur,
> – das Wachsen als Antwort auf Krisen und daraus resultierenden Herausforderungen."
> (Conen 2005, S. 2)

Conen setzt in der Arbeit mit Familien auf ihre Änderungsfähigkeit – „Familien (sich) Veränderungen zutrauen", hat sie einen diesbezüglichen Vortrag auf einem Fachtag überschrieben (vgl. Conen 2005). In diesem Sinne plädiert sie dafür, *Familien als System* in ihrer Resilienzfähigkeit zu unterstützen. Dabei hat sie keineswegs das konservative Leitbild von Familie im Blick, wie es durchaus in der Familientherapie häufig unterstellt werden kann. Wie Froma Walsh weist sie den Mythos von sogenannten „normalen Familien", die problemfrei seien, entschieden zurück (vgl. Conen 2005). So kritisiert sie auch die „Bindungstheorie", die die Bindung von Mutter und Kind zu sehr betone. Sie verweist auf die Ergebnisse der Resilienzforschung, die gezeigt habe, dass auch Ersatzpersonen diese Rolle übernehmen könnten. Ganz im Sinne des eingangs (vgl. Kap. 1.4) angerissenen Paradigmenwechsels – von der Zwangsläufigkeit hin zur Wahrscheinlichkeit – betont sie die Offenheit kindlicher Entwicklung und Lebensverläufe:

> „Es gilt meines Erachtens Abschied zu nehmen von der Vorstellung, dass Elend und Notlagen sich für immer zerstörerisch auf das Leben der Kinder, Jugendlichen und Erwachsenen auswirken." (Conen 2005, S. 8)

Ihr Ziel ist also die „resiliente" Familie – indem die Resilienzfähigkeit der Familie gestärkt werde, entstehe ein starker Schutzfaktor für die Kinder. Als „konkreter Ort" für eine derart konzipierte Unterstützung erschiene mir z.b. die „Sozialpädagogische Familienhilfe" (SPFH), jedenfalls erreicht gerade diese Hilfeform in chronischer Armut und sozialer Benachteiligung lebende Familien. Nicht übersehen werden darf jedoch, dass diese Form der externen professionellen Unterstützung von Familien nicht immer „freiwillig" angenommen wird und dass es in solchen Fällen schwer fallen dürfte, die Vertrauensbasis herzustellen, die erforderlich ist, um Resilienzförderung anzubieten (vgl. Grotberg in diesem Kapitel).[126]

Fußnote 126 siehe S. 190.

Diese Familien, die im traditionellen Sprachgebrauch der Sozialen Arbeit häufig als „Multiproblemfamilien" bezeichnet werden – hat Klaus Wolf in seinen Studien zur SPFH vor allem im Blick. Ausgehend von der sozialen Realität dieser Familien stellt Wolf eine Verbindung zum Resilienzkonzept her und möchte die neueren Ergebnisse der Resilienzforschung für die sozialpädagogische Arbeit mit diesen Familien nutzen. Zum einen betont er die Notwendigkeit, für Kinder, die in solch mehrfach belasteten Familien leben,

> „im unmittelbaren Sozialraum und im Geflecht der Netzwerkbeziehungen der Kinder systematisch nach Sozialisationspartnern zu suchen, die einzelnen Kindern den Zugang zu solchen Menschen , die sie als Ressourcen für die Bewältigung ihrer Entwicklungsaufgaben nutzen können, erleichtert." (Wolf 2006, S. 13, Internet-Version).

Er sieht in der Orientierung an den Ergebnissen der Resilienzforschung eine Chance, die pädagogischen Handlungsmöglichkeiten zu erweitern, indem beispielsweise stärker das weitere soziale Umfeld der Kinder als mögliche Ressource genutzt wird. Dies sei vor allem dann notwendig, wenn in der Familie selbst solche Schutzfaktoren für das Kind nicht ausreichend zu mobilisieren sind. Dazu sollte erwähnt werden, dass Wolf sich schwerpunktmäßig mit Hilfen bei Kindeswohlgefährdung befasst und daher einen entsprechend besorgteren Blick auf die Kinder hat, die in Familien leben, die für sie statt ein Schutzraum zu sein eine Gefährdung darstellen. Wolf plädiert also für eine SPFH, die sich nicht darauf beschränkt, auf die innerfamiliären Prozesse Einfluss zu nehmen – d.h. auf die Beziehungen zwischen den Familienmitgliedern, Alltagsroutinen, Arbeitsteilungen und Rituale. Vielmehr müsse in solchen Fällen der Aktionsradius erweitert werden, indem vor allem auch außerfamiliäre Ressourcen für die Kinder zugänglich gemacht werden (Wolf 2006, S. 14, Internet-Version).[127]

5.1.4.3 Kindertagesbetreuung

Erste Ansätze, Resilienzförderung zu diskutieren, gibt es auch im *Kindertagesstättenbereich*: In einer „Arbeitshilfe zum Umgang mit Kinderarmut und Kindesvernachlässigung in evangelischen *Tageseinrichtungen für Kin-*

---

126 Klaus Wolf, der sich in seiner empirischen Forschung aus der Sicht der Klientinnen und Klienten mit den Wirkungen von SPFH auseinandersetzt und dabei sowohl die Ermutigung und Aktivierung als auch die soziale Kontrolle dieser Arbeitsweise analysiert, schreibt dazu: "Das Vertrauen in die eigenen Einfluss- und Gestaltungsmöglichkeiten ist die Voraussetzung vieler Lern- und Entwicklungsprozesse, die auf die gesamte Familie ausstrahlen." (Wolf 2006, S. 11 Internet-Version)
127 Obwohl hier nicht speziell Thema, bewegen wir uns hiermit in einem Aufgabenbereich, in dem nicht selten die Herausnahme der Kinder aus der Familie ansteht.

der" (BETA/Diakonie 2006) wird Resilienzförderung als ein Lösungsweg beschrieben, d.h. als eine Antwort auf die pädagogische Herausforderung „Kinderarmut (zu) erkennen, wirksam (zu) handeln" präsentiert. Damit wäre eine Verortung im Kindergarten-, Kindertagesstätten und Hortbereich angesprochen, in dem ein großer Teil von Kindern ab dem dritten Lebensjahr – in Zukunft wohl auch verstärkt ab dem zweiten Lebensjahr – seine erste außerfamiliäre Sozialisation erfährt.

Zur *Resilienzförderung im Kindergartenbereich* lief in Freiburg – unter der Leitung von Professor Klaus Fröhlich-Gildhoff (EFH Freiburg) – mit dem Motto „Kindergartenkinder stark machen" ein Modellprojekt. Die Erprobungsphase dieses Modellprojektes war auf zwei Jahre angelegt, wobei die daraus abzuleitenden Erkenntnisse genutzt werden sollten, um sie später in die reguläre pädagogische Arbeit in Kindertagesstätten einfließen zu lassen. Die Basis hierfür bildet ein Trainingsprogramm, das von Sozialpädagoginnen in ausgewählten Einrichtungen durchgeführt wird und das sich – ähnlich wie die noch vorzustellenden Konzepte – an der systematischen Förderung von Selbstwahrnehmung und -steuerung, von sozialer Kompetenz und Problemlösefähigkeit sowie am Aufbau eines gesunden Selbstbewusstseins der Kinder orientiert. Mit eingebunden in das Projekt ist Elternarbeit, in Form von Elternabenden und regelmäßigen Elternsprechstunden, womit die Erziehungsfähigkeit der Eltern gestärkt und sie zu Partnern im Resilienzförderungsprozess gemacht werden sollen. Die systematische Einbeziehung der Eltern gehört ebenso wie die Vernetzung der Kitas mit Erziehungsberatungsstellen, Grundschulen, Ämtern und Vereinen zum Konzept des Projektes (PriK = Prävention und Resilienzförderung in Kindertagesstätten) (vgl. Fröhlich-Gildhoff/Dörner u.a. 2007).

Eine Verortung von Resilienzförderung im Kindertagesstätten und Hortbereich könnte sich zudem an dem international bekannt gewordenen Modell der *„Early Excellence Centres"* in Großbritannien orientieren, das in Fachkreisen auch in der Bundesrepublik diskutiert wird und durch das Berliner Pestalozzi-Fröbel-Haus bereits eine erste Übertragung auf bundesdeutsches Terrain erfahren hat (British Council Germany 2004, S. 71 ff. und Hensgen: Kindergartenpädagogik)[128]. Die Grundidee ist dabei, Kindertageseinrichtungen in „Familienzentren" umzuwandeln, um auf diese Weise *die Eltern mit „ins Boot"* zu bekommen. Vor allem für Familien in belastenden Lebenslagen sollen diesem Konzept zu Folge ver-

---

128 Hensgen, Michaela: Vorschulische Erziehung und Betreuung in England und Wales, in: Kindergartenpädagogik – Online-Handbuch, hrg. von Martin Textor.

schiedenartige Bildungs-, Beratungs- und Unterstützungsangebote direkt in der Kindertagesstätte, also einem ihnen vertrauten Ort, zugänglich gemacht werden. Auf diese Weise soll die *Erziehungskompetenz der Eltern* gefördert und somit – sofern nötig – die Schutzfunktion des unmittelbaren kindlichen Lebensumfeldes gestärkt werden. Diese staatlich geförderten „Early Excellence Centres" sind vorwiegend in sozial schwachen Regionen und Stadtteilen angesiedelt und erreichen so insbesondere Familien, die in Armut leben. Diese Zentren stehen zudem in der Tradition der in Großbritannien gepflegten „Community Education", welche immer schon eine enge Verknüpfung von pädagogischen Angeboten und Nachbarschaftsarbeit angestrebt hat (BETA/Diakonie 2006, S. 94 f.). In diesem Sinne sind diese Zentren auch als „one-stop-shop" konzipiert, d.h. sie bieten verschiedene medizinische, soziale und pädagogische Dienste an. Damit soll sozial benachteiligten Eltern, die in der Regel eher zurückhaltend in der Inanspruchnahme von derartigen Angeboten sind, ein *niedrigschwelliger Zugang* zu Ressourcen zur Verfügung gestellt werden, die auch den Kindern zugute kommen.

Inwiefern sich diese Idee auch auf die in NRW zurzeit als Modellprojekte eingeführten Familienzentren übertragen ließe, wäre zu prüfen.

5.1.4.4 Bereich Schule

Als weiterer institutioneller Bereich, in dem sich Resilienzförderung ansiedeln ließe, soll die *Schule* angeführt werden, auch wenn dies zunächst eher Skepsis auslösen dürfte. Schule als Ort, an dem Kinder einen großen Teil ihres Alltags verbringen, weist mit ihren vielfältigen Anforderungen sowohl förderliche als auch für manche Kinder überfordernde Aspekte auf. Dies kann und soll hier nicht im Einzelnen erörtert werden, zumal sicherlich auch unterschiedliche Schulkonzepte, selbst für die Grundschule, zu berücksichtigen wären.

Wenn ich hier die Grundschule als möglichen Ort von Resilienzförderung ins Gespräch bringe, dann denke ich dabei weniger an den regulären Schulbetrieb, obwohl einige *Grundsatzprinzipien von Resilienzförderung* sicherlich zum pädagogischen Repertoire dieses Bildungssystems gehören sollten und dies teilweise wohl auch der Fall ist. Jedenfalls gibt es mittlerweile auch Schulkonzepte, die Schule als „sozialen Lernort" und „Lebenswelt" der Kinder begreifen und die eine gewisse Offenheit zum Stadtteil hin anstreben. Dennoch wird sich die Institution Schule mit ihren curricularen Zielsetzungen wohl weiterhin in erster Linie als Wissensvermittlungsinstanz verstehen. Eine Chance für spezifische Förderprogramme – und damit möglicherweise auch für die Idee der Resilienzförderung – könnte allerdings die Umstrukturierung hin zu Ganztagsschulen bieten. Damit werden die Kinder noch mehr Zeit in der Schule verbringen und gleichzeitig bekommt die Schule einen zusätzlichen zeitlichen Rahmen, in dem sie freier in der Gestaltung der Abläufe ist. Der Schule wächst damit noch stärker als bisher die Aufgabe zu, die Förderung der Kinder in einem ganzheitlicheren Sinne zu betreiben, zumal die *Ganztagsschulen* andere Einrichtungen – wie die Horte – verdrängen, die bisher eine wichtige sozialpädagogische Funktion gerade auch für Kinder aus bildungsfernen und sozial schwachen Elternhäusern wahrgenommen haben.

Mit Blick auf einen spezifischen Schultypus – nämlich auf die unterschiedlichen Formen von *Förderschulen* – werden in der Tat bereits konkretere *Konzepte der Resilienzförderung* diskutiert. So plädiert Margit Theis-Scholz, Autorin zu pädagogischen Aspekten im Sonderschulbereich und Sonderschulrektorin, entschieden für die Integration von resilienzfördernden Faktoren in diesen Schulbereich:

> „Die Einbeziehung von Resilienz stärkenden Faktoren in die Unterrichtsgestaltung – so lautet die Ausgangshypothese – könnte maßgeblich zur Unterrichtsverbesserung und damit zur Risikominderung für Schüler mit erschwerten Problemlagen beitragen und lässt sich bei dem jetzigen Stadium der schulischen Qualitätsentwicklung in diesen Prozess einbinden." (Theis-Scholz, Traumapädagogik, S. 2)

Theis-Scholz bezieht sich auf den laufenden „Schulentwicklungsprozess im Sonderschulbereich" von Rheinland-Pfalz, an dem sie aktiv mit beteiligt ist und benennt konkrete Leitlinien zur Resilienzförderung, die sie in Lehr- und Lernprozesse aufgenommen sehen möchte:

> – „aktives, selbständiges Lernverhalten,
> – Anregen von Problemlösestrategien,
> – Aufbau eines positiven Selbstkonzeptes,
> – Ermöglichen von Selbstwirksamkeitsüberzeugungen,
> – zielorientiertes Arbeitsverhalten." (Theis-Scholz, Traumapädagogik, S. 6)

Einen konzeptionellen Schwerpunkt legt sie auf die *Bindungs- und Beziehungsstruktur von Schülerinnen und Schülern zu ihren Lehrkräften*, die charakterisiert sein sollte durch:

> – „wertschätzenden Erziehungsstil,
> – angemessene Leistungsanforderungen,
> – Bereitstellen einer anregenden Lernumwelt,
> – vertrauensvolle Haltung,
> – ein prosozialen Rollenmodell." (Theis-Scholz, Traumapädagogik, S. 6).

Einerseits besteht hier sicherlich die Gefahr, dass das Resilienzkonzept durch seine Ausweitung verwässert werden könnte. Andererseits wird aber auch im Resilienzdiskurs immer wieder darauf hingewiesen, dass es

„resilienzfördernde Umweltfaktoren" gibt, die ebenso hergestellt werden können, wie Resilienz beim Kind gefördert werden kann. In diesem Sinne spricht auch Werner (2000) von einem resilienzfördernden Gemeinwesen und betont die Notwendigkeit, dass mit Kindern befasste Institutionen ihre resilienzfördernde Rolle wahrnehmen.

In jedem Fall erscheint mir dies – bei aller Gefahr einer ausufernden Begriffsbenutzung – eine überlegenswerte Idee zu sein. Warum sollte es nicht möglich sein, *Schule zu einem Schutzfaktor* gerade für besonders vulnerable Kinder auszugestalten – in Umkehrung dessen, dass Schule häufig von diesen Kindern als für sie risikobehafteter Ort erlebt wird.[129]

5.2 Konzepte zur Förderung von Resilienz – Anregungen für die soziale Praxis

Die Idee der „Förderung von Resilienz" ist erst seit neuerem – also mit einiger Verzögerung im Vergleich zu den USA oder Großbritannien – von der bundesrepublikanischen Fachwelt aufgegriffen worden. Sie wird mittlerweile in einigen Disziplinen wie z.B. in der Sonder- und Heilpädagogik sowie in der Frühförderung ausgiebig diskutiert.[130] So möchte ich eine Publikation über „Resilienzorientierte Prävention im Kindes- und Jugendalter" von Christin Berndt (2007) erwähnen, die eine Übersicht über Modelle und Programme zur Resilienzförderung vor allem im psychotherapeutischen Bereich vorstellt und dabei auch einige „generelle Programme" zur Resilienzförderung streift. Hilfreich für die Entwicklung von Konzepten für die Praxis ist zudem, dass es inzwischen erste Evaluationen von Resilienzförderprogrammen gibt, da eine Vielzahl von Konzepten kursiert, deren Wirksamkeit nicht überprüft ist (vgl. Grünke 2003).

Dennoch liegen ausreichend theoretische und teilweise auch praktische Erkenntnisse vor, die eine Hilfestellung bei der Entwicklung von Resilienzförderprojekten bieten können. Im Folgenden sollen einige *Leitgedanken* aufgeführt und erörtert sowie schwerpunktmäßig drei Konzepte ausführlicher vorgestellt werden. Die von Edith Grotberg (1999) entwickelten Leitlinien stehen für einen ganzheitlichen, entwicklungspsychologisch gestützten Ansatz, der zudem stark an der Bindungstheo-

---

129 Ein anderes Konzept zur Integration von Resilienzförderung in den Sonderschulbereich schlägt Matthias Grünke vor, worauf ich noch ausführlicher zurückkomme.

130 Vgl. dazu mehrere Beiträge zu „Resilienz als Arbeitskonzept in sozialen Arbeitsfeldern", in: Opp/Fingerle 2007.

rie orientiert ist. An diese Grundideen von Grotberg knüpfen Brigid Daniel und Sally Wassell (2002a, 2002b, 2002c) mit ihren „Arbeitshilfen" an, indem sie diese in praxisbezogene methodische Handlungsanleitungen übertragen und jeweils auf drei spezifisch Altersgruppen zuschneiden: für das Vorschul- und Grundschulalter sowie für Jugendliche. Damit legen die beiden Autorinnen ein prototypisches Konzept vor, das sowohl in der psychosozialen Beratungstätigkeit wie in verschiedenen sozialpädagogischen Arbeitsfeldern mit Kindern und Familien in die Praxis umgesetzt werden könnte.

Daneben soll – in Anlehnung an Matthias Grünke (2003) und seine Evaluationsstudie – ein weiterer Typus von Resilienzförderung vorgestellt werden, der stärker auf eine bereichsspezifische Förderung mit Hilfe von gezielten Trainingsprogrammen setzt. Es handelt sich dabei um vorwiegend kognitive Trainings von Bewältigungsstrategien, die das Kind befähigen sollen, mit Belastungs- und Stresssituationen besser umgehen zu können. Im Vergleich zum ersten Typus – der am Kind, seinem näheren und weiteren sozialen Umfeld ansetzt – sind diese Programme vorwiegend darauf konzentriert, die „inneren Schutzfaktoren" des Kindes zu stärken. Zielgruppe sind dabei Mädchen und Jungen im Schulalter, bzw. bei manchen Trainings ältere Kinder (ab 10 Jahren). Diese Trainings sind – nach Einschätzung von Grünke – so konzipiert, dass sie auch von Lehrerinnen und Lehrern mit einer gewissen Zusatzqualifizierung an Schulen (= Förderschulen) durchgeführt werden könnten.[131]

Die hier getroffene Auswahl der Konzepte lässt sich zum einen mit der von ihnen repräsentierten inhaltlich-konzeptionellen Bandbreite begründen und zum anderen durch die jeweils damit vorwiegend angesprochenen Akteure von Resilienzförderung: also Erzieherinnen und Erzieher im Elementarbereich, Professionelle der Sozialen Arbeit im Kinder-, Jugend- und Familienbereich, Lehrerinnen und Lehrer (hier vorwiegend im Förder- und Sonderschulbereich).

---

131 Einen ähnlichen Ansatz vertritt Wolfgang Jaede, Psychotherapeut und Leiter der psychologischen Beratungsstellen für Eltern, Kinder und Jugendliche der Stadt Freiburg. Jaede (2007) wendet sich mit seiner als „Ratgeber" verfassten Publikation „Kinder für die Krise stärken. Selbstvertrauen und Resilienz fördern" vorwiegend an Eltern. Darin stellt er ein „Modell kindlicher Stressbewältigung" vor, das methodisch einen ähnlichen Ansatz wie die von Grünke evaluierten Konzepte verfolgt, indem dem Kind kognitive Bewältigungsstrategien angeboten werden. Gleichzeitig rekurriert Jaede inhaltlich – ähnlich wie Grotberg und Daniel/Wassell – auf die Bindungstheorie und ein Konzept der Resilienzförderung, das die „inneren" und „äußeren" Schutzfaktoren gleichermaßen im Blick hat.

5.2.1   Edith Grotberg: Ein kindzentriertes, interaktionistisches Konzept

> „Resilience is the human capacity to deal with, overcome, learn
> from, and even be transformed by the inevitable adversities of
> life" (Edith Grotberg 2003)

Edith Henderson Grotberg, Mitglied des Vorstand des „International Council of Psychologists", beschäftigt sich seit Jahren mit der Entwicklung von Konzepten zur Förderung von Resilienz. Sie ist als Entwicklungspsychologin an verschiedenen US-amerikanischen Universitäten in Forschung und Lehre tätig gewesen und hat u.a. ein internationales Projekt zu Resilienzforschung („The International Resilience Project" 1993/1994) geleitet, an dem sich Forscherinnen und Forscher aus 30 Ländern beteiligt haben. Im Rahmen dieses Projektes wurden Kinder im Alter von 6 bis 11 Jahren (und deren Eltern) mit geeigneten Instrumenten befragt und getestet, um Erkenntnisse zu deren Resilienzfähigkeit zu gewinnen. Grotberg wurde im Anschluss an dieses Projekt (1995) von der „Bernard Van Leer Foundation", einer privaten niederländischen „Stiftung zur Förderung der frühkindlichen Entwicklung" beauftragt, ein „Manual zur Förderung von Resilienz" bei Kindern zu erarbeiten, in das die aus dem internationalen Forschungsprojekt gewonnenen Erkenntnisse einfließen sollten (vgl. Grotberg/Van Leer Foundation 1995).

Grotberg geht in diesem Manual von einem *kindzentrierten Ansatz* aus und setzt einen eindeutigen Schwerpunkt auf die Stärkung des Kindes durch Bezugspersonen, durch die Eltern oder andere Betreuungspersonen, auf deren liebevolle und das Selbstvertrauen stärkende Unterstützung: Gerade Hilfe von außen bliebe in Krisensituationen unzureichend, bringe sie nicht solche sicheren Bindungen hervor.[132]

So wenig überraschend für Pädagoginnen und Pädagogen dies klingen mag, ist dennoch zu betonen, dass Grotberg – im Gegensatz zu anders orientierten resilienzfördernden Programmen – damit einen Ansatz wählt, der explizit auf die *emotional förderliche Kind-Erwachsenenbeziehung* setzt. Dieses Fokussieren der Beziehungsebene durchzieht ihr gesamtes Konzept, das damit gleichzeitig als *personenzentriert Ansatz* charakterisiert werden kann. So sieht Grotberg (2003) z.B. die Reflexion der eigenen Resilienzfähigkeit als eine wichtige Voraussetzung für Erwachsene, die bei Kindern diese Fähigkeit fördern wollen.

---

132 „While outside help is essential in times of trouble, it is insufficient. Along with food and shelter, children need love and trust, hope and autonomy. Along with safe havens, they need safe relationships that can foster friendships and commitment. They need the loving support and self-confidence, the faith in themselves and their world, all of which builds resilience." (Grotberg/Van Leer Foundation 1995, S. 5).

Dem Grundprinzip von Resilienzförderung folgend geht Grotberg in ihren praxisorientierenden Überlegungen nicht von den Problemen der Kinder aus, sondern rät dazu, zunächst eine *Analyse der Schutzfaktoren* des Kindes vorzunehmen. Dafür bietet sie eine „Checkliste" an, in der sie eine Reihe von Merkmalen auflistet, anhand derer das Vorhandensein oder Nicht-Vorhandensein von resilienzfördernden Bedingungen im Einzelfall überprüft werden kann. Diese schützenden Merkmale ordnet Grotberg drei zentralen Kategorien von resilienzfördernden Ressourcen für das Kind zu (vgl. Grotberg 2003):

1. Unterstützung von außen (I have = Ich habe),
2. innere Stärken (I am = Ich bin) und
3. interpersonale und Problemlösefähigkeiten (I can = Ich kann).

Das Schema von Grotberg:[133]

ich habe (äußere Unterstützung)

– Menschen, die mir vertrauen und die mich lieben,
– Menschen, die mir Grenzen setzen (Orientierung und Schutz vor Gefahren),
– Menschen, die mir Vorbilder sind und von denen ich lernen kann,
– Menschen, die mich dabei unterstützen und bestärken, selbstbestimmt zu handeln,
– Menschen, die mir helfen, wenn ich krank oder in Gefahr bin und die mich unterstützen, Neues zu lernen.

... ich bin (innere Stärke)

– ein Kind, das von anderen wertgeschätzt und geliebt wird,
– froh, anderen helfen zu können und ihnen meine Anteilnahme zu signalisieren,
– respektvoll gegenüber mir selbst und anderen,
– verantwortungsbewusst für das, was ich tue,
– zuversichtlich, dass alles gut wird.

... ich kann (interpersonale und Problemlösefähigkeiten)

– mit anderen sprechen, wenn mich etwas ängstigt oder mir Sorgen bereitet,
– Lösungen für Probleme finden, mit denen ich konfrontiert werde,
– mein Verhalten in schwierigen Situationen kontrollieren,

---

133 Hier wird das Schema von Grotberg in der Übersetzung übernommen, wie es von Wustmann 2004, S. 118 publiziert wurde. Das Schema ist dort allerdings etwas verkürzt. Vgl. auch Grotberg 2003, S. 3 f.

- spüren, wann es richtig ist, eigenständig zu handeln oder ein Gespräch mit jemandem zu suchen,
- jemanden finden, der mir hilft, wenn ich Unterstützung brauche.

Dieses von Grotberg, erstmals in dem erwähnten Manual von 1995, entwickelte Schema ist mittlerweile in der Resilienzliteratur verschiedentlich aufgegriffen worden und darauf wird auch in manchen praktischen Konzepten zur Förderung von Resilienz bei Kindern rekurriert.

Im Wesentlichen beinhaltet die von Grotberg erstellte „Checkliste" *personale und soziale Ressourcen des Kindes*, die im Resilienzdiskurs als *„innere"* und *„äußere Schutzfaktoren"* gelten. Konsequenter Weise listet Grotberg – mit Blick auf Fördermöglichkeiten – bei den *„personalen Ressourcen"* des Kindes keine Eigenschaften auf, sondern Haltungen, die einerseits durch äußere Einwirkungen (pädagogische oder therapeutische Maßnahmen) oder andererseits durch Einflussnahme auf die Lebensumstände des Kindes veränderbar erscheinen.

Grotberg vertritt nicht die Auffassung, dass ein Kind alle diese Ressourcen zur Verfügung haben müsse, um „resilient" auf die Widrigkeiten des Lebens, die ihm zustoßen, reagieren zu können. Erforderlich erscheint ihr aber, dass ein Kind auf eine *ausreichende Kombination* der Resilienz fördernden Merkmalen verfügt, die jeweils den drei Ebenen zugeordnet werden können. Entscheidend sei des Weiteren die Erkenntnis, dass Kinder auf die *Unterstützung der Erwachsenen* angewiesen sind, um tatsächlich die Resilienzfähigkeit zu entwickeln, die sie brauchen, um gewissen Belastungen und Risiken gewachsen zu sein (Grotberg/Van Leer Foundation 1995, S. 6).

Die Analyse, inwieweit diese *Merkmale im Einzelfall* ausgeprägt sind oder inwiefern diesbezüglich Defizite erkennbar sind, bietet Ansatzpunkte für praktisches Handeln. Die Frage ist nicht nur, welche *Resilienz-Faktoren des Kindes* entwickelt werden müssten, sondern ob in wie weit in der gegebenen Risikosituation ausreichend Schutzfaktoren (von außen) vorhanden sind bzw. mobilisiert werden können. Entscheidend ist, dass das Kind diese *Schutzfaktoren* in seiner jeweiligen Risikosituation auch tatsächlich nutzen kann. Generell bietet es sich an, bei der Förderung zunächst an einzelnen Punkten ansetzen, wenngleich im Auge zu behalten ist, dass für die Bewältigung von Risikosituation in der Regel eine Kombination von unterschiedlichen Schutzfaktoren erforderlich sein wird (Grotberg 2003, S. 4).

Wie die hier vorgestellten Studien gezeigt haben (vgl. Kap. 2) ist das Resilienzphänomen entlang der kindlichen Entwicklungsphasen differenziert zu betrachten, da Kinder altersmäßig gestuft Entwicklungsaufgaben zu bewältigen haben und dabei auch jeweils spezifischen Risiken ausgesetzt sind. Folgerichtig berücksichtigt Grotberg in ihrem „Manual zur Resilienzförderung" *drei verschiedene Altersstufen*, für die sie jeweils spezifische Fördermaßnahmen empfiehlt:

- Kinder von der Geburt bis zu 3 Jahren,
- Kinder von 4 bis 7 Jahren,
- Kinder von 8 bis 11 Jahren.

Gedanklich orientiert sich Grotberg am entwicklungspsychologischen Konzept der „acht Phasen des Menschen" von Erik Erikson (1961), obwohl sie in der Bildung der Altersgruppen davon etwas abweicht. Sie lehnt sich aber an Erikson in der Abfolge von Entwicklungsaufgaben an und sieht für die verschiedenen Altersgruppen folgende Schwerpunkte zur Förderung von kindlicher Resilienz vor:

Erste Phase: Förderung von Vertrauen und Autonomie (0–3 Jahre)
Zweite Phase: Förderung der Initiative (4–7 Jahre)
Dritte Phase: Förderung von Leistung (8–11).

Die Entwicklungspsychologie bietet ausreichende Erkenntnisse, wann die verschiedenen Fähigkeiten, die in dem oben abgebildeten Schema aufgeführt sind, „normalerweise" beim Kind vorhanden sein müssten. Wenn dies altersgemäß nicht der Fall ist, muss man den Ursachen dafür nachgehen und beobachten, wie sich die festgestellte Verzögerung auf das Kind auswirkt. Nur so wird man zu einer Schlussfolgerung kommen, wo man konkret unterstützend ansetzen kann (Grotberg/Van Leer Foundation 1995, S. 6).

In der Herstellung einer *Vertrauensbasis*, die auf einer „sicheren Bindung" basiert, sieht Grotberg gewissermaßen den „Schlüssel zur Resilienzförderung"; Vertrauen bilde die Voraussetzung und damit die Basis, um überhaupt andere Resilienzfaktoren beim Kind fördern zu können (ebd., S. 5). Auch die Förderung der *Autonomie des Kindes* müsse so früh wie möglich beginnen, zu dem Zeitpunkt, zu dem sich das Kind als eigenes Wesen wahrzunehmen beginne (sense of separartion). Die Fähigkeit zur Autonomie beginnt das Kind bereits im Alter von zwei Jahren auszubilden und zu dem Zeitpunkt müsse auch deren Förderung einsetzen. Die kindliche Autonomiefähigkeit stelle wiederum die Basis für das Entstehen weiterer Resilienz-Faktoren her. So baue beispielsweise die Fähigkeit und der Wille, aus eigenem Antrieb initiativ zu werden, etwas zu tun und in Bewegung zu setzen auf die Autonomie des Kindes auf. Gleichzeitig seien wiederum eine Reihe von Fähigkeiten und Kompetenzen damit verbunden, dass das Kind die Initiative zu ergreifen lerne: dadurch werde das Kind beispielsweise auch darin bestärkt, eine vertrauensvolle Beziehung aufzubauen, die eigenen Grenzen zu akzeptieren und fühle sich ermutigt, seine Eigenständigkeit wahrzunehmen, neue Ideen zu entwickeln und eigene Wege auszuprobieren, seine Gedanken und Gefühle auszudrücken, Erfahrungen jeglicher Art zu machen und auch Unterstützung einzufordern. Daraus entwickle sich dann auch die Leistungsfähigkeit des Kindes, in den unterschiedlichsten Bereichen, wie sie dann in der Schulzeit von ihm gefordert werde.

Damit skizziert Grotberg – in Anlehnung an Erikson – den idealtypischen Entwicklungsverlauf eines Kindes und formuliert den Gedanken der Resilienzförderung in Anlehnung an diesen Prozess. Gleichzeitig integriert sie dabei auf jeder Entwicklungsstufe die drei Grundbausteine oder Resilienzbausteine (I HAVE, I AM, I CAN), die erforderlich sind, damit das Kind diese Entwicklungsschritte bewältigen kann.[134]

Das Manual beinhaltet konkrete *Ratschläge für Eltern und Betreuungspersonen* und führt jeweils Beispiele an, wie Erwachsene durch ihr Verhalten gegenüber Kindern, die Herausbildung von kindlicher Resilienz fördern oder behindern können. Grundsätzlich geht es – laut Grotberg – darum:

- eine Vertrauensbasis herzustellen,
- das Kind als Individuum in den Mittelpunkt zu stellen,
- von positiven Aspekten auszugehen,
- hohe Erwartungen in das Kind zu setzen und es in der Erfüllung dieser Erwartungen zu unterstützen (Grotberg 2003, S. 12).

In ihrem 2003 herausgegebenen Buch, mit dem Titel „Resilience for today: gaining strength from adversity" formuliert sie mit Blick auf die Risiken, Belastungen und Widrigkeiten, die Kinder zu bewältigen haben, folgende Handlungsmaximen:

---

134 Am besten lässt sich das anhand eines Beispiels – in der Formulierung von Grotberg selbst – veranschaulichen: „Industry is a powerful building block and is enhanced through its connection with other resilience factors. From the I HAVE category, good role models and encouragement to be independent are important. From the I AM Category, being an achiever who plans for the future and who is responsible for his or her own behaviour are helpful. From the I CAN category, staying with a task until it is finished, problem solving, and reaching out for help when needed, reinforce or add to the resilience factors that are being promoted." (Grotberg 2003, S. 9)

- auf Widrigkeiten vorbereitet sein (S. 19 f.)
- Widrigkeiten überstehen und dabei die Kontrolle behalten (S. 20 f.)
- aus Widrigkeiten lernen (S. 21 f.).

Kritisch und gleichzeitig bedauernd sei hier angemerkt, dass Grotberg in ihrem Manual kaum auf geschlechtsspezifische Aspekte eingeht, obwohl gerade die Erkenntnisse der vorgestellten Resilienzstudien die Unterschiedlichkeit von Mädchen und Jungen in der Wahrnehmung von Risiken und in ihrer Reaktion darauf betont haben. Hier zeigt sich eindeutig ein Nachholbedarf:

Dieser Aspekt sollte bei der konkreten Entwicklung von Konzepten zur Resilienzförderung in jedem Fall berücksichtigt werden.

5.2.2 Brigid Daniel/SallyWassell: Ein sozial-ökologisches Konzept zur Förderung von Resilienzbereichen

Brigid Daniel und Sally Wassell knüpfen in vieler Hinsicht an Grotberg an, sie gehen aber auf der Ebene der Konkretion einen Schritt weiter, indem sie ihre Vorstellung als Arbeitshilfe zur Resilienzförderung bei Kindern und Jugendlichen formulieren. Die beiden Autorinnen haben für drei *unterschiedliche Altersstufen* – für das Kleinkind- und Vorschulalter, das Grundschulalter und das Jugendalter – jeweils ein Konzept zur Förderung von Resilienz entwickelt, das sich an pädagogische Fachkräfte und vor allem an die Soziale Arbeit richtet. Daniel/Wassell haben ein sozialökologisches Verständnis (Bronfenbrenner 1981) von kindlicher Entwicklung und orientieren sich an der grundsätzlichen Erkenntnis der Resilienzforschung, dass sowohl Risiko- als auch Schutzfaktoren jeweils auf drei Ebenen angesiedelt sind: Demzufolge müsse auch ein sozialpädagogisches Konzept entsprechend ansetzen:

- beim Kind selbst,
- in seiner Familie,
- in seinem weiteren sozialen Umfeld.

Konzeptionell beziehen sie sich auf die von Grotberg entwickelten Leitideen und die von ihr formulierten Merkmale eines resilienten Kindes und leiten daraus jeweils konkrete Förderideen ab. Grundsätzlich geht es dabei um die Förderung der „drei Entwicklungsbausteine":

- sichere Bindung (I HAVE),
- positives Selbstwertgefühl (I AM),
- Gefühl der Selbstwirksamkeit (I CAN).

Dies sind nach Grotberg die drei Grundbausteine der Resilienzförderung, daher spricht Hans Weiß auch von *„Bausteinen der Resilienz"* (Weiß 2007b, S. 4). Diese Bezeichnung erscheint insofern angemessen, als dadurch ihr besonderes Gewicht im Prozess der Resilienzförderung unterstrichen, ihre Berücksichtigung als unerlässlich erklärt wird.

Selbstredend müsse Resilienzförderung immer auch das Ziel verfolgen, die Vulnerabilität des Kindes im Blick zu haben, d.h. die belastenden Risiken zu reduzieren. Dennoch könnten Kinder nicht vor Belastungen und widrigen Erlebnissen geschützt werden, daher gelte es von ihrer *Widerstandskraft* auszugehen. Resilienz fördern heißt, so Daniel und Wassell, an den vorhandenen Stärken des Kindes ansetzen, sich auf die *schützenden Faktoren* in seinem Umfeld zu stützen, diese zu erweitern oder – sofern solche nicht gegeben sind – ein schützendes Netzwerk um das Kind herum zu schaffen (Daniel/Wassell 2002a, S. 13). Ähnlich wie bei Grotberg, basiert auch das Konzept von Daniel/Wassell auf der *Stärkung der personalen und sozialen Schutzfaktoren*, die nicht unabhängig voneinander gesehen werden können, weil sie zueinander in einer dynamischen Wechselwirkung stehen (vgl. auch Weiß 2007b, Kühl 2003).

Daniel/Wassell plädieren – ebenfalls in Anlehnung an Grotberg – für eine ganzheitliche, sozialökologische Herangehensweise, die beim Kind ansetzt, aber auch die Eltern bzw. die dem Kind am nächsten stehenden Personen mit einbezieht, was auch Netzwerkarbeit erfordert. Sie konkretisieren ihre jeweils auf die unterschiedlichen Altersgruppen bezogenen pädagogischen Handlungskonzepte, indem sie *sechs Resilienzbereiche* einführen, auf die man sich bei der Resilienzförderung konzentrieren sollte:

- sichere Bindung,
- Bildung,
- Freundschaften,
- Fähigkeiten und Neigungen,
- positive Werte,
- soziale Kompetenzen.[135]

Anhand dieser *sechs Resilienzbereiche* lassen sich in der Einzelfallanalyse Ansatzpunkte erkennen, indem geprüft wird, wie diese Bereiche beim Kind „ausgestattet" sind bzw. in wie weit diese Bereiche auf den

---

135 Siehe Originalbezeichnung der sechs Bereiche bei Daniel/Wassell (2003a): secure base, education, friendships, talents and interests, positive values, social compentence.

verschiedenen Ebenen gefördert werden könnten.[136] Am Beispiel des Aspektes der „sicheren Bindung" müsste sich ein Interventionskonzept an folgenden Fragen orientieren:

1. Macht das Kind den Eindruck, dass es sich „sicher gebunden" fühlt?
2. Bietet das gegenwärtige Erziehungsumfeld (Eltern oder Ersatzfamilie) dem Kind eine „sichere Bindungsbasis"?
3. Welche anderen Personen wären für das Kind in seinem weiteren sozialen Umfeld (oder sozialen Netzwerk) „greifbar"? Auf wen könnte es sich verlassen?

Von diesen zentralen Fragestellungen ausgehend entwerfen die beiden Autorinnen in ihren „Arbeitsbüchern" konkrete Vorschläge, wo und wie aus einer sozialpädagogischen Sicht in den sechs Resilienzbereichen eine Förderung erfolgen kann. Um bei dem gewählten Beispiel der „sicheren Bindung" zu bleiben, müsste im Fall, dass diese nicht gegeben ist, das weitere Vorgehen anhand folgender Fragen überlegt werden:

– Was kann getan werden, damit sich das Kind „sicher gebunden" fühlt?
– Kann gewährleistet werden, dass das Kind eine „sichere Bindung" in seinem familiären Umfeld erfährt? Kann die Mutter-/Vater-Kind-Beziehung gestärkt werden?
– Bestehen im weiteren sozialen Umfeld Möglichkeiten, die für das Kind zugänglich gemacht werden können?

Es sollten also immer die *drei Ebenen* im Auge zu behalten, wenn überlegt wird, wie die einzelnen Resilienzbereiche eines Kindes gestärkt werden könnten. Gleichzeitig kann sich aber auch eine Verbindung zwischen den verschiedenen Bereichen ergeben: so kann z.B. eine *enge Bindung* des Kindes zu einem Mitglied aus dem weiteren Familienkreis (Großmutter oder Onkel) genutzt werden, um dem Kind Ressourcen zugänglich zu machen, die ihm die Möglichkeit bieten, durch Freizeitaktivitäten Fähigkeiten oder Neigungen zu entwickeln, wozu es sonst keine Gelegenheit hätte (Daniel/Wassell 2003b, S. 102). Oder ein guter Schulfreund des Kindes könnte sich anbieten, um die Motivation des Kindes zur Schule zu gehen zu unterstützen.

---

136 Von den beiden Autorinnen gibt es auch zwei weiterführende Bände, in denen das Konzept für die folgenden Entwicklungsphasen (Grundschulalter und Jugendphase) fortgeschrieben wird.

Die von den beiden Autorinnen formulierten *Handlungsanleitungen* wenden sich in erster Linie an sozialarbeiterisch beratend tätige *Professionelle, die mit Einzelfällen* befasst sind und zusammen mit Bezugspersonen des Kindes (Eltern und/oder Betreuungspersonen) ein Konzept zur Resilienzförderung erstellen. Gleichzeitig kann die Arbeitshilfe auch von pädagogischen Fachkräften, die in unterschiedlichen Einrichtungen tätig sind, genutzt werden. Allerdings werden die konkreten Rahmenbedingungen des jeweiligen Kontextes kaum thematisiert, was sicherlich eine gewisse Lücke darstellt, aber gleichzeitig signalisiert, dass das ausgearbeitete Konzept einen prototypischen Charakter hat und in der Praxis jeweils auf die gegebenen Kontexte angepasst werden soll. Besonders deutlich wird dies im zweiten Band, in dem Kinder im Schulalter die „Zielgruppe" bilden. Die Beschreibung der Umsetzungsschritte ist nicht mitnichten auf den Schulalltag mit seinen strukturellen Vorgaben und seinen curricular geregelten Abläufen bezogen.

Ähnlich wie – oder besser in Anlehnung an – Grotberg legen Daniel/ Wassell mit ihren drei Arbeitsbüchern ein altersgestuftes Programme vor, auch sie gehen dabei *nicht geschlechtsdifferenziert* vor. Dies ist ausgesprochen bedauerlich, weil so das in seiner Resilienzfähigkeit zu fördernde Kind als geschlechtsneutrales Wesen durch die sonst doch sehr konkreten Handlungsanleitungen mit läuft. Besonders problematisch erscheint mir dies, wenn man bedankt, dass die Herausbildung von Geschlechtsidentität als eine der wichtigsten Entwicklungsaufgaben von Mädchen und Jungen im Grundschulalter angesehen wird!

Insgesamt bieten die Autorinnen ein „generelles Resilienzförderkonzept" an, das nicht auf bestimmte Risiken zugeschnitten ist (vgl. Berndt 2007) und das sich an einem ganzheitlichen, sozialökologischen Ansatz orientiert.[137] Eine solche *sozialökologische Herangehensweise* – die übrigens nicht neu ist und im Prinzip bereits zu den Standards einer „guten Sozialpädagogik" gehört – erfordert in der Praxis allerdings auch entsprechende Rahmenbedingungen und eine angemessene personelle und qualifikatorische Ausstattung. Jedenfalls liegt damit ein generelles Konzept von Resilienzförderung vor, an das in unterschiedlichen pädagogischen Kontexten und sozialpädagogischen Arbeitsfeldern angeknüpft werden könnte, wie dies beispielsweise Weiß (2007a und b) für den Bereich der Frühförderung

---

137 Christin Berndt unterscheidet zwischen „universellen Programmen", wie sie z.B. im Bayrischen Bildungs- und Erziehungsplan angesprochen werden oder wie sie auch in Kindertagesstätten integriert werden könnten und „spezifischen Programmen" zur Resilienzförderung. Letztere sind eindeutig im psychotherapeutischen Bereich angesiedelt und beziehen sich auf Phänomene wie Aggression, Depression und Angst.

empfiehlt. Zudem sei noch auf eine gewisse Parallelität der von Daniel und Wassell vorgeschlagenen Resilienzförderbereiche und Konzepten von kindlicher Lebenslage bzw. kindlichem Wohlbefinden (vgl. Kap. 3.2.2 f.) – wie sie in der Armutsdiskussion entwickelt worden sind – hingewiesen. Diese Parallelität stellt m.E. einen brauchbaren Anknüpfungspunkt dar, um bei der Förderung von Resilienzfähigkeit von Kindern, die in Armut aufwachsen, darauf zurückzugreifen. Besonders auffällig ist die Nähe zum „Child-Well-Being"- Konzept, das von UNICEF in seinem neuesten Report zu Kinderarmut vorgeschlagen wird (UNICEF 2007).

Als abschließende Empfehlung geben Daniel und Wassell Sozialarbeiterinnen und Sozialarbeitern noch als Ermutigung den Leitsatz auf den Weg: Ein Sozialarbeiter könne nicht alles leisten, vernetzte Arbeit sei effektiver.[138]

5.2.3 *Matthias Grünke: Evaluierte Programme zur Steigerung von psychischer Widerstandsfähigkeit – Die Schule zum Schutzfaktor umgestalten!*

Einen deutlich anders akzentuierten Ansatz von Resilienzförderung vertritt Matthias Grünke in seiner Publikation zu „Resilienz bei Kindern und Jugendlichen in Schulen für Lernbehinderte" (Grünke 2003), in der er die Evaluationsergebnisse dreier Programme zur Steigerung von psychischer Widerstandsfähigkeit vorstellt. Matthias Grünke ist Psychologe und Professor für Heilpädagogik und Rehabilitation an der Universität zu Köln, hat die von ihm evaluierten Programme vor allem im Hinblick auf ihren Einsatz in *Schulen für Kinder mit Lernbehinderungen* evaluiert[139]. Aus dieser Perspektive plädiert Grünke dafür, sich bei der Förderung von Resilienz auf *das Kind und seine „inneren Bedingungen"*, auf erlernbare Fähigkeiten des Umgangs mit Belastungen und Risiken zu konzentrieren. Er vertritt im Übrigen, indem er sich auf Schmidtchen (2001) und Oerter (1999) bezieht, auch einen anders verstandenen Resilienzbegriff. Resilienz zeige sich (auch oder gerade) dann, wenn keine Schutzfaktoren vorliegen:

> „Die ‚Kunst' besteht jedoch darin, auch ohne diese schützenden Aspekte aufgrund interner Mechanismen psychisch gesund zu bleiben." (Grünke 2003, S. 44).

---

138 „One social worker cannot do it all. Aim to develop a network of formal and informal support around the child." (Daniel/Wassell 2003a, S. 21).
139 Inzwischen ist dieser Schultypus in NRW umbenannt worden in: „Förderschule für Lernen".

Mit Rückgriff auf Grünke wird hier *eine besondere Zielgruppe* eingeführt, nämlich Kinder, die aus unterschiedlichen Gründen in „Sonderschulen" oder „Schulen für Lernbehinderte" landen. Dabei handelt es sich um eine Gruppe von Kindern, die besonderen Risiken ausgesetzt ist und gleichzeitig lässt sich sehr häufig auch eine *Verbindung zu familiären Armutslagen* herstellen. So betont Grünke, dass es einen eindeutigen Zusammenhang zwischen dem Besuch einer Schule für Lernbehinderte, dem Vorhandensein von Risikofaktoren (aller Art) und der sozialen Schicht gäbe, selbst Zufriedenheit und Wohlbefinden seien schichtspezifisch ausgeprägt (Grünke 2003, S. 31).[140] Er sieht zudem für die *Lernbehinderung vorrangig soziale Verursachungsfaktoren* – zwar könnten weder der Besuch einer Schule für Lernbehinderungen, noch gravierende schulische Minderleistungen, noch die soziale Zugehörigkeit zur sozialen Schicht als alleinige „Prädikatoren" für psychische Anfälligkeiten gelten – aber es ließen sich eindeutig unterschiedliche Prävalenzraten je nach Schultyp erkennen:

– 80 bis 90% der Kinder/Jugendlichen in Sonderschulen/Schulen für Lernbehinderte entstammten der Unterschicht (Grünke 2003, S. 31).

Grünke geht es vor allem darum, zu prüfen, welche Maßnahmen zur *Förderung der Resilienzfähigkeit* in den *Schulen* selbst durchgeführt werden könnten, weil damit die Voraussetzung der Erreichbarkeit dieser Kinder gegeben wäre. Wie schon angedeutet, vertritt er die Position, dass vorrangig an den *„internen Resilienzfaktoren"* anzusetzen sei, wenn man die *psychische Widerstandsfähigkeit* der Kinder gegenüber psychosozialen Belastungen stärken wolle. In dieser Hinsicht grenzt er sich von anderen Konzepten zur Resilienzförderung ab und hält auch Emmy Werner vor, sie habe mit ihrer Vermischung des Resilienz- und Schutzfaktorenkonzeptes, den Ansatz auf den Kopf gestellt, indem sie externe Faktoren heranziehen würde, um die Entstehung von Resilienz zu erklären. Obwohl er in Abrede stellt, dass sich Wechselwirkungen zwischen „internen" (individuelle Eigenschaften des Kindes) und „externen" Schutzfaktoren feststellen lassen, begründet Grünke seinen Ansatz, ausschließlich auf die Förderung psychischer Widerstandskräfte zu setzen damit, dass man auf die Umweltbedingungen des Kindes nur wenig Einfluss nehmen könne.

---

140 Grünke spricht – mit Blick auf Kinder in Schulen für Lernbehinderte – dass sie in einem überdurchschnittlich hohen Ausmaß an biologischen, personalen, sozioökologischen und familiären Entwicklungsrisiken ausgesetzt seien (vgl. Grünke 2003, S. 201).

Dies ist sicherlich eine diskussionsbedürftige Position – insbesondere aus der Sicht von Sozialpädagogik, auf deren Möglichkeiten hier ja insbesondere eingegangen werden soll. Zum einen zeigt sich, dass die Einschätzung von Veränderungsmöglichkeiten stark vom eigenen Erfahrungshintergrund (z.b. im Sonderschulbereich) geprägt ist. Zum anderen wäre es m.E. nicht im Sinne jener Kinder, die Unterstützung in unterschiedlichster Form gebrauchen können, einen disziplinären Glaubenskrieg auf deren Kosten auszutragen. Vielmehr soll hier eine größere Bandbreite von Maßnahmen in unterschiedlichen Bereichen vorgestellt werden, vorausgesetzt deren Wirksamkeit lässt sich bis zu einem bestimmten Grad nachweisen.

Grünke setzt also an den personalen Ressourcen der Kinder, an ihren *Bewältigungs- oder Copingstilen,* an ihren Abwehrmechanismen und Verarbeitungsformen an. Er beruft sich auf substanzielle Übereinstimmungen in der Resilienzforschung und schlägt einen Ansatz vor, der darauf abzielt, die Art der kindlichen Bewältigung von Stress und Belastung zu beeinflussen, um so die Resilienzfähigkeit der Kinder zu stärken. Im Folgenden werden diese Ansatzpunkte kurz benannt, in Anlehnung an Grünke mit seinen Worten begründet und jeweils mit einem Beispiel hinterlegt:

1. *hohe Selbstwirksamkeit*

   Resiliente Kinder und Jugendliche – so Grünke – zeichneten sich durch hohe Effizienzerwartung aus. Das heißt: Sie konzentrierten sich weniger auf die unkontrollierbaren Aspekte ihrer Situation, sondern seine stärker auf Problembewältigung hin orientiert (Grünke 2003, S. 46).

   Beispiel: Solche Kinder würden an die Wirksamkeit ihres Handelns glauben und ihre *Selbstwirksamkeitsüberzeugung* werde dadurch bestärkt, dass sie sich auf Aspekte der Situation konzentrierten, die sie selbst verändern könnten.

2. *realistische Kontrollüberzeugung*

   Resiliente Kinder und Jugendliche verfügten zudem über die Fähigkeit, zwischen kontrollierbaren und unkontrollierbaren Problemen zu unterscheiden (ebd., S. 46).

   Beispiel: Kinder mit realistischer *Kontrollüberzeugung* glaubten beispielsweise, Schulschwierigkeiten durch Fleiß überwinden zu können. Sie könnten aber auch Situationen einschätzen, die für sie kaum kontrollierbar wären (etwa chronischer Streit der Eltern oder Alkoholmissbrauch einer wichtigen Bezugsperson), auf die sie kaum Einfluss hätten.

3. *adaptive Attributionsstile (Ursachenzuschreibung)*

Resiliente Kinder und Jugendliche seien in der Lage, die Ursachen für Ereignisse, mit denen sie konfrontiert seien, „selbstwertschützend" zu beurteilen. Die Gründe für das Auftreten von „negativen Ereignissen" würden außerhalb der eigenen Person vermutet, während sie sich selbst als Verursacher von Ereignissen würden, die sie selbst als positiv wahrnehmen (ebd., S. 47).

Beispiel: Hier geht es um die Zuschreibung von Ursachen. Bei der Ursachenzuschreibung zeichneten resiliente Kinder sich dadurch aus, dass sie Erfolg sich selbst zuschreiben, während sie die Ursachen für Misserfolge an äußeren Bedingungen festmachen würden, z.b. würden sie schulischen Erfolg auf eigene Leistung oder Intelligenz zurückführen, dagegen schulischen Misserfolg auf ungerechte Benotung oder den Schwierigkeitsgrad der Aufgaben.

4. *rationale Denkmuster*

Resiliente Kinder und Jugendliche würden auf „negative" äußere Ereignisse kognitiv mit einer gewissen Offenheit reagieren, indem sie wohl bestimmte Präferenzen hätten, diese aber nicht zu absoluten Ansprüchen erheben würden (ebd., S. 47).

Beispiel: So könne beispielsweise ein Kind aus sozial benachteiligten Verhältnissen unterschiedlich mit seiner Situation umgehen:

- Das Kind könne die Überzeugung verinnerlichen, dass es in vielerlei Hinsicht *angenehmer wäre*, in besseren Verhältnissen zu leben, aber dass es daran *zurzeit* eben *nichts ändern* könne. Das Kind hätte wohl seine Präferenzen, schätzt sie aber als zurzeit nicht realisierbar ein. Also müsse es andere Überlegungen anstellen, wenn es sich besser fühlen wolle.

- Das Kind könne alternativ die Haltung entwickeln, dass die Situation *unerträglich* sei und dass es schrecklich sei, sich damit auseinander setzen zu müssen.

  Das Kind sehe nur in einer absoluten Forderung – die Situation müsse sich ändern – die Lösung, die es selbst aber nicht herbeiführen könne. Die Folge sei, dass es sich sehr unglücklich fühle

Nun gibt es eine Reihe von Förderprogrammen, die sich an diesen und ähnlichen Grundgedanken orientieren und die das Ziel verfolgen, die Bewältigungsstrategien von Kindern durch derart angelegte kognitive Trainings zu beeinflussen, um die Kinder äußeren Belastungen gegenüber widerstandsfähiger zu machen, so z.B.:

- das Programm „Hilfe für Risikokinder", basierend auf der Förderung „adaptiver Attributionsstile" (Julius und Goetze),
- die „Unterrichtsreihe zur Resilienzförderung auf Basis der rational-emotiven Erziehung", ein Trainingskonzept, das an der Förderung rationaler Denkmuster ansetzt (Grünke),
- „Trainings mit Jugendlichen" zur *Förderung des Arbeits- und Sozial-verhaltens*, das von Petermann/Petermann entwickelt wurde und auf Selbstwirksamkeitserwartungen abzielt.

Grünke kommt anhand seiner Evaluation der genannten Programme zu dem Ergebnis, dass sich für alle drei (mit gewissen Differenzierungen) eine signifikante Wirksamkeit nachweisen lässt und dass sie sich daher für einen *Einsatz in Schulen für Lernbehinderte* eignen würden. Da es sich um kognitiv orientierte Trainings handele, sei dabei das Alter der Kinder zu berücksichtigen, das in diesem Fall eher *über 10 Jahren* liegen sollte. Eine realistische Chance für den Einsatz solcher Trainings in Schulen für Lernbehinderte sieht Grünke vor allem dadurch gegeben, dass diese Trainings bei entsprechender Fortbildung auch von den *Lehrkräften* durchgeführt werden könnten.

Zwei Aspekte seien abschließend zum Zusammenhang von Armut und Kindern, die eine Schule für Lernbehinderte besuchen, noch angemerkt: Es ist bekannt, und die AWO-ISS-Studie hat es ein weiteres Mal nachgewiesen, dass Kinder aus armen Familien überproportional häufig im Wege der Schullaufbahnempfehlung auf Sonderschulen verwiesen werden. Nicht immer passiert dies aufgrund ihrer (geminderten) Leistungsfähigkeit, vielmehr spielen dabei auch soziokulturelle Faktoren eine Rolle. Diesbezüglich gibt auch Grünke zu bedenken, dass knapp die Hälfte gar nicht lernbehindert sei, sondern diese Schulform zu einem Auffangbecken für „Schwererziehbare" geworden sei. Regelungen einzuführen, die „Fehlentscheidungen" dieser Art möglichst verhindern, hätte aus der Sicht der betroffenen Kinder sicherlich Priorität. Ein weiterer Aspekt, der hier zumindest erwähnt werden sollte, ist der zu beobachtende Trend, dass die Zukunftchancen auf dem Arbeitsmarkt für diese Kinder und Jugendlichen zunehmend wegbrechen!! Schülerinnen und Schüler dieses Schultypus tragen ein wesentlich höheres gesellschaftliches Risiko, in ihrer späteren Existenzsicherung beeinträchtigt zu werden (vgl. auch: Schoon 2006).

Auch wenn man die Grundannahme, von der Grünke ausgeht, nicht teilt – und dies ist aus einer sozialpädagogischen Perspektive natürlich der Fall – geht sein Ansatz doch letztlich über ein begrenztes Trainingsprogramm hinaus. Dabei beziehe ich mich weniger darauf, dass Grünke auf der Basis der Auswertungsergebnisse ein integriertes Resilienzförderungs-Modell entwirft. Spannend finde ich vielmehr seine „Zukunftsperspektiven für eine resilienzfördernde Schule für Lernbehinderte" (Grünke 2003, S. 218 ff.). Hier geht er perspektivisch über die Idee von isolierten Trainingsprogrammen hinaus als er darauf setzt, dass sich die resilienzfördernde Haltung der (geschulten) Lehrkräfte – auch über die Trainings hinaus – im formellen wie informellen Umgang mit den Schülerinnen und Schülern fortsetzen würde. Damit transportiert er mit der Idee der „resilienzfördernden Schule" ein zukunftsweisendes Konzept, das gerade für diesen Schultypus besonders nötig wäre. Er selbst formuliert sein Fazit wie folgt:

> „Eine spezielle Unterrichtung in einer Schule für Lernbehinderte wird von Eltern und Kindern in den meisten Fällen (und nicht ganz zu Unrecht) intuitiv als eine Verhinderung von Lebenschancen empfunden (...). Allerdings könnte eine Einbindung effektiver Konzepte zur Resilienzförderung ohne Zweifel dazu beitragen, die Schule für Lernbehinderte zu einer Bildungseinrichtung werden zu lassen, die jungen Menschen dabei hilft, ihre vorhandenen Möglichkeiten zur Gestaltung eines selbständigen, hoffnungsfrohen und gesunden Lebens zu nutzen." (Grünke 2003, S. 222).

5.3 Was tun?
Resilienzförderung im Rahmen von „Armutsprävention" – Ein sozialpädagogisches Handlungskonzept

Die in diesem Kapitel geführte praxisorientierte Erörterung hat gezeigt, dass Resilienzförderung bei „armen Kindern" die neueren Entwicklungen – und dabei vor allem auch die sozialstrukturelle Entgrenzung von Armut – im Blick haben muss. Möglichst breit sollte daher die Idee der Resilienzförderung institutionell verankert werden, um so die betroffenen Kinder in ihren verschiedenen Lebenswelten auch tatsächlich zu erreichen. Dass unser Schulsystem und die darin tätigen Lehrkräfte einen wichtigen Beitrag zur Förderung dieser Kinder leisten könnten, dürfte ebenfalls deutlich geworden sein. Wie dieser Beitrag jedoch konkret in die Tat umgesetzt werden könnte, welche strukturellen und konzeptionellen Veränderungen dafür im System Schule notwendig wären, müsste sicherlich in einer spezifisch darauf bezogenen Publikation vertieft werden. Hier konnte nur ein Anstoß dazu gegeben werden. Ähnliches gilt für den Bereich der Frühförderung, wobei es ermutigend ist, dass es in diesem Zusammenhang bereits erste Überlegungen zu einer praktischen

Umsetzung gibt. Ich möchte hier daher abschließend den Fokus auf die Soziale Arbeit legen, weil dies m.E. die Profession ist, welche das Konzept der Resilienzförderung – gerade auch im Hinblick auf die Armutsproblematik – sehr gewinnbringend für diese Kinder und ihre Familien aufgreifen und weiterentwickeln könnte.

Historisch gesehen steht die Entwicklung von *Sozialer Arbeit in enger Verbindung mit der Armutsproblematik, insbesondere war Soziale Arbeit immer schon mit den Auswirkungen von Armut auf Kinder und Jugendliche und ihre Familien befasst.* Sie kann also als Profession in dieser Hinsicht auf eine lange Tradition zurückblicken und wäre somit für die Aufgabe der „Armutsprävention" gut gerüstet, wenn sie sich nur auf dieses Element ihres Selbstverständnisses besinnt. Die *neue Armutsproblematik* beinhaltet daher zwar keine neue, aber eine erneute Herausforderung:

– sie erfordert eine sichtbare politische Verortung der Profession angesichts zunehmender Verarmungsprozesse von Kindern und Familien,

– sie erfordert aber auch neue konzeptionelle Ansätze im sozialarbeiterischen Umgang mit der Problematik und die Erörterung darüber sollte m.E. einen breiteren Raum in der Fachdiskussion einnehmen.

Soziale Arbeit sollte sich also auch aktuell – angesichts der zunehmenden Armutsproblematik, insbesondere von Kindern – eindeutig positionieren und politisch wie fachlich für eine *Fokussierung ihrer Tätigkeit auf Armutsprävention eintreten.*

Mit „Armutsprävention" meine ich vor allem – um noch einmal an die Erörterungen in Kapitel 3 anzuknüpfen – die sekundäre und tertiäre Ebene, weil primäre Armutsprävention in der Verantwortung von Politik und Gesellschaft liegt. Das heißt: Sozialpädagogisches Handeln setzt meist an den materiellen und immateriellen Auswirkungen von Armut an, in selteneren Fällen wird sie tatsächlich präventiv tätig, um das Eintreten des Armutsrisikos selbst zu vermeiden. Das hat nicht zuletzt auch mit der Verortung von Sozialer Arbeit im sozialpolitischen System zu tun, *Soziale Arbeit ist selbst Teil jenes Sozialstaates*, der aktuell mit seinen politischen Entscheidungen zur Verschärfung der Armutsproblematik beiträgt. Der sich „verschlankende Sozialstaat" ist gleichzeitig ihr Auftraggeber, und als solcher hat der Sozialstaat die Soziale Arbeit immer schon mit der „Bearbeitung" auch gesellschaftlich verursachter Probleme beauftragt. Allerdings war Soziale Arbeit ihrem Selbstverständnis zu Folge nie nur Auftragsempfänger(in), sondern immer auch *politische Akteurin* und als solche bemüht, ihr eigenes – durch die Ethik und Fachlichkeit der Profession – geformtes Verständnis von individueller und gesellschaftlicher Problembewältigung zu realisieren.

Auch heute ist Soziale Arbeit auf ihren Arbeitsfeldern in vielfältiger Weise mit Armut konfrontiert, etwa in der Kinder- und Jugendhilfe, Familienhilfe, Schuldnerberatung, Schulsozialarbeit und in der Stadtteilarbeit, um nur einige Bereiche zu nennen. Sie ist also in den verschiedenen Sozialisations- und Lebenswelten der Kinder – wie Familie, Schule, Hort, Kita, Stadtteil – angesiedelt und aufgrund ihrer Ziel- und Aufgabensetzung sowie ihrer Arbeitsweisen wie keine andere Profession herausgefordert, konzeptionelle Antworten zur *Prävention von Armutsfolgen* bei Kindern zu entwickeln und umzusetzen. Dies ist genau der Kontext, in dem Soziale Arbeit einen erheblichen *Beitrag zur Förderung von Resilienz* bei diesen Kindern und ihren Familien leisten könnte.

Wie bereits an anderer Stelle betont, handelt es sich bei *Resilienzförderung* zwar um eine neue Herangehensweise, um eine *neue Arbeitsmethode*, die sich aber sehr wohl in bestehende Konzepte der sozialpädagogischen Arbeit mit Kindern und Familien *integrieren* lässt. Hinzu kommt, dass ein Teil der Leitgedanken von Resilienzförderung eine deutliche Nähe zu in der Sozialarbeit bereits praktizierten Ansätzen – wie der Ressourcenorientierung oder dem Empowerment – aufweisen. Sowohl die sozialräumliche und institutionelle Verortung als auch die vorgestellten inhaltlichen Konzepte zur Resilienzförderung bei Kindern in Armutslagen dürften deutlich gemacht haben, dass es sich hier nicht um eine ausschließliche Aufgabe der Sozialen Arbeit handelt, sie aber ihren spezifischen Part dabei übernehmen sollte.

Wenn wir von einem *ganzheitlichen Verständnis von Resilienzförderung* ausgehen – wofür hier entschieden plädiert wird –, dann ist in der Tat keine andere Profession so geeignet wie die Soziale Arbeit, dieses Konzept in ihr berufliches Tun zu integrieren. So verstanden kann Resilienz nur im *Wechselspiel zwischen „inneren" und „äußeren" Schutzfaktoren* gefördert werden, und gerade diese Verbindung herzustellen – zwischen der Stärkung des Kindes und der nötigen Einwirkung auf sein soziales Umfeld –, ist originäre Aufgabe von Sozialer Arbeit. Hierin liegen auch die Stärken dieser Profession, nämlich genau in der vernetzten Mobilisierung von Ressourcen oder – in der Resilienzperspektive – von *Schutzfaktoren*. Und es macht Sinn, sich dabei auf die Begrifflichkeit der Resilienzförderung zu beziehen, weil damit ein wirklich neuer Blickwinkel eingenommen wird. Es geht um *Stärkung und Unterstützung* von Kindern, die durch eine Vielfalt von Risiken – in unserem Fall vor allem vom Armutsrisiko – bedroht sind; damit liegt der Akzent auf der Zuschreibung der Schutzrolle, während Ressourcen auch neutraler betrachtet werden können. Und um hier nicht den in den Konzepten von Grotberg und Daniel/Wassell kritisierten Fehler zu wiederholen: Die angebotene Unterstützung wäre nicht fachgemäß konzipiert und würde wichtige Erkenntnisse der Resilienzforschung nicht beachten, wenn sie nicht *geschlechterdifferenzierend* vorgehen und wenn sie nicht – soweit geboten – Mädchen und Jungen spezifisch in den Blick nehmen würde.

Die hier aufgezeigten Konzepte eröffnen ein breites Spektrum von Handlungsperspektiven und sind bestrebt, *Resilienzförderung* als ein sehr komplexes Vorgehen zu skizzieren, wie es in der Theorie nun einmal häufig der Fall ist. Ein solches idealtypisches Programm wird sich in der Praxis nicht immer so systematisch realisieren lassen – und dennoch werden die betroffenen Mädchen und Jungen daraus Nutzen ziehen können. Wichtig ist für mich vor allem die Haltung, welche die Erwachsenen – seien es die Eltern, andere Betreuungspersonen oder professionelle „Helfer" – gegenüber diesen risikogefährdeten Kindern einnehmen. Diese Haltung sollte respektvoll und resilienzfördernd sein, denn diesen Kindern soll jener Schutz geboten werden, den sie brauchen, um ihre „eigene Widerstandsfähigkeit" aus sich selber heraus zu entfalten. Die Akteure sind und bleiben die Mädchen und Jungen selbst, denn sie eignen sich Resilienzfähigkeit an und erwerben – um nicht zu sagen erkämpfen – sich damit die Fähigkeit, mit gravierenden Belastungen und Risiken umzugehen.

Eine sicherlich keineswegs einfache, aber – wie mir scheint – fundamentale Anforderung an die Soziale Arbeit hat daher Luthar (1999) formuliert. Sie erhebt an all diejenigen, die Resilienzförderung praktisch betreiben, die Forderung, sich dabei auf die Vorstellungen und Bedürfnisse der Kinder einzulassen. Zu schnell und zu eifrig seien Erwachsene – und ich füge hinzu, gerade auch (sozial-)pädagogisch und entwicklungspsychologisch geschulte Erwachsene – versucht, sich an ihrem eigenen Verständnis von „normaler Entwicklung" und wünschenswerten Entwicklungszielen zu orientieren. Diese implizite „Bevormundung" widerspricht aber dem Gebot, Kinder in ihrer „Eigensinnigkeit" ernst zu nehmen. Um dies zu veranschaulichen, möchte ich abschließend noch einmal das Beispiel von Pippi Langstrumpf aufgreifen:

„Wenn ich erwachsen bin, werde ich Seeräuber. Und ihr?" (Lindgren 2007, S. 114).

Damit verabschiedet sich Pippi Langstrumpf von ihren Freunden Tommy und Annika und allen Kindern, die das Astrid Lindgren-Buch gelesen haben. Sie verabschiedet sich also mit einer Zukunftsperspektive oder einem „Berufswunsch", der aus pädagogischer Sicht nicht wirklich einen Traumjob verkörpern kann bzw. darf. Dennoch passt diese Idee zu dem eigenwilligen Mädchen, das sich eben von den Normvorstellungen der Erwachsenen nicht sonderlich beeindrucken lässt. Vielmehr ist es gerade die Fantasie von Abenteuer, Ungebundenheit und Stärke, für die sich Pippi begeistern kann – und aus der sie ihre Kraft zur Widerstandsfähigkeit schöpft. Das dabei mitschwingende Gefühl könnte man auch als Quelle ihrer „Resilienzfähigkeit" deuten ebenso wie ihre Unbekümmertheit gegenüber geschlechtsspezifischen Rollenzuschreibungen, die sie ja mit ihrem „Berufswunsch" eindeutig durchbricht. Auch hier könnte wiederum eine Verbindung zu Merkmalen von Resilienz hergestellt werden. Resiliente Kinder – dies war schon ein Ergebnis der Kauai-Studie von Emmy Werner und Ruth Smith – zeigen häufig androgyne Charaktermerkmale. Nun ist Pippi eine Kunstfigur, und es geht auch nicht wirklich darum, zu beurteilen, ob sie als Prototyp für ein resilientes Kind taugt oder nicht. Wohl aber lässt sich an dem zitierten Ausspruch verdeutlichen, wie sehr es in einer resilienzfördernden Pädagogik darauf ankäme, jene Kraft, die in der geäußerten Fantasie eines Kindes zum Ausdruck kommt, auch dann als Potenzial zu begreifen, wenn die damit verbundene konkrete Idee („ich werde Seeräuber") nicht mit den eigenen normativen Vorstellungen der Erwachsenen von einer „gelungenen Entwicklung" konform geht. In einer pädagogischen – auf Resilienzförderung bedachten – Situation ginge es zunächst darum, das in einer solchen Äußerung überhaupt steckende Potenzial zu erkennen und zu fördern.

Und, wie das poetische Beispiel der Pippi Langstrumpf sehr schön zeigt, die in diesem Resilienzpotenzial sich äußernde kindliche Kraft kann dabei etwas Ansteckendes, uns Erwachsene auch wieder neu Begeisterndes haben.

Bei allem Optimismus, der sich mit neuen Konzepten sicherlich auch zu Recht verbindet, sollte jedoch nicht vergessen werden, dass das angestrebte Ergebnis der Resilienzförderung nur ein wahrscheinliches ist. Dennoch: Die Wahrscheinlichkeit besteht – wie hoch immer man sie einschätzen mag –, dass durch die Förderung von Resilienz mehr Mädchen und Jungen dazu befähigt werden, für sie riskante Lebenssituationen zu bewältigen und möglicherweise sogar gestärkt daraus hervorzugehen. Diesen Aspekt betont beispielsweise Marie-Luise Conen in einem Beitrag, in welchem sie sich mit der Bedeutung des Resilienzkonzeptes für pädagogisches Handeln auseinandersetzt (Conen 2005):

> „Wenn ein Resümee aus den Ergebnissen der Resilienzforschung gezogen werden kann, dann ist es, dass Menschen nicht ein Leben lang Opfer ihrer Kindheit sind. Resilient zu

sein bedeutet mehr als zu überleben, das Gegenteil trifft zu: Die Erfahrungen können dazu beitragen, auch andere schwierige Situationen und Probleme zu meistern. Sehr schmerzhafte Wunden zu heilen, letztlich Verantwortung für das eigene Leben zu übernehmen und dieses Leben anzunehmen, dies ermöglicht Resilienz." (Conen 2005, S. 9)

Es ist das Bild der „Wendeltreppe" nach oben, das Emmy Werner eingeführt hat und auch am Beginn dieses Kapitels schon zitiert worden ist, und das daher an seinem Ende noch einmal aufgegriffen werden soll. Es symbolisiert keinen gradlinigen Aufstieg, denn es sind Schleifen darin eingebaut – und das gilt sicherlich in doppelter Hinsicht, sowohl für die Mädchen und Jungen, die sich gerade auf der Wendeltreppe hocharbeiten, als auch für all diejenigen, die es sich zur Aufgabe gemacht haben, diese Kinder bei ihrem Aufstieg zu begleiten.

6. Nachgedanken zum Geleit

„Armes Kind – starkes Kind?"
Ein Versuch, sich mit einem anderen Blick diesen Kindern zu nähern,
die unter uns in Armut leben.

Die belastende Situation dieser Kinder einerseits zur Kenntnis nehmen, und andererseits trotzdem auch ihre Stärken sehen! Damit soll – und das ist sicherlich deutlich geworden – der politische Skandal der Kinderarmut nicht verniedlicht werden. Niemand, schon gar nicht die Politik, soll hiermit entlastet werden. Einen anderen Blick auf diese Kinder zu werfen bedeutet schlicht, sie nicht nur als „Opfer" der Verhältnisse zu sehen. Damit würde man ihnen nicht gerecht. Eine solche Sichtweise birgt vielmehr die Gefahr, diese Kinder ein weiteres Mal – wenn auch ungewollt – zu stigmatisieren. Die Resilienzperspektive einzunehmen, heißt: Solche Kinder vor allem auch mit ihren Stärken wahrzunehmen, die den widrigsten Umständen zum Trotz in ihnen stecken.

Resilienz meint Widerstandsfähigkeit, „psychische Widerstandsfähigkeit". So wird der Begriff jedenfalls meist in der Fachliteratur übersetzt. Ehrlich gesagt, nach langer und intensiver Beschäftigung mit diesem Phänomen wäre ich fast geneigt, den Begriff der Widerstandsfähigkeit durch den der „Widerborstigkeit" zu ersetzen. Widerborstigkeit, weil damit auch etwas von der kindlichen Eigensinnigkeit und Subversivität mitschwingt, der Kraft und Fantasie und von der Fähigkeit, trotz allem einen eigenen Weg zu finden.

Bei der Suche nach einem passenden Titel für dieses Buch bin ich auf ein Märchen aus Siebenbürgen gestoßen. Dieses Märchen trägt den Titel „Borstenkind", und ich muss gestehen, die Versuchung war groß, diesen Begriff aufzunehmen und auf „resiliente Kinder" zu übertragen, weil in dem Borstigen eine andere Idee von Widerstandsfähigkeit steckt. Nicht das Glatte, nicht das Angepasste. Natürlich sind im Märchen die Protagonisten häufig nicht wirklich arm, und so steckt auch im „Borstenkind" ein verwunschener Prinz, dem es eines Tages gelingen wird, sein Borstenkleid abzuwerfen und sich in seiner wahren, wunderschönen Gestalt zu zeigen. Aber selbst im Märchen gelingt die Verwandlung meist nur, wenn zuvor eine Kette von Widrigkeiten überwunden wird. Folgerichtig ergeht es auch dem „Borstenkind" nicht anders. Und wie es in einer Deutung dieses Märchens – anlässlich seiner Inszenierung als Puppentheater

– heißt: „Das Märchen erzählt uns, wie der Seele alles abverlangt wird
und kein Opfer zu groß scheint, soll es zur Wiedervereinigung (der Prin-
zessin mit dem verzauberten Prinzen, M.Z.) kommen. Es zeigt aber auch,
dass unerwartete Hilfeleistungen dabei unerlässlich sind."

Ich will hier keineswegs ins Märchenhafte abgleiten, obwohl ich
durchaus mit Bruno Bettelheim sagen würde: „Kinder brauchen Märchen"
– und hinzufügen, Erwachsene auch. Märchen werden ja traditionell in
der frühkindlichen Pädagogik als Medium eingesetzt. So führt Wustmann
(2004, S. 131) in ihrem Resilienzbuch eine Liste von „resilienzfördernden"
Märchen auf, wie etwa „Hänsel und Gretel", „Ronja Räubertochter" oder
„Die Brüder Löwenherz"; und ich möchte das siebenbürgische „Borstenkind" hinzufügen. Interessant finde ich in der zitierten Deutung zum
„Borstenkind", dass dort der Hinweis auf die „unerlässlichen Hilfeleistungen" auftaucht, die einfach notwendig sind, um der Verwandlung
– und wir sagen hier: der Resilienzfähigkeit – eine Chance zu geben.

Ziel dieses Buches war es, das Resilienzkonzept auf Kinder, die in
Armut leben, zu übertragen. Sich mit dieser Fragestellung intensiver zu
befassen, erschien mir insofern naheliegend, als im bisherigen Resilienzdiskurs das Armutsrisiko von Kindern nicht ausreichend thematisiert
wurde. Eine wissenschaftlich und fachlich fundierte Antwort auf diese
Frage zu suchen, habe ich daher als eine persönliche Herausforderung
empfunden, nachdem ich mich mittlerweile schon seit mehr als zehn Jahren mit der Kinderarmutsthematik befasst hatte. Nach der wiederholten
Beschreibung armutsbedingter Auswirkungen und der vertieften Analyse kindlicher Bewältigungsformen musste endlich der Schritt hin zur Befassung mit einer konkreten Handlungsperspektive erfolgen. Dies galt für
mich persönlich – forschungs-biografisch gesehen; dies gilt aber auch für
die öffentlich geführte politische und fachliche Auseinandersetzung mit
der Thematik.

Dabei zwingt sich m.E. auch eine Verbindung zu der aktuell – im
Nachgang zu den PISA-Studien – geführten Debatte über die Reformbe-
dürftigkeit des deutschen Schulsystems auf. Wir brauchen eine Schule,
die tatsächliche Chancengleichheit schafft und nicht nach sozialem Status selektiert. Es erscheint wie ein Hohn, wenn unsere Zielgruppe dann
letztlich doch an der Undurchlässigkeit dieses Systems scheitert. Es klingt
utopisch, aber eigentlich ganz naheliegend: Wir brauchen eine „resilienzfördernde Schule"! (vgl. Kapitel 5.2.3).

Zweifellos konnten nicht alle aufgeworfenen Fragen befriedigend
beantwortet werden, und manches wird weiter zu diskutieren sein. Mir
ist sehr wohl bewusst, dass auch das Resilienzkonzept seine Licht- und

Schattenseiten, seine Stärken und Schwächen hat. Die Idee der Resilienzförderung im Armutskontext wird sicherlich auch Skeptiker und Kritikerinnen auf den Plan rufen. Das wäre ihr sogar zu wünschen, weil Widerspruch zwangsläufig eine gründlichere und sicherlich weiterführende Auseinandersetzung mit dem hier vorgestellten Konzept zur Folge hätte. Ich will hier nichts wiederholen, was ich in der vorausgegangenen fachlichen Erörterung schon gesagt habe. Dennoch liegen mir zwei Dinge ganz besonders am Herzen, und ich hoffe, dass mir die mit dieser doppelten Zielsetzung vorgegebene Gradwanderung gelungen ist:

Zum einen möchte ich davor warnen, dass die Armutsproblematik durch die aufgezeigte Perspektive der Resilienzförderung entpolitisiert wird. Dies ist mitnichten meine Absicht. Im Gegenteil, ich setze darauf, dass der Resilienzgedanke durch die hier vorgenommene Verbindung mit der Armutsproblematik von denjenigen, die ihn aufgreifen, sogar mit Nachdruck politisiert wird. Damit verbinden sich zum Beispiel Zielperspektiven wie die einer „resilienzfördernden Schule" oder eines „resilienzfördernden Gemeinwesens". Zum anderen ging es mir vor allem darum, die Möglichkeiten und Chancen aufzuzeigen, die in dieser Idee für die sozialpädagogische Praxis stecken.

Kinder in ihrer Resilienzfähigkeit zu fördern, bedeutet, sie mit ihren eigenen Vorstellungen und in ihrer Eigensinnigkeit ernst zu nehmen. Dies erfordert von Erwachsenen Empathie und manchmal sicherlich eine besonders sensible Haltung gegenüber kindlicher „Widerborstigkeit". Aber ich stelle mir vor, dass die Erfahrung solcher Prozesse auch von den beteiligten Erwachsenen nicht immer nur als „pädagogische Mühsal" erlebt wird, sondern für sie auch befriedigend sein kann, überraschend, gar spannend, und manchmal sogar richtig Spaß machen dürfte!

Bücher können nur Ideen in die Welt setzen, das gilt natürlich auch für dieses Buch. Meine Absicht war es jedoch, nicht nur einen wissenschaftlichen und fachlichen Disput über die Idee der „Resilienzförderung im Armutskontext" anzuzetteln. Die Hoffnungen, die ich mit diesem Buch verbinde, gehen darüber hinaus. Es sei mir daher erlaubt, mit dem persönlichen Wunsch zu schließen, dass die hier formulierten Gedanken – vor allem die darin enthaltenen Anregungen für die soziale Praxis – diejenigen erreichen, die sich in ihrem beruflichen Alltag mit den betroffenen Kindern befassen. Sie sind es letztlich, die das vorgestellte Konzept aufgreifen, weiterentwickeln und möglichst vielen Kindern zugänglich machen könnten. Letztlich sind auch sie es, die im alltäglichen Miteinander mit diesen Kindern herausfinden müssen, ob der Titel „armes Kind – starkes Kind?" hält, was er gerne versprechen würde.

An dieser Stelle bleibt mir nur noch allen zu danken, die mir bei der gedanklichen, sprachlichen und technischen Herstellung dieser Publikation mit Rat und Tat zur Seite gestanden haben. Sicherlich waren mehrere Personen daran beteiligt, als ich hier aufführen kann. Namentlich geht mein ganz besonderer Dank an *Uli Hahn und Martin Roemer* für inhaltliche Anregungen und sprachliche Glättung, an *Magdalena Megler und Frank Zander* für sprachliche Korrekturen und Gestaltung des Layouts sowie an den Verlagslektor *Frank Engelhardt.*

Literaturverzeichnis

Alt, Christian (Hrg.) (2005): Kinderleben – Aufwachsen zwischen Familie, Freunden und Institutionen, Bd. 1: Aufwachsen in Familien, Wiesbaden

Alt, Christian (Hrg.) (2007): Kinderleben – Start in die Grundschule, Bd. 3: Ergebnisse aus der zweiten Welle, Wiesbaden

Andretta, Gabriele (1991): Zur konzeptionellen Standortbestimmung von Sozialpolitik als Lebenslagenpolitik, München

Antonovsky, Aaron (1987): Unravelling the mystery of health: How people manage stress and stay well, Jossey-Bass, San Francisco

Balkenhol, Bernd (1976): Armut und Arbeitslosigkeit in der Industrialisierung: dargestellt am Beispiel Düsseldorfs (1850–1900), Düsseldorf

Barton, William H. (2005): Methodical Challenges in the Study of Resilience, in: Ungar, Michael (Ed.) (2005), a.a.O., S. 135–148

Beck, Ulrich (1986): Risikogesellschaft, Frankfurt a.M.

Beck, Ulrich (Hrg.) (1997): Kinder der Freiheit, Frankfurt a.M.

Beck, Ulrich (2007): Was ist Globalisierung. Irrtümer des Globalismus – Antworten auf Globalisierung (Edition Zweite Moderne), Frankfurt a.M.

Behnken, Imbke (2004): Die „neue" Kindheitsforschung – zur methodischen Programmatik, Vortrag am 15. November 2004, Universität Trnava

Beisenherz, Gerhard H. (2002): Kinderarmut in der Wohlfahrtsgesellschaft. Das Kainsmal der Globalisierung, Opladen

Beisenherz, Gerhard (2005): Wie wohl fühlst Du Dich? Kindliche Persönlichkeit und Umwelt als Quelle von Wohlbefinden und Unwohlsein bei Grundschulkindern, in: Alt, Christian (Hrg.) (2005), a.a.O., S. 157–186

Beisenherz, Gerhard (2007): Wohlbefinden und Schulleistung von Kindern armer Familien. Auswirkungen der Dauer der Armut auf Grundschulkinder, in: Alt, Christian (Hrg.) (2007), a.a.O., S. 189 – 210

Berndt, Christin (2007): Resilienzorientierte Prävention im Kindes- und Jugendalter, Modelle, Studien, Programme, Saarbrücken

BETA/Diakonie 82006): Kinderarmut erkennen, wirksam handeln, Berlin

Birsch, Karl-Heinz (2007): Diagnostik und Intervention bei frühen Bindungsstörungen, in: Opp/Fingerle, a.a.O., S. 136–157

Böhnisch, Lothar/Schefold, Werner (1985): Lebensbewältigung, 1. Aufl. Weinheim [u.a.]

Böhnisch, Lothar (1994): Gespaltene Normalität. Lebensbewältigung und Sozialpädagogik an den Grenzen der Wohlfahrtsgesellschaft, Weinheim

Bourdieu, Pierre (1992): Die verborgenen Mechanismen der Macht, Hamburg, S. 49–80

Bowlby, John (1959): Über das Wesen der Mutter-Kind-Bindung, in: Psyche, Jg. 13, S. 415–456

British Council (Ed.) (2004): early excellence. Eine internationale Studie zur Integration frühkindlicher Bildung, Erziehung und Elternarbeit mit Vorschlägen für internationale Standards, Berlin

Bronfenbrenner, Urie (1981): Die Ökologie der menschlichen Entwicklung, Stuttgart (Originalausgabe: The ecology of human development. Cambridge: Harvard University Press 1979)

Bründel, Heidrun/Hurrelmann, Klaus (Hrg.) (1996): Einführung in die Kindheitsforschung, Weinheim und Basel

Buhr, Petra (1995): Dynamik von Armut. Dauer und biographische Bedeutung von Sozialhilfebezug, Opladen

Buhr, Petra (2005): Ausgrenzung, Entgrenzung, Aktivierung. Armut und Armutspolitik in Deutschland, in: Bettinger, Frank/Anhorn, Roland (Hrg.): Sozialer Ausschluss und Soziale Arbeit, Wiesbaden, 185–202

Bundesministerium für Arbeit und Soziales (BMAS) (Hrg.) (2001): Lebenslagen in Deutschland. Der erste Armuts- und Reichtumsbericht der Bundesregierung, Bonn

Bundesministerium für Arbeit und Soziales (BMAS) (Hrg.) (2008): Lebenslagen in Deutschland. Der dritte Armuts- und Reichtumsbericht der Bundesregierung, Bonn

Bundesministerium für Familie, Senioren, Frauen und Jugend (BMFJG) (1998): 10. Kinder- und Jugendbericht. Bericht über die Lebenssituation von Kindern und die Leistungen der Kinderhilfen in Deutschland, Bonn

Bundesministerium für Gesundheit und Soziale Sicherung (BMGS) (Hrg.) (2005): Lebenslagen in Deutschland. Der zweite Armuts- und Reichtumsbericht der Bundesregierung, Bonn

Burghardt, Manfred (2005): Benachteiligungen entgegen wirken: Kinder stark machen. Ergebnisse der Resilienzforschung, Vortrag auf dem pädagogischen Kongress Karlsruhe am 17.10. 2005 (www.seminar-stegen.de/Fachbeiträge/LBP/Benachteiligungen entgegenwirken.pdf)

Butterwegge, Christoph (1996): Nutzen und Nachteile der dynamischen Armutsforschung. Kritische Bemerkungen zu einer neueren Forschungsrichtung, in: Zeitschrift für Sozialreform, H.2, 1996, S. 69–90.

Butterwegge, Christoph (2000): Kinderarmut in Deutschland – Ursachen, Erscheinungsformen und Gegenmaßnahmen, Frankfurt a.M.

Butterwegge, Christoph/Klundt Michael (Hrg.) (2002): Kinderarmut und Generationsgerechtigkeit, Familien- und Sozialpolitik im demographischen Wandel, Opladen

Butterwegge, Christoph/Holm, Karin/Zander, Margherita u.a. (2004): Armut und Kindheit. Ein regionaler, nationaler und internationaler Vergleich, 2. Auflage Wiesbaden

Chassé, Karl August/Zander, Margherita/Rasch, Konstanze (2005): Meine Familie ist arm. Wie Kinder im Grundschulalter Armut erleben und bewältigen, 3. Auflage 2007, Wiesbaden

Coll, Garcia et al. (1996): An integrative model for the study of developmental competencies in minority children, in: Child Development, 67, 1996, p. 1891–1914

Conen, Marie-Luise (2005): Familien (sich) Veränderungen zutrauen. Das Konzept der Resilienz und seine Bedeutung für pädagogisches Handeln, in: Diagnostik in der Kinder- und Jugendhilfe – Vom Fallverstehen zur richtigen Hilfe. Aktuelle Beiträge zur Kinder- und Jugendhilfe 51. Verein für Kommunalwissenschaften e.V.. Dokumentation der Fachtagung 21. – 22.4.2005 in Berlin, S. 45–57

Conen, Marie-Luise (2006): Die Ratlosigkeit des Helfers – eine Ressource!, in: Welter-Enderlin, Rosemarie/Hildenbrand, Bruno (Hrg.): Resilienz – Gedeihen trotz widriger Umstände, Heidelberg, S. 255 – 270

Daniel, Brigid/Wassell, Sally (2002a): The Early Years. Assessing and promoting resilience in vulnerable children, 2. ed 2003, London/Philadelphia

Daniel, Brigid/Wassell, Sally (2002b): The School Years: Assessing and promoting resilience in vulnerable children, 2 ed.2003, London/Philadelphia

Du Bois-Reymond, Manuela/ Büchner, Peter/ Krüger, Heinz-Hermann (1994): Kinderleben: Modernisierung von Kindheit im interkulturellen Vergleich, Opladen

Elder, Glen H. (1974): Children of the Great Depression: Social Change in Life Experience, University of Chicago Press

Elder, Glen H. (1999): Children of the Great Depression. Social Change in Life Experience. 25th Anniversary Edition. Westview Press, Boulder/Oxford

Erikson, Erik H. (1961): Kindheit und Gesellschaft, Stuttgart

Fesenfeld, Bergit (o. J): Kinderrechte sind (k)ein Thema! Praxishandbuch für die Öffentlichkeitsarbeit, Münster

Fingerle, Michael (1999): Resilienz – Vorhersage und Förderung, in: Opp/Fingerle/Freytag 1999, a.a.o., S. 94–98

Fingerle, Michael (2007): Der „riskante" Begriff der Resilienz – Überlegungen zur Resilienzförderung im Sinne der Organisation von Passungsverhältnissen, in: Opp/Fingerle 2007, a.a.O., S. 299–310

Frick, Jürgen (2003): Resilienz – Konsequenzen aus der Forschung für die Praxis, in: kiga heute, 9/2003, S. 7–13

Fröhlich-Gildhoff, Klaus/ Dörner, Tina/ Rönnau, Maike (2007): Prävention und Resilienzförderung in Kindertageseinrichtungen – Trainingsmanual für ErzieherInnen, München

Furstenberg, Frank (2003): Teenage Childbearing as a Public Issue and Private Concern, in: Annual Review of Sociology, Vol. 29, p. 23–39 (Volume publication date August 2003).

Garmezy, Norman (1981): Children under stress: Perspectives on antecedents and correlates of vulnerability and resistance to psychopathology, in: Rabin, I. A./Aronoff, J./Barclay, A. M./Zucker, R.A. (Eds.): Further explorations in personality, Wiley, New York 1981, S. 196–269

Garmezy, Norman (1991): Resilience and vulnerability to adverse developmental outcomes associated with poverty, in: American behavioural scientist, 1991, Jg. 34, H. 4, S. 416–430

Gioia, Silvia (2005): Gebildete Eltern – aufgeschlossene Kinder? Soziale Integration von Kindern in ihrem Freundeskreis, in: Alt, Christian (Hrg.) (2005), a.a.O., S. 99–122

Gleich, Johann Michael (2005): Arme Kinder in katholischen Tageseinrichtungen für Kinder, Freiburg

Göppel, Rolf (1999): Resilienz – ein Konzept zwischen Euphorie und Skepsis, in: Opp/Fingerle/Freytag (Hrg.) (1999), a.a. O., S. 272–276

Groh-Samberg, Olaf (2007): Armut in Deutschland verfestigt sich, in: Wochenbericht DIW Berlin, Nr. 12/2007, S. 177–182

Grotberg, Edith H./Van Leer Foundation (1995): A Guide to Promoting Resilience in Children: Strengthening the Human Spirit, The International Resilience Project from the Early Childhood Development: Practice and Reflections series, in: http://resilnet.uiuc.edu/library/grotb95b.html

Grotberg, Edith H. (Ed.) (1999): Resilience for Today: Gaining Strength from Adversity, Westport

Grotberg, Edith H. (Ed.) (2003): What Is Resilience? How Do You Promote It? How Do You Use It?, in: E. H: Grotberg (Ed.): Resilience for Today. Gaining Strengh from Adversity, 2d ed.,Westport

Grünke, Matthias (2003): Resilienzförderung bei Kindern und Jugendlichen in Schulen für Lernbehinderte: Eine Evaluation dreier Programme zur Steigerung der psychischen Widerstandsfähigkeit, Lengerich u.a.

Grossmann, Karin/Grossmann, Klaus (2004): Bindungen – das Gefüge psychischer Sicherheit, Stuttgart

Grossmann, Klaus/Grossmann, Karin (2007): Die Entwicklung von Bindungen: Psychische Sicherheit als Voraussetzung für psychologische Anpassungsfähigkeit, in: Opp/Fingerle (Hrg.) 2007, a.a.O., S. 279–298

Hanesch, W. u.a. (1994): Armut in Deutschland. Der Armutsbericht des DGB und des Paritätischen Wohlfahrtsverbands, Hamburg

Havighurst, Robert J. (1972): Developmental tasks and education, Mackay, New York

Hengst, Heinz/Zeiher Helga (2005): Kindheit soziologisch, Wiesbaden

Hensgen, Michaela (o. J.): Vorschulische Betreuung und Erziehung in England und Wales, in: Kindergartenpädagogik – Online-Handbuch, hrg. von Martin Textor

Hetzer, Hildegard (1929): Kindheit und Armut. Psychologische Methoden in Armutsforschung und Armutsbekämpfung, LeipzigHerrmann, Peter (1997): Zeit der Armut – Modische Konjunktur eines Themas oder wachsendes Problembewusstsein? In: PVS-Literatur, H.1/1997, S. 361–371.

Hobsbawm, Eric J. (1994): Age of Extremes – The Short Twentieth Century, London

Hock, Beate/ Holz, Gerda/ Wüstendorfer, Werner (2000a): Folgen familiärer Armut im frühen Kindesalter – Eine Annäherung anhand von Fallbeispielen, Frankfurt am Main

Hock, Beate/ Holz, Gerda/ Wüstendorfer, Werner (2000b): Frühe Folgen – langfristige Konsequenzen? Armut und Benachteiligung im Vorschulalter, Frankfurt am Main

Holm, Karin/Eichener, Volker (2007): Kinder- und Jugendlichenarbeit in Problemstadtteilen, Wiesbaden (ersch. demnächst)

Holm, Karin/Schulz, Uwe (2002) (Hrg.), Kindheit in Armut weltweit, Opladen

Holtmann, Martin/Laucht, Manfred (2007): Biologische Aspekte der Resilienz, in: Opp/Fingerle (Hrg.) 2007, a.a.O., S. 32–44

Holz, Gerda/ Skoluda, Susanne (2003): Armut im frühen Grundschulalter – Vertiefende Untersuchung zu Lebenssituation, Ressourcen und Bewältigungshandeln von Kindern, Frankfurt am Main

Holz, Gerda/ Puhlmann Andreas (2005): Alles schon entschieden? Wege und Lebenssituation armer und nicht-armer Kinder zwischen Kindergarten und weiterführender Schule, Frankfurt am Main

Holz, Gerda/Richter, Antje/Wüstendörfer, Werner/Giering, Dietrich (2005): Zukunftschancen für Kinder – Wirkung von Armut bis zum Ende der Grundschulzeit, Zusammenfassung des Endberichts der 3. Phase der AWO-ISS-Studie, Bonn/Frankfurt, kurz: Holz u.a. 2005

Hüther, Gerald (2007): Resilienz im Spiegel entwicklungsneurobiologischer Erkenntnisse, in: Opp/Fingerle (Hrg.) 2007, a.a.O., S. 45–56

Hurrelmann, Klaus (2002): Einführung in die Sozialisationstheorie, 8. Aufl. Weinheim (u.a.)

Hurrelmann, Klaus (1983): Einführung in die Sozialisationstheorie – Das Modell des produktiv realitätsverarbeitenden Subjekts, in: Zeitschrift für Sozialisationsforschung und Erziehungswissenschaften, H. 3, S. 91–103

Imholz, Barbara/Wuttke, Gisela (2002): Soziale Bewältigungsstrategien von Kindern in benachteiligten Lebenslagen: Ein Forschungsprojekt über Erscheinungsformen und Folgen von Armut und Kindheit, in: Itze, Ulrike/Ulonska, Herbert/Bartsch, Christiane (Hrg.) (2002), a.a.O., S. 263 – 274

Institut für Sozialforschung, Praxisberatung und Organisationsentwicklung (isSPO Saarbrücken) (Hrg.) (2006): Abschlussbericht der beiden Modellprojekte zur Bekämpfung der Auswirkungen von Kinderarmut" Saarbrücken

Itze, Ulrike/Ulonska, Herbert./Bartsch, Christiane (Hrg.) (2002): Problemsituationen in der Grundschule, wahrnehmen – verstehen – handeln, Bad Heilbrunn

Jaede, Wolfgang (2007): Kinder für die Krise stärken. Selbstvertrauen und Resilienz stärken, Friburg u.a.

Kamensky, Jutta/Heusohn, Lothar/Klemm, Ulrich (Hrg.) (2000): Kindheit und Armut in Deutschland. Beiträge zur Analyse, Prävention und Intervention, Ulm

Klocke, Andreas/Hurrelmann Klaus (1998): Kinder und Jugendliche in Armut – Umfang, Auswirkungen und Konsequenzen, Opladen

Krappmann, Lothar/Oswald,Oswald (1995): Alltag der Schulkinder. Beobachtungen und Analysen von Interaktionen und Sozialbeziehungen, Weilheim/München

Kühl, Jürgen (2003): Kann das Konzept der „Resilienz" die Handlungsperspektiven der Frühförderung erweitern? In: Frühförderung interdisziplinär, Jg. 22, H.2, S. 51–60

Kumpfer, K.L. (1999): Factors and processes contributing to resilience framework, in: Glantz, M.D./ Johnson, J.L. (Ed.): Resilience and development – Positive life adaptions, New York, S. 179–224

Lange, Andreas/Lauterbach, Wolfgang (Hrg.) (2000): Kinder in Familie und Gesellschaft, Stuttgart

Laucht, Manfred (1999): Risiko- vs. Schutzfaktor? Kritische Anmerkungen zu einer problematischen Dichotomie, in: Opp/Fingerle/Freytag (Hrg.) 1999, a.a.O., S. 303–314

Laucht, Manfred/Esser, Günter/Schmidt, Martin H. (1999): Ergebnisse der Mannheimer Längsschnittstudie im Überblick, in: Opp/Fingerle/Freytag (Hrg.) 1999, a.a.O., S. 71–93

Laucht, Manfred/Schmidt, Martin H./Esser, Günter (2000): Risiko- und Schutzfaktoren in der Entwicklung von Kindern und Jugendlichen, in: Frühförderung interdisziplinär , Jg. 19, H. 3, S. 97–108

Lazarus, R. S./Launier, R. (1981): Stressbezogene Transaktionen zwischen Personen und Umwelt, in: Nitsch, J.R. (Hrg.): Stress. Theorien, Untersuchungen, Maßnahmen, Bern/ Stuttgart/Wien

Lepenies, Annette/Nunnen-Winkler, Gertrud/Schäfer, Gerd/Walper, Sabine (1999): Kindliches Entwicklungspotential. Normalität, Abweichung und ihre Ursachen. Materialien zum 10. Kinder- und Jugendbericht, DJI, München

Leßmann, Ortrud (2006): Lebenslagen und Verwirklichungschancen (capabilty) – Verschiedene Wurzeln, ähnliche Konzepte, in: Vierteljahreshefte zur Wirtschaftsforschung, Jg.75, H. 1, S. 30–42

Leu, Hans-Rudolf (1996): Selbständige Kinder – ein schwieriges Thema für die Sozialisationsforschung. In: Honig, M.-S.; Leu, H.-R.; Nissen, U. (Hrg.): Kinder und Kindheit. Soziokulturelle Muster – sozialisationstheoretische Perspektiven, Weinheim/ München, S. 174 ff.

Lindgren, Astrid (2007): Ur-Pippi, deutsch von Cäcilie Heinig und Angelika Kutsch, Hamburg

Lösel, Friedrich/Bender, Doris (1999): Von generellen Schutzfaktoren zu differentiellen protektiven Prozessen: Ergebnisse und Probleme der Resilienzforschung, in: Opp/Fingerle/ Freytag (Hrg.) 2007, a.a.O., S. 57–78

Lösel, Friedrich/Bender, Doris (2007): Von generellen Schutzfaktoren zu spezifischen protektiven Prozessen: Konzeptuelle Grundlagen und Ergebnisse der Resilienzforschung, in: Opp/Fingerle (Hrg.) 2007, a.a.O., S. 57–78

Lompe, Klaus (Hrg.) (1987): Die Realität der neuen Armut. Analyse der Beziehungen zwischen Arbeitslosigkeit und Armut in einer Problemregion, Regensburg

Lösel, Friedrich/Bender, Doris (1999): Von generellen Schutzfaktoren zu differentiellen protektiven Prozessen: Ergebnisse und Problem der Resilienzforschung, in: Opp/Fingerle/ Freytag 1999, a.a.O., S. 37–58

Luthar, Suniya S. (1999): Poverty and Children's Adjustment. Sage Publications, Thousand Oaks/London/New Delhi

Luthar, Suniya S./Chicchetti, Dante/Becker, Bronwyn (2000): The Construct of Resilience: A Critical Evaluation and Guidelines for Future Work, in: Child Development, 71,3, p. 543 –562

Luthar, Suniya S. (2003): Resilience and Vulnerability. Adaptation in the Context of Childhood Adversities. Cambridge University Press

Mansel, Jürgen/Neubauer, Georg (1998): Armut und soziale Ungleichheit bei Kindern, Opladen

Masten, Ann S./Powell, Jennifer L. (2003): A Resilience Framework for Research, Policy, and Practice, in: Luthar, Suniya S. 2003, a.a.O., S. 1–28

Meier-Gräwe, Uta (2007): Gedeihen trotz widriger Umstände!? – Förderung von Resilienz bei armen Kindern und Jugendlichen, in: Kindesmisshandlung und –vernachlässigung, Heft 1/2007, S. 70 – 89

Meier, Uta/Preuße, Heide/Sunnus, Eva M. (2003): Steckbriefe von Armut. Haushalte in prekären Lebenslagen, Wiesbaden

Ministerium für Frauen, Jugend, Familie und Gesundheit des Landes NRW (Hrg.) (2000): Kinder und Jugendliche in Armut. Expertise zum 7. Kinder- und Jugendbericht der Landesregierung NRW, Düsseldorf

Nuber, Ursula (1999): Das Konzept „Resilienz": So meistern Sie jede Krise, in: Psychologie Heute, H. 5, S. 20–27, zit. nach Internetversion: w-9-Resilienz.indd.

Olk, Thomas/ Mierendorff, Johanna (1998): Kinderarmut und Sozialpolitik – Zur politischen Regulierung von Kindheit im modernen Wohlfahrtsstaat, in: Mansel, J./Neubauer G. (Hrsg.): Armut im Kindesalter, Opladen, S. 230–257

Opp, Günther/Fingerle, Michael/Freytag, Andreas (Hrg.) (1999): Was Kinder stärkt. Erziehung zwischen Risiko und Resilienz, München/Basel

Opp, Günther/Fingerle, Michael (Hrg.) (2007): Was Kinder stärkt. Erziehung zwischen Risiko und Resilienz, 2. völlig neu bearbeitete Auflage, München/Basel

Otto, Ulrich (1997): Aufwachsen in Armut, Erfahrungswelten und soziale Lagen von Kindern armer Familien, Opladen

Palentien, Christian (2004): Kinder- und Jugendarmut in Deutschland, Wiesbaden;

Petermann, Franz (2000): Klinische Kinderpsychologie – Begriffsbestimmung und Grundlagen, in: Petermann, Franz (Hrg.): Fallbuch der klinischen Kinderpsychologie und -psychotherapie, Göttingen, S. 13–26

Petermann, Franz/ Petermann Ulrike (2000) Training mit Jugendlichen. Förderung von Arbeits- und Sozialverhalten, Göttingen, 6. überarbeitete Auflage

Rauh, Hellgard (2007): Resilienz und Bindung bei Kindern mit Behinderungen, in: Opp/ Fingerle (Hrg.) 2007, a.a.O., S. 158–174

Richter, Antje (2000): Wie erleben und bewältigen Kinder Armut? Eine qualitative Studie über die Belastungen aus Unterversorgungslagen und ihre Bewältigung aus subjektiver Sicht von Grundschulkindern einer ländlichen Region, Aachen

Richter, Antje (2005): Armutsprävention – Ein Auftrag für die Gesundheitsförderung, in: Zander, M.(Hrg.) 2005, a.a.O., S. 198–215

Rutter, Michael (1979): Protective factors in children's response to stress and disadvantage, in: Kent, M. W./Rolf, J. E. (eds.): Primary prevention of psychopathology (Vol. 3: Social competence in children, University Press of New England, S. 49–74

Rutter, Michael (2000): Resilience Reconsidered: Conceptual Considerations, Empirical Findings, and Policy Implications, in: Shonkoff, J.P./Meisels 2000, S. J., a.a.O., S. 651–682

Schmidtchen, Stefan (2001): Allgemeine Psychotherapie für Kinder Jugendliche und Familien, Stuttgart

Sen, Amartya K.(2007): On ethics and economics, Malden u.a.

Schniering, Daniel (2006): Kinder- und Jugendarmut in Deutschland. Grundlagen, Dimensionen, Auswirkungen, Saarbrücken

Theis- Scholz, Margit (2007): Das Konzept der Resilienz und der Salutogenese, Traumapädagogik http://www.traumapaedagogik.de/index.php?option=com

Schoon, Ingrid, (2006): Risk and Resilience. Adaptations in Changing Times, Cambridge University Press

Shonkoff, Jack P./Meisels, Samuel J. (eds.) (2000): Handbook of early childhood intervention, Cambridge Universty Press

Stadt Düsseldorf (1999): Armut und Reichtum, Lebenslagen und Lebenschancen von Kindern und Jugendlichen in Düsseldorf, Armutsbericht Düsseldorf

Stadt Münster (Hrg.) (2002): Münsteraner Armutsberichterstattung: Lebenslagen und –Perspektiven unterversorgter Kinder und Jugendlicher in Münster, Münster

Staudinger, Ursula M./Greve, Werner (2007): Resilienz im Alter aus der Sicht der Lebensspannenpsychologie, in: Opp/Fingerle 2007, a.a.O., S. 116–135

Trabert, Gerhard (2002): Kinderarmut – Zwei-Klassen-Gesundheit, in: Deutsches Ärzteblatt, 3/2002, S. 93–95

Trabert, Gerhard (2006): Kinderarmut und Gesundheitsrisiken. in: Kind Jugend Gesellschaft, H. 3/2006, S. 75–81

Ungar, Michael (2005): Handbook for Working with Children and Youth. Pathways to Resilience Across Cultures and Contexts. Sage Publications, Thousand Oaks /London/New Dehli

UNICEF (2000): Innocenti Report Card 1, A league table of child poverty in Rich Nations

UNICEF (2001): Innocenti Report Card No. 3, A league table of teenage births in Rich Nations

UNICEF (2005): Innocenti Report Card 6, Child Poverty in Rich Countries

UNICEF (2005): Kinderarmut in reichen Ländern. Zusammenfassung der UNICEF-Studie. In: unicef informationen März 2005, S. 1–4

UNICEF (2006): Innocenti Working Papers, Bradshaw/Hoelscher/Richardson

UNICEF (2006): Innocenti Working Papers, Bertram, Hans: Zur Lage der Kinder in Deutschland: Politik für Kinder als Zukunftsgestaltung, IWP-2006-2

UNICEF (2007): Innocenti Report Card 7, Richardson/Hölscher/Bradshaw: Child Poverty in Perspective: An Overview of Child-Well-Being in Rich Countries

Wagenblass, Sabine (2006): Aufgaben, Funktionsweisen und Modelle eines sozialen Frühwarnsystems, in: Forum Erziehungshilfen, Jg. 12, H. 1, S. 26

Walsh, F. (1998): Strengthening family resilience. New York / London, 2. Auflage

Walper, Sabine (1988): Familiäre Konsequenzen ökonomischer Deprivation, München/Weinheim

Weimann, Eike (2006): Armut unter Kindern. Symptome, Ursachen und Konsequenzen, Saarbrücken

Walper, Sabine (1999): Auswirkungen von Armut auf die Entwicklung von Kindern, In: Leppenies, Annette u.a. 1999,a.a.O., S. 291–360

Weiß, Hans (2000): Frühförderung mit Kindern und Familien in Armutslagen, München/Basel

Weiß, Hans (2005): ‚Frühe Hilfen' für entwicklungsgefährdete Kinder in Armutslagen, in: Zander (Hrg.) 2005, a.a.O., S. 182–197

Weiß, Hans (2007a): Frühförderung als protektive Maßnahme – Resilienz im Kleinkindalter, in: Opp/Fingerle, a.a.O., S. 158–175

Weiß, Hans (2007 b): Was Kinder stärkt: Frühförderung als Resilienz fördernde Maßnahme, Vortrag, Workshop beim 14. Symposion Frühförderung Hamburg 2007

Welter-Enderlin, Rosemarie/Hildenbrand, Bruno (Hrg.): Resilienz – Gedeihen trotz widriger Umstände, Heidelberg

Werner, Emmy (1999): Entwicklung zwischen Risiko und Resilienz, in: Opp/Fingerle/Freytag 1999, a.a.O., S. 25–36

Werner, Emmy (2000): Protective Factors and Individual Resilience, in: Shonkoff, J.P./Meisels, S. J. (Eds.), a.a.O., S. 115–134

Werner, Emmy (2007a): Entwicklung zwischen Risiko und Resilienz, in: Opp/Fingerle (Hrg.) 2007, a.a.O., S. 20–31

Werner, Emmy (2007b): Resilienz: ein Überblick über internationale Längsschnittstudien, in: Opp/Fingerle (Hrg.) 2007, a.a.O., S. 311–326

Werner, Emmy E./Biermann, J. M./French, F. E. (1971): The children of Kauai: A longitudinal study from the prenatal period to ten age. Honolulu: University of Hawaii Press

Werner, Emmy E./Smith, Ruth S. (1977): Kauai's children come of age. Honolulu: University of Hawaii Press

Werner, Emmy E./Smith, Ruth S. (1982 und 1989): Vulnerable but invincible. A Longitudinal Study of resilient children and youth. Adams-Bannister-Cox, New York

Wintersberger, Helmut (1998): Ökonomische Verhältnisse zwischen den Generationen – Ein Beitrag zur Ökonomie der Kindheit, in: Zeitschrift für Soziologie der Erziehung und Sozialisation, Jg. 18, H. 1, S. 8–24

Wintersberger, Helmut (2005): Generationale Arbeits- und Ressourcenteilung, in: Hengst, Heinz./Zeiher, Helga: Kindheit soziologisch, Wiesbaden, S. 181–200

Wolf, Klaus (2006): Sozialpädagogische Familienhilfe aus der Sicht der Klientinnen und Klienten – Forschungsergebnisse und offene Fragen, in: Fröhlich-Gildhoff/Engel/Rönnau/ Kraus (Hrg.) (2006): Forschung und Praxis in den ambulanten Hilfen zur Erziehung, Freiburg, S. 83–100

Wustmann, Corinna (2004): Resilienz. Widerstandsfähigkeit von Kindern in Tageseinrichtungen fördern, Weinheim/Basel

Zach, Ulrike/Künsemüller, Petra (2004): Die Entwicklung von Kindern zwischen dem 6. und 10. Lebensjahr: Forschungsbefunde, in: Online-Familienhandbuch, www. Familienhandbuch.de

Zander, Margherita (2000): (Kinder-)Armut als Handlungsauftrag für die Soziale Arbeit, in: Butterwegge (Hrg.), Kinderarmut in Deutschland – Ursachen, Erscheinungsformen und Gegenmaßnahmen, Frankfurt/New York, S. 286–308

Zander, Margherita (2002): Was wir über Kinderarmut wissen – Es ist Zeit zum Handeln!, in: Thema Jugend, H. 4, S. 2–5

Zander, Margherita (2004): Spielräume und Bewältigungshandeln von (armen) Kindern – Erste Schlussfolgerungen für Armutspräventionsarbeit, Referat auf der Arbeitstagung „Eine Allianz für Kinder – Ansätze und Wirkung von Armutsprävention", ISS, Frankfurt, November 2004

Zander, Margherita (Hrg.) (2005): Kinderarmut. Einführendes Handbuch für Forschung und soziale Praxis, Wiesbaden

Zimmermann, Marc A.: Resiliency Research: Implications for Schools and Policy. In: SociaL Policy Report, vol. III, N. 4, 1994, S. 1–18

Zinnecker 1996: Soziologie der Kindheit oder Soziologie des Kindes? Überlegungen zu einem aktuellen Paradigmenwechsel. in: Honig, M.-S.; Leu, H.-R.; Nissen, U.(Hrg.): Kinder und Kindheit. Soziokulturelle Muster – sozialisationstheoretische Perspektiven. Weinheim, S. 31–54

Printed by Printforce, the Netherlands